生活保護と貧困対策

その可能性と未来を拓く

PUBLIC ASSISTANCE AND STRATEGIES
TO CONFRONT POVERTY

著・岩永理恵
　卯月由佳
　木下武徳

有斐閣ストゥディア

はしがき

　ある学生から「なぜ生活保護はこんなにわかりにくいのか，半年授業を受けてもわかった気にすらなれない。なぜ，わかりやすい制度をつくろうと思わないのか」と尋ねられました。私は，この問いにとても戸惑い，すぐに返答できませんでした。いま，かなりの時間がたって，次のように考えています。

　「わかりにくい制度を，いかにわかりやすく説明するか」は，教員・研究者の立場にある者として常に考えてきましたが，「わかりやすい制度にしなければ」と真剣に考えたことはほとんどなかったこと，そのように考えても仕方ない＝自分に制度を変える力はない，と考えてきたのではないかと。

　わかりにくいことを解説することが，教員・研究者の仕事，と思っているところがあります。その一方で，制度は，私（たち）の手に届かないところにあると考えているのだとしたら，これは，"マッチポンプ"（偽善的な自作自演）とすらいえましょう。

　本書の執筆にあたり，ほんの少しでも，私たちにとって，制度や社会をよい方向に変えていくのだという意思をもって取り組みました。そのため「テキスト」という点では，少しチャレンジングな内容になっていますが，ぜひ，ともに考えていく縁にしていただければと思います。

　現在の日本において，生活保護は主軸となる貧困救済策です。本書前半の各章で生活保護のあり方を述べますが，実のところさまざまな課題があり，第1～4章の見出しにつけた問いのような「都市伝説」ともいえる類の情報が流布しているのが現状です。これには，制度のわかりにくさが関係しているといえましょうが，他方で，人々の貧困についての認識，とらえ方もまた関係しています。

　そこで，第1章と第8章では貧困のとらえ方について述べ，第7章では貧困救済策の歴史を説明し，これまでより広い視野で貧困問題とその対策を取り上げようと考えました。

　第9章以降は，生活保護や既存の低所得者対策によって実現されることを

説明しつつ，必要な貧困対策を考える糸口を探ります。第**10～12**章の順番は，生活保護法を意識して教育，住宅，医療・介護としており，貧困対策として必要なことを網羅的に取り上げているわけではありません。また，保護の種類という意味では，出産と葬祭に関して，本書では十分に言及できていません。これらのことについて論究すべき点は多く，他日を期したいと思います。

　生活保護制度の課題や貧困問題を解決していくには，まずは，その問題を「知る」，さらに他の施策との関連も「知る」必要があります。本書では，制度の現実と歴史を「知る」ということから，「なぜ」「どうして」と一歩踏み込んで「考える」ため，論争的な内容も取り上げます。現在進行中の内容も取り上げながら，生活保護の変化の可能性へのヒントを探ります。

　本書から，生活保護制度の現状を「知る」だけなく，問題について「考える」，そして解決へのヒント，未来を見通す視点を得ていただき，ともに議論を進めていければと考えています。

　なお，本書をお読みいただくにあたり，次の3点にご留意ください。

①生活保護利用者／世帯という用語について
　生活保護法第6条では，「現に保護を受けている者」を「被保護者」とし，一般的には「生活保護受給者」などの語も使われています。本書でも，文脈や引用文献に応じて，これらの語を用いることもありますが，主には，生活保護利用者／世帯を用います。その理由は，生活保護を利用するからといって「保護」される対象なのではなく，制度を使う主体であることを認識するためです。生活保護により現金が給付されるとき，たしかにその人は「受給者」ではありますが，最近では支援という視点の重要性も強調されています。この状況下で，生活を立て直したり，生活を継続したりする主体であることの理解を促す，生活保護利用者／世帯という語を用いようと考えます。

②社会福祉士国家試験の試験科目との関係
　本書は，社会福祉士国家試験の試験科目では，主に「低所得者に対する支援と生活保護制度」に該当します。ただし，これに留まらず，「就労支援」「現代

社会と福祉」「社会理論と社会システム」など他の科目に含まれる内容や，教育や住宅など，これまでの枠組みではとらえられてこなかった領域にも言及します。本書は，従来のテキストと異なり，生活保護に関する問いの立て方を見直して構成し，たんなる受験勉強ではなく，根本から問題をとらえ制度を理解していただくことを目指しています。

③公的扶助論として

　公的扶助とは，歳入から財源調達し（社会保険のような拠出義務を伴わず），資力とニーズ（必要）の調査を行ったのち，そのニーズ（必要）に応じて扶助を行うものです。生活保護は，これらの条件に適合する主要な制度です。諸外国にも，似たような制度があり，社会扶助（social assistance）などともよばれますが，その在り方はさまざまです。日本のように，生活保護という主軸を1つ置いている国は少数派です。本書は，他の社会保障制度との関係や，他国の制度や経験も参照しながら，日本の公的扶助を考える内容にもなっています。

　本書は章ごとの分担執筆で構成されますが，前述の全体の意図や各章に盛り込む内容について，著者間で話し合いを重ねたうえで執筆されています。3人で作業できたことを幸せに思います。本書の完成までには，多くの方にお世話になりました。心よりお礼申し上げます。生活保護と貧困をテーマにしたテキストを執筆するチャンスをくださり，完成まで伴走してくださった有斐閣書籍編集第2部の堀奈美子さんと松井智恵子さん，ありがとうございます。また，私の原稿に初期の段階でコメントくださった関東学院大学の田中聡一郎さん，いつもありがとうございます。

　　　2018年11月

　　　　　　　　　　　　　　　　　著者を代表して　岩　永　理　恵

著者紹介

岩 永 理 恵（いわなが　りえ）　　　　　　担当：第1章〜4章，第7章

日本女子大学人間社会学部准教授

主　著

『戦後社会保障の証言——厚生官僚120時間オーラルヒストリー』（共編）有斐閣，
2018年

『被災経験の聴きとりから考える——東日本大震災後の日常生活と公的支援』（共著）
生活書院，2018年

『生活保護は最低生活をどう構想したか——保護基準と実施要領の歴史分析』ミネル
ヴァ書房，2011年

卯 月 由 佳（うづき　ゆか）　　　　　　担当：第8章〜12章

国立教育政策研究所初等中等教育研究部総括研究官

主　著

「エビデンスの広がりと問われる教育政策——社会情緒的スキルの教育と調査をめぐ
る欧米の動向から」『社会と調査』21，2018年

「低収入世帯の子どもの不利の緩和に学校外学習支援は有効か——世帯収入が中学生
の学校外学習時間に与える効果の分析をもとに」『社会政策』7（1），2015年

『自由への問い（5）教育——せめぎあう「教える」「学ぶ」「育てる」』（分担執筆）岩
波書店，2009年

木 下 武 徳（きのした　たけのり）　　　　担当：第5章，6章，13章，14章

立教大学コミュニティ福祉学部教授

主　著

「アメリカにおける公的扶助の行政不服審査」『國學院経済学』63（3・4），2017年

『地域福祉のオルタナティブ——〈いのちの尊厳〉と〈草の根民主主義〉からの再構
築』（分担執筆）法律文化社，2016年

『アメリカ福祉の民間化』日本経済評論社，2007年

目　次

はしがき ……………………………………………………………… i

CHAPTER 1

「食うに困る」が貧困か？　　　1
貧困と生活保護，最低生活保障の内実

1　貧困をめぐる議論 ……………………………………………… 2

貧困概念・測定の歴史（2）　現代日本における貧困論議（4）

2　生活保護法の目的・最低生活保障 ………………………… 6

生活保護による最低生活の中身，保護基準（6）　最低生活費の中身，
保護基準の構成（7）　保護基準額の動向──基準の引き下げ（10）

3　保護基準の議論の仕方 ……………………………………… 11

保護基準に関する議論の切り口（11）　議論の立て方・変革への選
択肢（12）

CHAPTER 2

働いている人は生活保護を利用できない？　　　17
無差別平等と自立の助長

1　無差別平等原理，必要即応の原則 ………………………… 18

旧法・新法と無差別平等原理（18）　必要即応の原則（19）

2　生活保護における「自立」と稼働能力 …………………… 21

「自立」と「能力の活用」（21）　就労支援・勤労控除・貧困の罠
（23）

3　誰がどのような理由で生活保護を利用するか …………… 24

生活保護利用世帯の動向──給付状況と世帯の特徴（24）　暴力団
員と生活保護（28）

CHAPTER 3

生活保護を利用すると，自動車・家はもてないのか？　　　31
補足性の原理①収入認定・資産保有編

1　保護の補足性 ………………………………………………… 32

● v

保護の補足性の意味（**32**）　収入の認定（**34**）　資産の活用（**35**）

2　申請保護の原則 ……………………………………………………… 37

保護請求権（**37**）　「水際作戦」と 2013 年の法改正（**38**）

3　蔓延する不正受給？ ………………………………………………… 40

CHAPTER 4

家族や親族がいると生活保護は利用できない？　43

補足性の原理②扶養義務編

1　扶養義務とは ………………………………………………………… 44

誰が誰を扶養しなければならないか（**44**）　生活保護関連報道とスティグマ（**47**）

2　世帯単位の原則 ……………………………………………………… 49

世帯とは何か——世帯分離という取り扱い（**49**）　生活保護利用世帯の動向——保護を利用する理由（**50**）

3　生活保護利用世帯と進学 …………………………………………… 55

CHAPTER 5

ケースワーカーとはどんな人？　福祉事務所はどんな職場？　59

生活保護の実施体制

1　生活保護の実施体制 ………………………………………………… 60

国，都道府県，市町村の役割分担（**60**）　福祉事務所（**60**）　福祉事務所の職員（**63**）

2　福祉事務所のケースワーカーの人数と専門性 …………………… 64

ケースワーカーの人数と専門性，経験年数（**64**）　ケースワーカーの人数が少なく，専門性，経験年数が低い背景（**65**）

3　生活保護の監査 ……………………………………………………… 66

監査の必要性（**66**）　監査とは（**66**）　その他のチェック機関等（**67**）

4　海外からみた日本の福祉事務所・ケースワーカーの特徴 ……… 68

ケースワーカーの専門性（**68**）　メンバーシップ型とジョブ型の雇用（**68**）　大部屋主義と小部屋主義（**69**）　ケースワーカーの裁量性（**70**）

生活保護の増大で財政は破綻する？　　　75
生活保護の財政をめぐる議論

1. 社会保障費に占める生活保護費 ……………………………… 76
2. 生活保護の費用負担の仕組み ………………………………… 76
   生活保護の国と地方の費用負担（76）　地方交付税の仕組み（78）
3. 生活保護の費用負担は国か地方か …………………………… 80
   三位一体改革と生活保護（80）　国庫負担金削減の提案と国と地方自治体の主張（81）　国による生活保護の支出抑制（82）　生活保護費の支出をどうみるか（84）
4. 外国の公的扶助から考える日本の費用負担 ………………… 85

生活保護はどのように展開してきたか？　　　89
恩恵から権利へ

1. 明治期から昭和前期の救貧政策 ……………………………… 90
   救貧立法の成立と展開（90）　昭和前期の救貧政策（91）
2. 戦後・被占領期から1970年代の救貧政策 …………………… 92
   旧生活保護法と憲法上の権利としての生存権（92）　新生活保護法の展開（93）　保護基準の引き上げと保護率の低下（94）
3. 1980-1990年代の救貧政策 …………………………………… 96
   123号通知，国庫負担割合の削減（96）　低保護率，ホームレス問題，訴訟（97）
4. 歴史から2000年代と今後を考える …………………………… 99
   2000年代の動向（99）　恩恵ではない，権利としての生活保障のために（100）

生活保護で対応しきれない貧困？　　　103
貧困対策の目的と手段

1. 貧困をどのようにとらえるか ………………………………… 104
   貧困とはどのような問題か（104）　なぜ貧困を解決する必要があるか（105）

目　次　●　vii

2 貧困の測定と政策指標 ･･････････････････････････････････ 107
貧困の測定（107） 統計からみる貧困（108） 貧困の政策指標
（111）

3 貧困をどのように解決することを目指すか ････････････ 113
貧困の要因へのアプローチ（114） 貧困の帰結へのアプローチ
（116）

CHAPTER 9 現金給付か，現物給付か？ 119
最低生活保障に必要な給付の方法

1 最低生活保障のための現金給付と現物給付 ････････････ 120
生活保護における現金給付と現物給付（120） 生活保護以外の現
金給付と現物給付（121）

2 現金給付と現物給付それぞれの根拠と効果 ････････････ 124
現金給付の根拠（124） 現物給付の根拠（125） 現金給付と現物
給付の効果（126）

3 これからの貧困対策における給付の方法 ････････････････ 128

CHAPTER 10 貧困対策に必要な教育費の支援とは？ 133

1 貧困と教育 ･･･ 134
貧困が教育に与える影響（134） 教育費の家計負担（135）

2 教育費の支援 ･･ 138
生活保護の教育扶助と生業扶助（138） 生活保護以外の教育費支
援制度（140）

3 教育費支援の課題 ･･ 143
普遍主義的な支援と選別主義的な支援（143） よりわかりやすく，
利用しやすい制度へ（144） 教育機会の不平等の縮小のために
（145）

viii

CHAPTER 11　貧困対策に必要な住宅と居住の支援とは？　149

1　貧困と住宅 ・・・ 150
住宅確保と居住生活の困難（150）　　日本の住宅政策とその結果
（151）

2　住宅に関する貧困対策 ・・・・・・・・・・・・・・・・・・・・・・・・・・・・・・・ 153
生活保護の住宅扶助（154）　　生活保護以外の貧困対策（156）

3　今後の政策課題を考える ・・・・・・・・・・・・・・・・・・・・・・・・・・・・ 161
住宅困窮者の全体像（161）　　保障されるべき居住（162）

CHAPTER 12　貧困対策に必要な医療と介護の支援とは？　167

1　社会保険による医療と介護 ・・・・・・・・・・・・・・・・・・・・・・・・・・ 168
医療保険と滞納・未加入問題（168）　　介護保険と滞納（169）

2　医療と介護の支援 ・・・・・・・・・・・・・・・・・・・・・・・・・・・・・・・・・・・ 171
生活保護の医療扶助（171）　　生活保護の介護扶助（173）　　生活保
護以外の支援（174）

3　今後の政策課題を考える ・・・・・・・・・・・・・・・・・・・・・・・・・・・・ 177
「制度の谷間」の解消に向けて（177）　　健康格差へのアプローチ
（178）

CHAPTER 13　生活保護の権利は私たちと無関係なのか？　183
生活保護の権利と不服申立制度

1　生活保護の権利はどう確立したか ・・・・・・・・・・・・・・・・・・・ 185
新生活保護法で保護請求権・不服申立制度ができるまで（185）
憲法第25条第1項の生存権はなぜ規定されたのか（186）　　生存権
はどのように確立したのか？（187）

2　生活保護の不服申立制度の仕組み ・・・・・・・・・・・・・・・・・・ 188
不服申立制度の3つの手段（188）　　審査請求の意義（188）　　審査
請求のプロセス（189）

3　生活保護の裁判事例 ・・・・・・・・・・・・・・・・・・・・・・・・・・・・・・・・ 190

目　　次　●　ix

生活保護の初めての裁判＝朝日訴訟（190）　朝日訴訟に続く生活
保護の裁判（192）

4　アメリカの不服申立制度の仕組み ………………………… 193

アメリカの不服申立制度の仕組み（193）　ロサンゼルスの審査請
求の例（193）　低所得者への法的支援（194）

5　生活保護の権利を保障するということ …………………… 195

CHAPTER 14　生活困窮者自立支援制度は貧困対策をどう変えるか？　199

1　生活困窮者自立支援制度とは ……………………………… 201

自立支援制度創設の背景（201）　生活困窮者自立支援制度の内容
（202）　自立支援制度の実施状況（204）

2　生活困窮者自立支援制度と生活保護 ……………………… 205

一体的な運用の促進（205）　運営主体レベルでの一体的運用
（207）　個別支援レベルでの連携（209）

3　生活困窮者のための多様な支援と広がり ………………… 211

社協の取り組み（212）　埼玉県富士見市の多様な支援（212）　北
海道小樽市の多様な支援（213）　制度を補完する民間の取り組み
（214）

索　　引 ……………………………………………………… 217

刊行後の追加情報などはウェブサポートページに掲載する予定です
http://www.yuhikaku.co.jp/static/studia_ws/index.html

イラスト：与儀勝美

本書のコピー，スキャン，デジタル化等の無断複製は著作権法上での例外を
除き禁じられています。本書を代行業者等の第三者に依頼してスキャンや
デジタル化することは，たとえ個人や家庭内での利用でも著作権法違反です。

CHAPTER

第 1 章

「食うに困る」が貧困か？

貧困と生活保護，最低生活保障の内実

INTRODUCTION

　現在の日本において，「食うに困る」という状態こそ貧困だ，と思う人は少なくないらしい。もし「食うに困る」が貧困だとすれば，そのような状態の人はこんなに豊かな社会で，ほんの少人数だと思われるかもしれない。そもそも，日本には生活保護がある。生活保護は，貧困状態にある人を救済する仕組みであり，これが充分機能すれば，日本で貧困状態に暮らす人はいないはずである。

　「でも，食うに困るほどでなければ貧困ではない？」という疑問をもった方，ご明察である。現代日本においては，「食うに困る」ほどではないが，生活が楽でない人は少なくない。そういう人は貧困状態にあるのではないか。先に結論を伝えてしまうと，どちらも「正解」である。実のところ，現代日本における貧困を断定的に論じるのは難しい。各人の価値観によってしまう，とすらいえる。もちろん，これでこの話は終わり，ではない。まずは，生活保護と分かちがたく結びついている貧困をめぐる議論からみていこう。

1 貧困をめぐる議論

貧困概念・測定の歴史

貧困問題を見極めるには，「貧困と貧困ではないものを分かつライン」＝**貧困線**を設定する必要がある。貧困線の設定には論争があり，「誰のいかなる状態の貧困を救済すべきか」という貧困政策と結びついている。貧困とその原因や対策を検討することへの本格的な関心があらわれる 19 世紀末以降のイギリスを例に，貧困把握の歴史を簡単に振り返ろう。

圧倒的な工業力を誇った 19 世紀半ばのイギリスでは，働いて自分の生活を自分で成り立たせるという自助規範が強く，貧困はもっぱら個人の徳性や能力に結びつけて考えられていた。この当時支配的であった貧困観に疑念を抱き，「貧困者とは誰か」をあらためて問うたのが，**C. ブース**である。ブースは，1886～1903 年まで 17 年にわたって「ロンドン調査」を実施し，社会問題としての貧困を把握する道を拓いた。

具体的には，社会調査によってロンドン市民の生活と労働の状態を明らかにし，調査対象の家族を A から H までの 8 つの生活水準に分類した。A・B の極貧層，C・D の貧困層の 4 つの階層を設定し，D と E の間に貧困を分かつ境界を引き，貧困が，ロンドン全体で 30.7% を占めるという，貧困の「量」を数値で明らかにした。

このブースの業績に感動して，貧困調査を発展させたのが **B. S. ラウントリー**である。彼は，生まれ育った地方都市のヨークを調査地とし，1899 年に第 1 回調査を実施した。この調査の独自性は，貧困線の設定にあたり，当時最先端の栄養学の研究成果を応用したことである。必要カロリー摂取基準を用いて，「肉体的能率を保持するために必要な最小限度」を充足する費用を算定した。貧困とは，生存に必要な最低生活費に満たない収入や生活費であるとし，ラウントリーの調査においても，ブースとほぼ同数値で，人口の約 30% が貧困であることを見出した。

2 ● CHAPTER 1 「食うに困る」が貧困か？

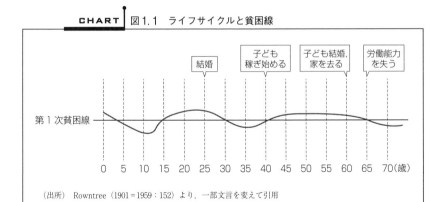

図1.1 ライフサイクルと貧困線

(出所) Rowntree (1901 = 1959 : 152) より、一部文言を変えて引用

　さらにラウントリーは、この貧困状態に陥りやすい時期が、人生に3回あることを明らかにした。1回目は自分が子どもの時期、2回目は自分が子どもを育てる時期、3回目は高齢期であり、**ライフサイクル**と貧困の関係を見つけたのである（図1.1）。これは、年金や児童手当の重要性を示唆し、先に述べた栄養基準による貧困線は**ナショナル・ミニマム**（⇨第**7**章）という考えに生かされ、第2次大戦後の福祉国家構想の基礎となった。

　時代は下って、福祉国家の政策が実現するなかで、**P. タウンゼント**という研究者は、ラウントリーの算定した生存費用では、社会の一員として生きていくのに必要な費用が含まれていないという考えから、**相対的剝奪**という概念を用いた貧困線を提示し、1979年に調査結果をまとめた著書を発刊した。相対的剝奪とは、ある社会で慣習となっている生活様式（たとえば、家を訪れた友人・知人をお茶でもてなす）を保つのに必要な生活資源が足りない状態である。この相対的剝奪を指標化し、剝奪指標が多くなる収入水準を貧困線とした。

　このタウンゼントの貧困概念は**相対的貧困**、ラウントリーのそれは**絶対的貧困**と呼ばれる。タウンゼントは、ラウントリーの栄養必要量という絶対的な必要に基づく貧困概念では、栄養摂取が社会的活動と関係があることを認識できず、不適切で誤解を招きやすいと考えた。彼は、貧困とは国、文化、場所、時間などに応じて把握する、相対的なものであるという立場をとり、イギリス福祉国家のなかに貧困を「再発見」したのである。

現代日本における貧困論議

「絶対的貧困」は，イントロダクションで述べた「食うに困る」という状態こそ貧困だ，という考え方に，「相対的貧困」は，「食うに困るほどではなければ貧困ではない？」という考え方に対応している。それぞれが具体的にどういうことで，いかなる議論につながっていくのか，次の報道から考えてみたい。

給料日前の月末になると，夕食の食卓に連日，おにぎりだけが数個並ぶことがある。都内の母親（50）は，小6の長女（12）に「さあ，おにぎりパーティーの始まりよ」と声をかける。「だって『おにぎりしかない』って言うと暗くなっちゃうでしょ」。具は何がいいか，リクエストも聞く。「おかかとみそ，塩の3種類しかないけどね」母子家庭になったのは，長女が生まれてすぐだった。母親は専業主婦だったが，介護の仕事を始め，資格もとった。週4日，病院で介護士としてパートで働く。もっと働きたいが，周りになじめず低学年から不登校になった長女を放ってはおけない。パートの収入は月12万〜13万円。生活保護も一部受ける。生活費にあてられるのは月7万2千円。うち食費は2万円ほどだ。長女は昨年からようやく，フリースクールに通えるようになった。給食は出ないので，昼ご飯を食べずに過ごすことが多い。帰り道の夕方，100円で9個入りの小さなシュークリームを買うのが楽しみだ。夕食は，午後7時すぎに帰宅する母親と食べる。モヤシだけの焼きそば，肉のかわりに12個で87円のウズラの卵が入ったカレー。「育ちざかりなのに。虐待じゃないかと思うこともある」と母親は打ち明ける。7月は電気，8月はガス，9月は水道などと数カ月に1回順ぐりに払う。それでも払えないこともあり，昨年のクリスマスには水道が止められた。炊飯器の釜やペットボトルを手に公園へ行き，水をくんだ。長女はいう。「わたしはがまんしてない。お母さんの方

ががまんしてる」世帯収入から子どもを含めた国民一人ひとりの所得を仮に計算して順番に並べたとき，真ん中の人の額（中央値）の半分に満たない子どもは，6人に1人。子どもの貧困が広がっている。（『朝日新聞』2014年12月9日朝刊「夕食は『おにぎりパーティー』子どもの貧困6人に1人」）

　この報道に対し，「『豊かな日本で，食べるのに困っている子どもがいるなんて』と実態に驚く声が多かった」という。日本には食べ物に困るというような「絶対的貧困」が存在するとは思っていない人が多数であるが，実際には存在する。一方で，「生活保護なのにフリースクールに行くなんてぜいたくをするから，給食が食べられないのは自業自得」という声もあったという（『朝日新聞』2015年4月19日「格差問題，子どもの貧困に高い関心　記者が考えたことは」）。「周りになじめず低学年から不登校」で学校に行けず，「給食は出ないので，昼ご飯を食べずに過ごす」は，貧困状態とはみなさない人もいる。
　生活保護を受けているのに「食べるのに困っている」とか，「生活保護なのにフリースクールに行くなんてぜいたく」なのか，同じ記事をみても着目する点，さらにいえば貧困をとらえる視点，が1つではないことが理解できよう。いまだに解決すべき貧困があるととらえるか，貧困はもはや解決されたととらえるか，その判断には社会規範が介在する。貧困とは，社会にあってはならないものであり，その社会に生きる人々の見方やとらえ方が広がれば概念は豊富化されていく。
　貧困問題は，社会変化に応じてたびたび「再」発見され，長い間，論議されてきた社会問題である。その貧困からの救済に取り組む生活保護もまた，この議論と無関係ではいられない。それにしても新聞記事の母子世帯は，生活保護受給中にもかかわらず「食うに困る」といえるほどの状態である。いったい生活保護は，どの程度の貧困から救済する制度なのであろうか。

2 生活保護法の目的・最低生活保障

生活保護による最低生活の中身，保護基準

　生活保護制度は，日本における貧困政策の要である。「最低限度の生活保障」と「自立の助長」という2つの目的を掲げている。生活保護法第1条に「最低限度の生活を保障するとともに，その自立を助長する」とある。「最低限度の生活の保障」を明記したことは，現行の生活保護法の特徴である。

　では，「最低限度の生活」とは何か。生活保護法第3条では，憲法第25条を引用して規定されている。この抽象的な「最低限度の生活」の規定を，運用では「**最低生活費**」という金銭に置き換える。

　法に書かれた原理が抽象的であるのに，実施要領は「慎重で詳細」というのが生活保護制度の特徴である（籠山 1978：29）。制度の実施を担うケースワーカー（⇨第 **5** 章）は，実施要領がまとめられた分厚い『生活保護手帳』『生活保護手帳 別冊問答集』そして『生活保護関係法令通知集』も参考に業務を進める。

　最低生活費は，生活保護が保障する最低生活の水準を意味する。具体的な金額は，生活保護法第8条第1項による厚生労働大臣の定める基準（いわゆる**保護基準**）を用いて算出し，世帯の状況に合わせた最低生活費を決定する。

　保護基準の算出は，理論的には，第 **1** 節に述べたような貧困研究の成果を用いて行う。生活保護法が成立して間もない1948年8月，厚生省（当時）は，保護基準の第8次改定において，栄養所要量を満たす飲食物費を基礎に，必要な品物を1つひとつ買い物かごに入れるかのように積み上げて算定する**マーケ**

ット・バスケット方式を採用した。この必要なモノを積み上げて最低生活費を算定するという発想は，現在まで引き継がれている。

保護基準の改定方式は，1961年に**エンゲル方式**へ移行した。これはマーケット・バスケット方式により算定した飲食物費をもとにエンゲル係数をつくり，消費支出総額を求める方式である。1960年代半ばには**格差縮小方式**，1980年代半ばには**水準均衡方式**へと変化した。格差縮小方式により，低所得階層の消費水準が上昇し所得格差が縮小する傾向を踏まえた保護水準の引き上げが図られ，水準均衡方式によって1980年代以後この水準を維持する改定が図られてきた。近年の動向については，第3節で述べる。

最低生活費の中身，保護基準の構成

最低生活費は，生活保護法に定められた8種類——**生活扶助，教育扶助，住宅扶助，医療扶助，介護扶助，出産扶助，生業扶助，葬祭扶助**——の扶助別に，全国の市町村を6区分の級地（1級地-1から3級地-2）に分類して定めた基準額から構成される（基準については，⇨**第2章第1節**も参照）。

生活扶助基準は，日常生活費で，飲食物や衣類など個人的経費を年齢別に定めた基準（第1類費）と，光熱水費や家具什器など世帯共通的経費を世帯人員別に定めた基準（第2類費）からなる。第2類費には，暖房費を寒冷地区別に定めた冬季加算もある。さらに特別な需要のある者に上積みする特別経費分の基準として，妊産婦加算，障害者加算，介護施設入所者加算，在宅患者加算，放射線障害者加算，児童養育加算，母子加算といった加算がある。

教育扶助基準は，義務教育に必要な経費，住宅扶助基準は，賃貸住宅の家賃，間代，地代の支払いに必要な経費を踏まえ定めている。医療扶助基準は国民健康保険・後期高齢者医療の診療方針・診療報酬に基づき診療に必要な最小限度の額，介護扶助基準は，介護保険の介護の方針および介護報酬に基づき介護サービスに必要な最小限度の額である。生業扶助は，技能を習得するための経費

図1.2 最低生活費の体系

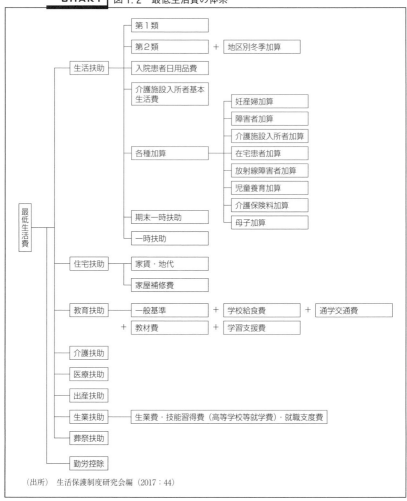

(出所) 生活保護制度研究会編 (2017：44)

や高等学校等に就学する経費について，出産扶助と葬祭扶助は，それぞれに必要な経費の実費を踏まえて基準額を設定している。

では，実際の金額はどれくらいなのか。保護は，「要保護者の需要を基」とし（生活保護法第8条），その需要を測定して，保護基準を用いて世帯ごとの最低生活費を計算するため，世帯の状況ごとに基準額は異なる。表1.1に3人世帯（33歳，29歳，4歳）と高齢者単身世帯の2017年度の例を示した。

CHART 表1.1 ３人世帯・高齢者単身世帯の生活保護基準額（2017年度の例）

３人世帯（33歳，29歳，４歳）

	1級地-1	1級地-2	2級地-1	2級地-2	3級地-1	3級地-2
世帯当たり最低生活費	173,110	166,760	159,730	155,730	144,910	139,640
生活扶助	150,110	143,760	136,730	132,730	126,910	121,640
児童養育加算	10,000	10,000	10,000	10,000	10,000	10,000
住宅扶助	13,000	13,000	13,000	13,000	8,000	8,000

高齢者単身世帯（68歳）

	1級地-1	1級地-2	2級地-1	2級地-2	3級地-1	3級地-2
世帯当たり最低生活費	93,870	90,450	86,190	84,530	76,390	73,560
生活扶助	80,870	77,450	73,190	71,530	68,390	65,560
住宅扶助	13,000	13,000	13,000	13,000	8,000	8,000

（注）　地域別の住宅扶助基準額の例：１級地-1（東京都区部 69,800円），１級地-2（福山市 44,000円），
　　　　２級地-1（熊谷市 56,000円），２級地-2（荒尾市 46,000円），３級地-1（柳川市 42,000円），３級地-2
　　　　（さぬき市 42,000円）
（出所）　生活保護制度研究会編（2017）第１表を一部改変

　たとえば，夫婦（33歳と29歳）と子ども（４歳）からなる世帯が，最も基準額の高い都市部（１級地-1）に居住している場合17万3110円，最も基準額の低い地域（３級地-2）に居住している場合は，13万9640円である。表中では，住宅扶助の額は基準額の１万3000円を計上しているが，実際の家賃がこの額を超える場合，一般的に，地域別に定められた額の範囲内で実費が支給されている（表1.1，注を参照）。生活扶助（＋児童養育加算）と住宅扶助のみ計上しているが，医療費や出産費が必要になった場合は，それぞれの基準額が計上される。また，勤労収入がある場合は，収入に応じた額が勤労控除（⇨第**2**章）として控除され，現実に消費可能な金額は多くなる。

　この３人世帯は，従来モデル世帯として用いられてきたが，このような夫婦と子どもからなる世帯は少数派である。「平成27年度被保護者調査」によれば，このモデル世帯に該当しそうな障害・傷病世帯およびその他世帯の３人世帯数は約2.2％である。最も数が多い世帯類型は，高齢者の単身世帯で，同上調査で約45％である。高齢者単身世帯の基準額をみると，最も基準額の高い都市

2　生活保護法の目的・最低生活保障　● 9

部（1級地-1）に居住している場合9万3870円，最も基準額の低い地域（3級地-2）に居住している場合は，7万3560円である。こちらもモデルとして生活扶助と住宅扶助のみ計上しているが，医療費や介護費などが必要になった場合は，それぞれの基準額が計上される。

保護基準額の動向──基準の引き下げ

　以上で概観した保護基準は，第1節に述べた貧困をめぐる議論からみて，論争含みの性格をもつ。2003年4月，生活保護の歴史上初めて生活扶助基準のマイナス改定，つまり基準引き下げがなされた。2004年も生活扶助基準は下がり，加えて，**老齢加算**の減額も開始され，2006年度に全廃された。2005年には**母子加算**も減額開始，2008年度に全廃された。2009年に民主党政権が誕生し，同年12月に母子加算は復活，2010〜2012年度の生活扶助基準は据え置きの改定であった。

　2012年，政権に復帰した自由民主党は，公約に生活保護「給付水準の原則1割カット」を掲げていた。2013年8月，2014年4月，2015年4月の3段階で，さらなる生活扶助基準の減額を実施した。2015年は，生活扶助のうち冬季加算について多くの地域で減額，住宅扶助基準について，2人以上世帯の上限額を変え，床面積別の上限額を設定し，該当世帯は減額となった。2018年10月からも3年度かけて，多くの世帯にとってさらなる生活扶助基準の減額が予定されている。2000年代に入ってから，保護基準は総体として減額されてきた。

　このような状況下で，保護基準の改定方法，さらに進んで，保護基準のそもそもの算定や決定の仕方についての関心が高まっている。2000年代に入り，生活保護をテーマとする委員会の審議が傍聴可能となり，情報が公開されつつあるが，最終的な保護基準を定める権限は厚生労働大臣にあって，市民には策定過程が不透明な部分も大きい。日本各地で保護基準引き下げの取り消しを求める訴訟が起こされ，「憲法違反」と批判されている（⇨第**13**章も参照）。

　保護基準の改定動向が注目され，引き下げが批判される理由は，その中身・水準の在り方が，生活保護利用者の生活に直接深刻な影響を与えるのはもちろん，未来の生活保護利用者の範囲を決め，日本のナショナル・ミニマムとして機能しているためである。たとえば最低賃金の設定については，保護基準との

整合性に配慮しなければならないとされている。保護基準引き下げは，日本における最低限度の生活水準が下がることを意味する。

　生活扶助基準の引き下げに伴い，他の制度，たとえば非課税限度額，**就学援助**，保育料の免除，児童養護施設の運営費などに影響が生じると考えられ，国はできる限り影響が及ばないよう対応を求めるという。しかし，毎日新聞（2015年3月24日夕刊「就学援助：福岡市，4月から縮小　基準変更，240人対象外に」）によれば，福岡市は，保護基準に連動して就学援助の対象基準を下げる予定であり約240人が対象を外れる見通しであること，同様に川崎市も約300人が対象外となると見込んでいるという（就学援助の詳細は⇨第**10**章）。保護基準は，生活保護利用者はもちろん，事実上，これと連動する他制度についても，利用の可能性に影響を与える重要な位置にある。

 保護基準の議論の仕方

| 保護基準に関する議論の切り口 |

　近年，子どもの貧困など貧困問題への関心は高まりつつあるが，生活保護については，保護基準の減額に象徴されるように保障する内容の切り下げが進められている。貧困問題への関心や認識は深まっているようにみえるが，それが生活保護の保障する内容の充実につながらない。保護基準の議論の仕方の再検討が必要ではないかと思われる。そのために，まずは，これまで保護基準について，【誰が，どこで】【いつ，どのように】論じてきたのか確認しよう。

【誰が，どこで】
　保護基準を策定する権限は厚生労働大臣にあり（生活保護法第8条），ひとまず厚生労働大臣・厚生労働省が主体となり行政過程を通じて決定しているといえる。おおむね厚生労働省社会・援護局保護課を中心に，有識者を集めた委員会で意見を聞きながら作業を進め，財務省（旧大蔵省）との予算編成過程が最大の主戦場であった。ただし，時代によって変化はあり，議員が国会で繰り広

げる論戦が世論への力をもつ時代もあった。2001年の小泉内閣以降は，内閣が「骨太の方針」と呼ぶ，経済財政諮問会議が取りまとめた「経済財政運営と構造改革に関する基本方針」，すなわち予算編成の基本方針において，保護基準の見直しに言及し，これが見直しの端緒となっている。

【いつ，どのように】

　保護基準の改定率，つまり全体としてどの程度基準を上げるか／下げるか，については，予算編成のなかで決められてきた。決定過程の不透明さは，国会でもたびたび批判されてきた。2000年代に入って可視化が図られたのは，厚生労働大臣が設置する審議会・専門委員会の審議である。生活保護については，2003年設置の「生活保護制度の在り方に関する専門委員会」が審議公開の始めで，2017年現在は「社会保障審議会生活保護基準部会」が置かれ，誰でも傍聴可能である。

　ただし，「社会保障審議会生活保護基準部会」は，「保護基準の定期的な評価・検証」が課題である。保護基準の策定の仕方そのものの検討は議題とされていない。先に触れたように，日本各地で起こされた，保護基準引き下げの取り消しを求める訴訟のなかでは，変更（基準削減）の経緯の一側面として，審議会・専門委員会での議論が取り上げられている。審議会・専門委員会の報告書の中身が，即座に基準改定に結びつくわけではないが，行政，市民ともに手続きとして重視してきたといえよう。

　もちろん，政策過程にはさまざまな人が関わっており，非常に複雑である。ただし，上記のように保護基準策定・改定に直接つながる事項のみ取り上げてみれば，現状での主な登場人物はそれほど多くはないのである。

議論の立て方・変革への選択肢

　それでは，今後，保護基準について，【誰が，どこで】【いつ，どのように】議論しうるのか，過去の議論と諸外国の例から，次のような案が考えられる。

　A）国民に選ばれた議員によって国会で議論する，という案。1950年に生

12 ● CHAPTER 1 「食うに困る」が貧困か？

活保護法を全面改正する過程で，内閣法制局が主張した案であり，保護基準は立法事項にすべきとした。当時の厚生省は，時宜にかなった基準引き上げが難しくなるなどとして，反対した経緯がある。

B）地方自治体における行政もしくは議会で策定する，という案。厚生労働省は，「第3回 生活保護費及び児童扶養手当に関する関係者協議会」（2005年7月6日）という国と地方の役割分担を話し合う会議において，地方自治体の代表者に対し，地方自治体の裁量を拡充して地域別の保護基準を設定してはどうか提案したことがある。この提案への地方自治体側の反発は大きく，生活保護に対する国の責任は地方の責任に比べて極めて重いと反論した。

C）現在でも部分的に採用している方式ではあるが，専門家の審議に委ねるという案。山田ほか編（2014）によれば，韓国の最低生活保障を具現化する国民基礎生活保障制度では，最低生計費の決定方法は同法に規定されており，日本に比べ，決定の手続きが明確にされている。法に基づき，韓国保健社会研究院の研究者グループによる研究が行われ，次に専門委員会の審議，これに基づき中央生活保障委員会が決定している。

D）市民が，自身の住む地域ごとに決める，という案。たとえば，**Episode** で紹介するような MIS を用いた方法がある。

A〜D に，現状の厚生労働大臣が決める方式を加え，実際，いくつかの組み合わせで運用することも考えられる。また，どの案が保護基準引き上げにつながるか，などの結論は見通しにくい。山田ほか編（2014）では，韓国は，最低生活費の水準が低く，平均（中位）所得に対する割合が下がり続ける問題がある一方で，日本の保護基準は，給付水準は高いと分析されている。ただし，日本以外の多くの国では，生活保護（**公的扶助**）とは別に，手厚い家族給付や住宅給付があり，給付水準を比較する際，生活保護（公的扶助）のみに注目することは，これを過大評価することになる。

逆にいえば，最低生活保障は，生活保護（公的扶助）のみで完結するわけではない。生活保護は，給付対象が生活困窮者・低所得者で，各申請者の資力・ニーズ調査を行い，財源調達は歳入による，公的扶助という社会保障制度の一種である。生活保護は，救貧制度であり，その守備範囲は，生活保護以外の社

Episode● MIS──新たなマーケット・バスケット方式

　1970年代頃から福祉国家の危機が唱えられ，1990年代には社会的排除という概念を用いて複合的な不利による社会参加の欠如が認識され，これまでとは異なる貧困がとらえられ始めた。その変化の過程において，世界各国であらためて最低生活費を把握するプロジェクトが試みられている。その1つが，MIS（Minimum Income Standard）であり，2008年からイギリスで始められた。

　MISは，マーケット・バスケット方式を中心に，イギリス貧困研究の蓄積を統合し，政策が目標とする最低所得に関する基準を示すものである。MISの特徴は，最低生活に必要なアイテムは何かを1つずつ市民が議論することにある。市民による議論は，「子どものいない稼働年齢者」「年金生活者」などの属性ごとに集めた小グループで行われ，議論した内容に対して栄養基準など専門知識を提供しながら，さらに議論を深めていく。

　MISの優れた点は「最低生活費の内訳・中身が明らか」というマーケット・バスケット方式のよさと，その欠点を補う工夫にある。算定を専門家だけで行うのではなく市民感覚に委ねて議論の過程を透明化し，市民による議論も1種類のグループにつき3度行い，算出結果への信頼度を高めようとしている。イギリス版では，最低生活費を改床（rebase）すること──2008年算定の最低生活費を，2012年の状況（物価の変化など）にあわせて計算し直す──に力を入れ，経済状況の変化に対応している。

　本書執筆者の岩永と卯月は，日本版MISを試みたメンバーである。正直，マーケット・バスケット方式とは，ずいぶん手間暇のかかるものだなと思った。参加する市民を集め，議論の段取りを決め，資料を準備し，議論をまとめ，挙げられたアイテムの値段を調査してまとめ，これを繰り返す。日本版MISの結果は，何度か国の審議会でも取り上げられたが，今のところ政策にはつながらないようである。

　もちろん即座に政策につながらないからといって，意味がないわけではない。MISを実施することそのものが，人々が最低生活費を考えるきっかけとなる。私たちは，算定結果を「家計調査」の結果と突き合わせることで，市民の議論の妥当性を実感できた。日本でも，さらに別の地域・人で実施し，いったん算定した最低生活費を改床していければ，と考えている。なお，さらなる詳細は，「くらしのもよう──ゼロから暮らしを考えよう」（http://kurasinomoyou.com/）をご覧いただきたい。

会保障制度が保障する範囲が広いほど，狭くなる。このことは，本書第**10**章以降で，具体的に考える。

　さらに論を進めれば，生活保護で，最低生活保障の基準を決めなくてもよい，という考え方もできる。現在の日本のように，保護基準と最低生活費はイコールとはしない，ということである。最低生活の参照基準を別に設定して，これを社会保障給付や最低賃金のベースにすることもできる。生活保護は，最低生活を丸ごと保障するため8つの扶助を備えているが，これらは別々の制度として運用することもできよう。

　可能性はさまざまあるが，ここで，本章のイントロダクションでの問いかけに立ち戻ることになる。貧困概念が"貧しい"ままでは，その対策充実はおぼつかない。生活保護と分かちがたく結びついている貧困をめぐる議論の深まりもまた不可欠である。貧困概念を鍛え，貧困問題の調査研究を強化しつつ，最低生活保障の内実，保護基準の水準，最低生活費を議論していく必要がある。

さらに学びたい人のために　　　　　　　　　　　　　Bookguide ●

① 岩田正美（2007）『現代の貧困――ワーキングプア／ホームレス／生活保護』筑摩書房
　「貧困を忘れた日本」で，貧困研究を牽引してきた著者による貧困論。貧困問題への関心を，より深い問題意識につなげていく道筋を知ることができる。

② 駒村康平編（2018）『貧困』ミネルヴァ書房
　①の著書から10年を経て，さまざまな研究領域・ディシプリンで積み重ねられてきた貧困研究の成果の一端を知ることができる。

③ 岩田正美（2017）『貧困の戦後史――貧困の「かたち」はどう変わったのか』筑摩書房
　敗戦直後の「食べるものすらない」原初的な貧困，所得統計に載らないような貧困者を，戦後日本社会と織りなす「かたち」として描き，想像力を喚起してくれる。

引用文献 | Reference ●

岩永理恵（2011）『生活保護は最低生活をどう構想したか──保護基準と実施要領の歴史分析』ミネルヴァ書房

籠山京（1978）『公的扶助論』光生館

Rowntree, B. S.（1901）*Poverty : A Study of Town Life*, Macmillan（= 1959, 長沼弘毅訳『貧乏研究』ダイヤモンド社）

生活保護制度研究会編（2017）『生活保護のてびき〔平成29年度版〕』第一法規

『生活保護手帳 2017年度版』中央法規出版

Townsend, P.（1979）*Poverty in the United Kingdom: A Survey of Household Resources and Standards of Living*, Allen Lane and Penguin Books

山田篤裕・布川日佐史・『貧困研究』編集委員会編（2014）『最低生活保障と社会扶助基準──先進8ヶ国における決定方式と参照目標』明石書店

CHAPTER

第2章

働いている人は生活保護を利用できない？

無差別平等と自立の助長

INTRODUCTION

　働いている人は生活保護を受けられない，働いていない人は生活保護を受けられない，と対照的な「都市伝説」がある。どちらも事実に反している。働いていること・働いていないことは，生活保護を利用する権利とは関係がない。それなのに，なぜ就労状況と生活保護利用がバーターであるかのように理解されるのであろうか。

　働いている人は生活保護を受けられない，とは，おそらく生活保護とは働いていない人が使う制度だという含意がある。子どもであるとか，病気，障害，高齢ゆえに働けない人，そういう「弱者」のための救済制度が生活保護だという理解である。他方で，働いていない人が生活保護を受けられないとは，「働かざる者食うべからず」という社会通念による理解といえよう。働いても最低生活費以下の収入であれば生活保護を利用すべきだが，そうしない人もいて，もっと働いて「自立」せよという意見もある。

　本章では，以上のようなさまざまな見解・イメージと，生活保護法の理念，その現実の運用のありようを取り上げる。

1 無差別平等原理, 必要即応の原則

旧法・新法と無差別平等原理

生活保護法による保護は, 要件はあるが (⇨第**3**, **4**章), それらを満たせば国民の生活保護を受ける権利は**無差別平等**に保障されている。本書で主に取り上げる 1950 年成立の生活保護法 (**新法**) にそのことは明記されている。敗戦直後の 1946 年に取り急ぎ制定された生活保護法 (**旧法**) でも「平等に保護」という文言が入り, 戦前の救貧制度とは一線を画した。ただし, 旧法では, 第 2 条と第 3 条に受給資格を限定する**欠格条項**をおいていた。保護を受ける資格の有無を判断するのに道徳性の問題を取り上げ, 民法上の扶養義務が果たされることを保護受給の要件としていた。

新法では, これらの欠格条項を削除した。保護の受給資格において優先的または差別的な取り扱いはしない, 保護を受ける機会は平等としたのである。背景には, 当時日本を占領支配していた GHQ が, 戦前勢力の復活を阻止することを意図し, 政府の恣意的な行動を制約しようとしたことがあった (菅沼 2005)。無差別平等には, 政府の行動を拘束することと, 受給者の権利性に重点をおいた権利規定という二重の意味がある (菅沼 2011)。

他方で, 新法制定を担った小山 (1951：145) は旧法第 2 条の削除について, GHQ の担当者が「根気よく厚生省係官に教育してきた」結果と述べている。同条文を「下手に解釈すると」「前科をもった人, 又は保護観察に付せられている者, ──それらの人々は, 或いは現在も素行がおさまっていない場合もあらう──等に保護が拒まれる恐れがある」。このように実際に保護されない不利益, 条文の解釈にまつわる不公平を避けなければならないと説得された。

さらに GHQ の担当者から受けた教示について, 次のような話も残されている。保護を運用する係員たちは, 保護の申請者が勤労の意思がない, 勤労を怠る原因をよく確かめ, その人たちを更生させる努力を払わなければならない。原因は種々あり「あるものは精神病であったり, 又あるものは精神薄弱又は一

般健康状態の低下」などの場合があり，「障害をもった人が雇傭主の処へ送られる時にはその人の心身の能力によく適合した仕事をまわして貰うような配慮」をしなければならないとのことである（小山 1951：114）。

第3節で触れるように，以上の旧法から新法へ改正された背景を理解することは，今日の運用を理解するうえでも重要であるが，新法では旧法から後退した点もある。「日本国に居住または現在」する**外国人**にも適用する建前をとった旧法とは異なり，保護の対象を日本国民に限定した。なぜ，国民に限定したかといえば，この制度の淵源が憲法第25条にあり，**保護の請求権**を認めたためであるという（小山 1951：85）。憲法に定める生存権保障の理念を実現するのが生活保護法であり，国民は積極的にその実現を請求することができる。しかし現在まで，外国人が生活に困窮した場合の法の定めはなく，1954年に厚生省が出した通知に基づいて，生活保護制度を準用している。

┃ 必要即応の原則 ┃

無差別平等原理によって，国民の保護を受ける機会均等が定められたが，これを機械的に理解する弊害が懸念された。保護の形式的平等を重視するあまり，たとえばどんな状況にある人にも同額の最低生活費を給付する，というような事態である。これを是正するために設けたのが，新法第9条の**必要即応の原則**である。「世帯の状況に対する考慮を欠き，機械的に就労による所謂自立の強要をするが如きは無差別平等の原則の極端なる誤解」であって，保護の種類や方法の決定，程度の決定も必要即応の原則に基づくべきとした（小山 1951：108）。

新法制定当時，最も懸念されたのは，各種のハンディキャップがある者，特に数が多かった戦争による未亡人母子世帯，乳幼児を抱えた母親に対する保護の仕方であった。乳幼児を抱えた母親は乳幼児の養育をすべきで，それを差し置いて働くことを奨励，強制すべきではないと考えられた（小山 1951：209）。その特殊性を考慮して設けたのが，**母子加算**である。乳幼児を抱えた母子世帯に加え，成長期の子ども，結核患者，身体障害者，労働能力のある者というようにその必要の相違に応じて類型的に考慮すべきものがあると考えられ（小山 1951：214），現在でも図1.2（⇨第1章）に示したような多岐にわたる加算が設

CHART 表2.1 保護開始時の要否判定に用いる基準

事　項	判定に用いるもの	判定に用いないもの
生活扶助	基準生活費 加　算 移送費（一部） 入院患者日用品費 介護施設入所者基本生活費 被服費（一部）	期末一時扶助費 被服費（一部） 家具什器費 移送費（一部） 入学準備金 配電水道等設備費 家財保管・処分料 妊婦定期健診料 不動産鑑定費用等
教育扶助	教育扶助基準 教材費 給食費，交通費，学習支援費，学級費	災害時等学用品費 校外活動参加費
住宅扶助	家賃，間代，地代	敷金 契約更新料 住宅維持費 雪おろし費用
医療扶助	医療費 短期医療費（特例） 移送費	
介護扶助	介護費（住宅改修費を除く） 移送費	住宅改修費
出産扶助	出産費	
生業扶助		生業費 技能習得費 就職支度金
葬祭扶助	葬祭費	
各種勤労控除及び 必要経費控除等	局長通知別表2に定める額 必要経費の実費（社会保険料，所得税，労働組合 　費，通勤費等） 出稼ぎ等の実費 託児費 公租公課	新規就労控除 未成年者控除 不安定収入控除 現物500円控除 貸付金の償還金

(注)　公租公課とは，国税，地方税および公の目的のために課せられる租税以外の金銭負担のことである。
(出所)　『生活保護手帳 2017 年度版』876 頁

けられている。

　保護基準については，新法制定当時から，地域・年齢・性別・世帯構成を反映した基準額表が作成され，その相違が反映されるような仕組みであった。さ

20 ● CHAPTER **2**　働いている人は生活保護を利用できない？

らに上記の趣旨を踏まえ，さまざまな加算や特別基準が設けられていった。特別基準は，保護の実施機関が一般基準では不十分と考える場合，厚生労働大臣に申請して設定するものである。よく用いられてきたのは住宅扶助の特別基準である。基準額の1万3000円では物件を賃借できない場合が多く，東京都区部は6万9800円といった特別基準を設けている（⇨第1章表1.1参照）。

ところで，先に「保護の種類や方法の決定，程度の決定」に言及したが，この2つは保護の実施過程での異なる2つの場面である。前者は，保護を要するかどうか決定する場面（**要否判定**），後者は保護受給が決定したのちに，実際に保護費として支給する額を決める場面である。このそれぞれに対応して，保護基準は区別して用いられている。保護基準は，いわば「保護の要否を決めるモノサシ」と「保護費の支給程度を決めるモノサシ」の2つの役割がある。

ケースワーカーが制度の運用で重用する『生活保護手帳』（⇨第1章）から引用した表2.1をご覧いただきたい。「保護の要否を決めるモノサシ」としての保護基準は，中央の欄「判定に用いるもの」が相当する。「保護費の支給程度を決めるモノサシ」には，要否「判定に用いるもの」に加え，右欄「判定に用いないもの」も含めた保護基準を用いる。「保護費の支給程度を決めるモノサシ」のほうが，その範囲や程度が右欄の分，広い。

要否判定の際の生活水準より，保護を受けたのちの生活水準は高く，さらにいえば，保護を廃止する際の基準も相対的に高くなる。いったん生活保護を利用しはじめると，保障される最低生活水準が充実する一方で，保護開始時＝入り口は狭く設定されているともいえる。次節に述べる生活保護の利用を脱する水準まで収入が増加すること，生活保護を利用せずに生活していくことの難しさは，このような制度設計による面もある。

生活保護における「自立」と稼働能力

「自立」と「能力の活用」

生活保護法に無差別平等の原理が規定された過程では，前科をもった人，ま

たは保護観察に付せられている者の保護を拒否せず，また，勤労の意思がない者については，勤労を怠る原因をよく確かめ，その人たちを更生させる努力を払わなければならないとされていた。生活保護法第1条には，「自立を助長する」ということが定められ，各人の可能性を育てていくことが目指された。ここで「**自立**」とは「公私の扶助を受けず自分の力で社会生活に適応した生活を営むこと」と理解されており，保護を受けずに「自立」すること，さらには労働を怠る人にも社会生活に適応するよう支援していくことも，生活保護の目指す作用とされた（小山 1951：94-96）。

　生活保護法第4条には，**保護の補足性**の原理が定められ，「利用し得る資産，能力その他あらゆるもの」を最低生活の維持のために活用することを**保護の要件**としている。この能力として第一にあげられるのが**稼働能力**である。生活保護利用前も利用中も，この能力の活用を図っているかどうかチェックされる。現在，稼働能力を活用しているか否かの判断は，①稼働能力があるか否か，②その具体的な稼働能力を前提として，その能力を活用する意思があるか否か，③実際に稼働能力を活用する就労の場を得ることができるか否か，により判断することになっている（『生活保護手帳 2017年度版』228）。

　稼働能力があるかどうかだけでなく，それを活用する意思と就労の場があって，はじめて稼働能力を活用できる，と考えられている。ただし，これを現実に運用していくのは容易ではなく，その詳細は次節に述べる。ここでは，「自立」に関して，最近加えられた解釈に触れておきたい。能力とは，ひとまず稼働能力の意味であって，生活保護利用者はそれを活用して自立することが求められ，保護から脱することが自立の意味であったが，生活保護を利用する世帯の状況に変化があって，新たな解釈が加えられた。

　生活保護制度の在り方を全体的に検討する役割を担った「**生活保護制度の在り方に関する専門委員会**」は，「利用しやすく自立しやすい制度へ」という方向のもとに検討を進め，生活保護が国民の生活困窮の実態を受けとめ，その最低生活保障を行うだけでなく，生活困窮者の自立・就労を支援する観点から見直されることを提案した。その際，就労による経済的自立だけでなく，自ら健康・生活管理を行うなど日常生活において自立した生活を送ることや（**日常生活自立**），社会的なつながりを回復・維持するなど社会生活における自立（**社会**

生活自立）を目指した支援も行うべきとした（同委員会報告書，2004 年 12 月）。

　専門委員会の提案を受け，2005 年に厚生労働省は，**自立支援プログラム**の基本方針を示した通知を出した。そこには，実施機関が管内の生活保護利用世帯の様子を把握し，世帯が抱えている問題の類型ごとに自立支援の具体的内容や実施手順などを定め，必要な支援を組織的に実施し，多様な課題に対応できることを目指すよう書かれている。厚生労働省は，プログラム導入を促す立場であって，実際に取り組むのは実施機関（自治体）であるため，各地の力の入れ方や内容の違いは大きくなった。生活困窮者自立支援法施行後の支援の動向については，第 **14** 章を参照されたい。

┃就労支援・勤労控除・貧困の罠┃

　自立の概念を 3 つに定義して自立支援プログラムが導入された一方で，同時期に「**生活保護受給者等就労支援事業**」（2005 年）が実施された。これは，就労・自立の意欲が一定程度以上ある生活保護受給者（および児童扶養手当受給者）を対象として開始されたものである。具体的には，ハローワークが中心となり，保護の実施機関（**福祉事務所**⇨第 **5** 章）と連携して，就労・自立の意欲が一定程度以上ある者を選択 → 担当制による職業相談，公共職業訓練の受講斡旋などの就労支援事業を実施 → 生活保護受給者等の自立，を目指したものである。

　この事業は，2011 年より「『**福祉から就労**』支援事業」，2013 年からは「**生活保護受給者等就労自立促進事業**」に引き継がれて実施されている。2013 年からの事業では，生活保護受給者に加え，生活保護の相談・申請段階にある者も対象とし，保護の実施機関（福祉事務所）にハローワークの常設窓口を設置するとか，巡回相談の強化によるワンストップ型の支援体制の構築などが目的とされている。

　このように，自立の概念が豊富化したとはいえ，とりわけ**就労支援**，就労による自立に力がそそがれているのが現状である。しかし，実際に支援するのはそう容易なことではない。ある支援事例について，次のような話がある。

　そういえば生活保護受給者の就労支援でもこんなことがあった。せっかく希望通り倉庫業の会社に就職が決まり，本人も喜んで働きに行っていたにもかか

わらず，一週間も経たずに辞めてしまったケースである。「職場の上司からの叱責に耐えかねて」というのが表向きの退社理由であったが，職場の壁に貼ってあった注意事項の漢字が読めずミスをしてしまい，同僚とトラブルになったのがそもそもの原因であった。(川崎市生活保護・自立支援室 2014)

おそらく，漢字が読めないという「そもそもの原因」に驚く人もいるであろう。他者には想像もつかないような困難を抱えている人がいて，支援の過程では，それらを1つひとつ解きほぐしていく必要がある。

一方で，生活保護があることで，個人の労働意欲を失わせ，利用を継続させる状況を生んでしまう「**貧困の罠**（poverty trap）」という問題もある。生活保護には保護の補足性の原理があって，最低生活費は稼いだ所得では足りない分のみ給付する。勤労所得が増えた分，生活保護による給付額は削減される。もちろん，勤労に伴う収入が増加しても給付が 100% 減額されるわけではない。**勤労控除**という制度がある。ただし，この効果は限定的で，日本の生活保護は労働意欲を阻害してしまっているともいわれる（國枝 2008）。

近年，厚生労働省は，勤労意欲を促すため勤労控除の仕組みを見直す作業を行っている。勤労控除には，基礎控除（勤労に伴う必要経費），新規就労控除（新規に就労したための特別経費として月額1万700円控除），未成年者控除（20歳未満の者の収入から月額1万1400円控除）がある。基礎控除は，2013年8月から，年間就労収入の1割を上限に控除する特別控除を廃止する一方，基礎控除の額について，①全額控除額を 8000円から1万5000円まで引き上げ，②控除率を一律 10% となるよう改める仕組みとし，さらなる変更を検討中である（⇨ 第3章第1節）。

 誰がどのような理由で生活保護を利用するか

| 生活保護利用世帯の動向——給付状況と世帯の特徴 |

ここで生活保護を利用する世帯の特徴のいくつかを確認しよう。2018年5

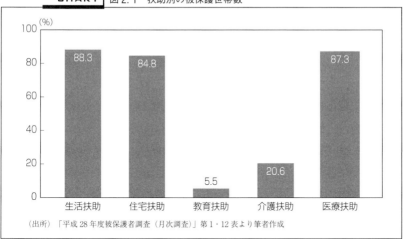

図2.1 扶助別の被保護世帯数

(出所)「平成28年度被保護者調査(月次調査)」第1・12表より筆者作成

月の「被保護者調査(2018年2月分)」の速報によれば,「被保護実人員は211万5368人」,「被保護世帯は163万8384世帯」である。図2.1「扶助別の被保護世帯数」をみると,生活扶助が88.3%,医療扶助が87.3%,住宅扶助が84.8%となっており,8割以上が生活・医療・住宅扶助を受給する。扶助費の金額を2015年度でみると,最も大きい割合を占めるのは医療扶助(48.1%)で,次いで生活扶助(32.4%)となっており,住宅扶助や介護扶助の割合も年々増えていることがみてとれる(表2.2)。

生活保護を利用する世帯の特徴をとらえる1つの方法として,現在の公的統計では,次のような世帯類型を用いている。

①**高齢者世帯**:男女とも65歳以上の者のみで構成されている世帯か,これらに18歳未満の者が加わった世帯

②**母子世帯**:死別・離別・生死不明及び未婚等により,現に配偶者がいない65歳未満の女子と18歳未満のその子(養子を含む。)のみで構成されている世帯

③**障害者世帯**:世帯主が障害者加算を受けているか,身体障害,知的障害等の心身上の障害のため働けない者である障害者世帯

④**傷病者世帯**:世帯主が入院しているか在宅患者加算を受けている世帯,又は世帯主が傷病のため働けない者である傷病者世帯

CHART 表2.2 1カ月平均扶助費の推移

年　度	扶助総額 (年額) (百万円)	1か月平均扶助額 (百万円)					
		総　額	生活扶助	住宅扶助	教育扶助	介護扶助	医療扶助
1975	676,413	56,368	19,374	2,051	745	・	34,098
1985	1,502,711	125,226	44,799	8,272	1,396	・	70,537
1995	1,484,894	123,741	38,802	10,626	596	・	73,492
2005	2,594,193	216,183	70,780	27,266	983	3,920	112,254
2010	3,329,629	277,469	96,265	41,634	1,660	5,492	130,845
2014	3,674,649	306,221	103,136	49,310	1,645	6,729	143,670
2015	3,697,704	308,142	99,770	49,932	1,586	6,930	148,204

(出所) 2017/2018年「国民の福祉と介護の動向」表15

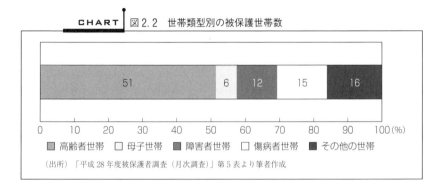

CHART 図2.2 世帯類型別の被保護世帯数

(出所)「平成28年度被保護者調査(月次調査)」第5表より筆者作成

⑤**その他の世帯**：上記のいずれにも該当しない世帯

　図2.2「世帯類型別の被保護世帯数」は，高齢者世帯が51％，母子世帯6％，障害者世帯12％，傷病者世帯15％，その他の世帯が16％である。生活保護利用世帯の半数は，65歳以上の者のみで構成される高齢者世帯である。

　世帯類型別の統計については，集計上，①から当てはまる順に分類されていることに留意が必要である。たとえば，男女とも65歳でない——夫は65歳だが妻は59歳——場合は，その他の世帯に分類される。母子世帯は，その子どもが18歳未満とされているため，40歳の母と15歳と19歳の子ども，の場合は母子世帯に含まれない。障害者・傷病者世帯は，世帯主の状態で分類するため，世帯員である子どもが障害者・傷病者で，世帯主である親が介護をしてい

26 ● CHAPTER 2 働いている人は生活保護を利用できない？

	構成割合（%）					
その他の扶助	生活扶助	住宅扶助	教育扶助	介護扶助	医療扶助	その他の扶助
100	34.4	3.6	1.3	・	60.5	0.2
222	35.8	6.6	1.1	・	56.3	0.2
225	31.3	8.6	0.5	・	59.4	0.2
981	32.7	12.6	0.5	1.8	51.9	0.5
1,574	34.7	15.0	0.6	2.0	47.2	0.6
1,732	33.7	16.1	0.5	2.2	46.9	0.6
1,719	32.4	16.2	0.5	2.2	48.1	0.6

るような世帯は含まれない。

　近年，稼働世帯が多く含まれるとみなされるその他の世帯数の増加が注目されているが，その内訳をみると，2014 年の数値で，20〜29 歳は 5.5％ と少なく，50 歳以上が 53.9％ と 50 代中心であるのが実態である。生活保護利用世帯のうち働いている者のいる世帯の割合は，徐々に減少し，1960 年代半ばには稼働していない世帯の割合のほうが多くなった。2016 年度ではその割合が 84.0％ である。稼働している者がいる世帯のうち，世帯主が働いている世帯が 13.6％，世帯員が働いている世帯が 2.4％ である（図 2.3）。就労収入階層で最も多いのは 1〜9999 円（月額）で 12.1％，次いで 1 万〜1 万 9999 円で 10.7％ であり，低額の収入階層の割合が高いが，10 万円以上も 18.3％ 存在する（「2015 年度被保護者調査」第 6-2 表）。

　稼働収入のある世帯は少ないが，他の社会保障による収入のある場合がある。65 歳以上の生活保護利用者のうち 47.8％ は年金を受給している。年金を受給する生活保護利用者 1 人当たり年金受給月額は 4 万 7162 円で，3 万円台の受給者が最も多い。年金では最低生活費を満たせないことから，生活保護利用に至っている。くわえて，2014 年の 1 世帯当たりの最低生活費の平均は 12 万 4911 円（月額），収入認定額の平均は 3 万 6460 円となっている。稼働収入や年金収入などが最低生活費に占める割合は 26.0％ である（第 24 回社会保障審議会生活保護基準部会資料 1）。

3　誰がどのような理由で生活保護を利用するか　● 27

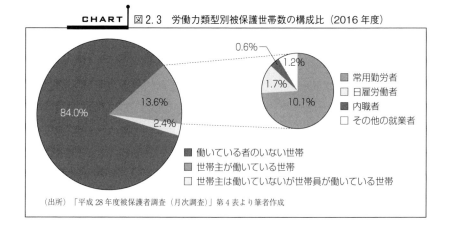

図 2.3 労働力類型別被保護世帯数の構成比（2016 年度）

（出所）「平成 28 年度被保護者調査（月次調査）」第 4 表より筆者作成

暴力団員と生活保護

　本章の最後に，無差別平等の原理を理解して，さらに生活保護の実態を考察するために，まずは，次の記事をご覧いただきたい。

　暴力団員であることを隠して生活保護費を受給したとして，警視庁戸塚署は，詐欺容疑で，東京都渋谷区代々木，無職，〇〇容疑者（44）を逮捕した。「組と付き合ってはいるが，組員ではない」と否認している。逮捕容疑は，平成 26 年 5 月～27 年 10 月の間，指定暴力団 6 代目山口組系組員であることを隠して，約 130 回にわたり，渋谷区から生活扶助や住宅扶助，医療費などの生活保護費計約 360 万円をだまし取ったとしている。同署によると，〇〇容疑者は 23 年 6 月，「暴力団から脱会した」という誓約書などを持参して渋谷区に生活保護費の支給を申請。しかし，組事務所に何度も出入りしていることが確認されたため，同署は事実上組を離れていないと判断した。（『産経新聞』2015 年 11 月 10 日「暴力団員であることを隠して生活保護費受給　容疑で男を逮捕」一部加筆）

　新聞記事から，現在の生活保護の運用では，暴力団員には生活保護を適用していない，つまり暴力団員は生活保護を利用できない実態であるとわかる。この状況は，新法が制定された際の，素行不良な場合でも更生させる努力を払い，各人の可能性を育てていくことが目指された趣旨からはかけ離れてしまったよ

うに映る。

　そもそも暴力団員とはどのような人のことであろうか。いわゆる暴対法の定義によれば，暴力団員とは暴力団に所属するメンバーであり，暴力団とは暴力的不法行為等を行うことを助長するおそれがある団体である（「暴力団員による不当な行為の防止等に関する法律」第2条）。暴力団員は危険な存在であるとして，1992年の暴対法の施行により，公的な暴力団追放運動態勢が敷かれた。

　遡れば，1980年代，暴力団員による生活保護受給が事件として大きく取り上げられた時期があった（副田 2014）。報道では，ある市内の暴力団員の8割が保護を受給し，なかには凶悪犯も含まれ，組織の資金源に使われる恐れがあるとした。この事態が発覚した際，福祉事務所は，保護の資格や基準に外れておらず，申請があれば支給しないわけにはいかないと話している。

　これに対し，現在は「暴力団員に対する生活保護の適用について」（2006年3月30日社援保第0330002号）の通知によって，①暴力団員は正当に就労できる能力を活用していないこと，②暴力団活動による収入は調査が困難であることの2つの理由から，保護の要件を満たさないものとし，急迫した状況以外の申請は却下することを明記している。暴力団員であるから原則保護適用しないのではなく，暴力団員であると保護の要件を満たしているか判断できないので適用しない，というのである。

　このように暴力団員に対する保護適用の考えは，時代によって変化している。もちろん生活保護法の原理自体は変わっていないので，暴力団員に保護適用できないわけではない。他方で，暴力団追放運動により暴力団は収入源を失い，暴力団員は減少した。暴力団員は，不動産を借りられず，ホテルに宿泊できず，預金口座を開設できず，子どもの学校給食費の引き落としすらできず困り，社会から排除されているという（東海テレビ取材班編 2016）。たとえ暴力団を抜けようとしても（抜けても），生活の糧を得る場や社会に居場所をもてなければ生きていくことができない。この現実に，生活保護法のみで対応できるわけではないが，目を向ける必要があろう。

さらに学びたい人のために ┃ Bookguide ●

① 小山進次郎（1951）『改訂増補 生活保護法の解釈と運用』全国社会福祉協議会

新生活保護法制定時の担当課長と課員により執筆された。当時考えられた法の意義や由来を知り，1つひとつの条文を解釈するのに欠かせない文献。

② 菅沼隆（2005）『被占領期社会福祉分析』ミネルヴァ書房

生活保護法の基本理念，無差別平等原則の淵源は，GHQ の指令にある。この指令の発出過程，旧法の形成と展開過程を分析した本書から，戦後社会福祉政策の原点を理解したい。

③ 筒井美紀・櫻井純理・本田由紀編（2014）『就労支援を問い直す──自治体と地域の取り組み』勁草書房

近年広がりをみせる，生活保護利用者を含む就労困難者への自治体による就労支援の意味や必要性を論じる。

引用文献 ┃ Reference ●

川崎市生活保護・自立支援室編（2014）『現場発！ 生活保護自立支援川崎モデルの実践──多様な就労支援が生きる力を育む』ぎょうせい

小山進次郎（1951）『改訂増補 生活保護法の解釈と運用』全国社会福祉協議会（1975 年復刻）

國枝繁樹（2008）「公的扶助の経済理論 I ──公的扶助と労働供給」阿部彩ほか『生活保護の経済分析』東京大学出版会

『生活保護手帳 2017 年度版』中央法規出版

副田義也（2014）『生活保護制度の社会史〔増補版〕』東京大学出版会

菅沼隆（2005）『被占領期社会福祉分析』ミネルヴァ書房

菅沼隆（2011）「戦後生活保護制度改革史論──無差別平等の原則を基軸に」玉井金吾・佐口和郎編『戦後社会政策論（講座 現代の社会政策第 1 巻）』明石書店

東海テレビ取材班編（2016）『ヤクザと憲法──「暴排条例」は何を守るのか』岩波書店

―― CHAPTER ――

第 **3** 章

生活保護を利用すると，自動車・家はもてないのか？

補足性の原理① 収入認定・資産保有編

INTRODUCTION

　生活保護を受けるには，自動車も自宅も売らなければならない，というのもまことしやかに流れている「都市伝説」の類である。実際には，世帯の状況によっては，自動車も家も保有が認められる。「世帯の状況によって」といわれると，何かごまかされたような，曖昧にされたような印象を受ける人もいるだろう。生活保護の運用では，原則とは別に多数の例外があって，たいへんわかりにくいのだが，それらは，現実の生活に制度を当てはめるために編み出されてきた工夫でもあって，一概に否定することもできない。「なんだ面倒くさい」といわず，具体的にみていこう。

1 保護の補足性

保護の補足性の意味

「生活保護を受けるには，○○を売らなければならない」というようなことは，たしかに生活保護法の実施上，要件として存在する。第4条「保護の補足性」には，生活保護を受けるためには，生活に困窮する者が「利用し得る資産，能力その他あらゆるもの」を最低限度の生活の維持のために活用しなければならない，と定めている。本章では，第4条「保護の補足性」について，その意味や，第2章で触れた「能力」以外の「資産」「その他あらゆるもの」の内容を述べる（第4条第2項の扶養義務の優先については第4章で取り上げる）。第3項には，第1・2項の規定が第1条の目的に従って解釈して運用されるための入念規定として，「急迫した事由がある場合に，必要な保護を行うことを妨げるものではない」と付言している（小山 1951：122–123）。

保護の補足性には，「資本主義社会の基本原則の1つである自己責任の原則」と，生活保護以外の社会保障・社会福祉制度，この2つに対する生活保護の補足的役割，という意味がある。生活保護の利用にあたっては，生活できない＝貧困であることを証明する手続き，調査が不可欠で，これを「**資力調査**」とか「**ミーンズテスト**」と呼ぶ。第4条の「利用し得る資産，能力その他あらゆるもの」という文言は厳しい表現であり，法制定に関与した厚生官僚が，「この言葉は各方面で評判が悪く，この規定全体の与える印象が極めて暗いものになっていると批判」され，「心苦しく感じている」と述べるほどである（小山 1951：118–119）。

この第4条と，第1〜3条を踏まえ，生活保護を給付するか否かという保護の**要否判定**は，図3.1のように最低生活費と収入を「背比べ」して判断する。年金や稼働収入などが最低生活費を下回る水準であれば保護は必要と判定（A），逆に，年金や稼働収入などが最低生活費を上回る水準であれば保護は不要と判定する（B）。より正確には，世帯ごとに最低生活費を計算し（図3.2，第

CHART 図3.1　保護の要否判定

A　保護必要と判定	B　保護不要と判定
最低生活費	最低生活費
年金，稼働収入等 ▨	年金，稼働収入等

↑
支給される保護費

（出所）　筆者作成

CHART 図3.2　保護の要否判定の方法

最低生活費				
生活扶助	住宅扶助	教育扶助	介護扶助	医療扶助
基準生活費，加算，入院患者日用品費，介護施設入所者基準生活費	家賃，間代地代	基準額，教材費，給食費，交通費	介護費（住宅改修費を除く）	医療費

総収入	
収入充当額	控除額
判定を行う日の属する日までの3箇月間の平均	局長通知別表2に定める額　必要経費の実費，出稼ぎ等の実費，託児費，公租公課
	保護の支給額

（出所）　『生活保護手帳 2017 年度版』872 頁を一部改変

1章第②節参照），これと，収入に充当できるあらゆるものを動員した結果を比較する。なお，保護受給後も，同様の「背比べ」を行い，毎月支給する保護費を決定する。たとえば，保護利用開始後に新たな年金収入などが見つかって，最低生活費を上回る収入になった場合は，保護廃止となる。ただし，第**2**章第①節（表2.1）に述べたように，保護開始前と開始後では，最低生活費の範囲が異なる。

収入の認定

図3.1，3.2の作業を保護の実施機関（福祉事務所）が行うために，保護開始時の要否判定でも，保護受給後でも収入状況や保有資産の確認は不可欠である。ここでは，これらがどのように行われるのか『生活保護手帳 2017年度版』にもとづき説明していく。

認定される収入の種類は，まず就労収入として，(1) 勤労収入，(2) 農業収入，(3) 農業以外の事業（自営）収入，(4) その他不安定な就労による収入，の4つがある。(1) は，官公署，会社，工場などに常用で勤務する場合はもちろん，日雇や臨時に就労した場合の収入である。(2) は，農作物の収穫量に基づいて認定した金額である。(3) は，農業以外の事業，たとえば物品販売業，運搬業，建築業，造園業などにより得る収入の実額である。(4) は，知り合いや近隣等よりの臨時的な報酬の特質をもつ少額の金銭である。

これらの収入は，すべて認定して最低生活費に充当するのではなく，必要経費の控除が認められており，種々の勤労控除もある（⇨第2章第2節）。(1) は，必要経費として，社会保険料，所得税，労働組合費，通勤費等の実額は控除する。(2) は生産に必要な経費（肥料代，種苗代など）は控除する。(3) は，事業に必要な経費，たとえば店舗の家賃，機械器具の修理費，原材料費，仕入代，交通費などは控除する。(4) は，交通費等の必要経費の額を控除した収入額が，月額1万5000円を超えるときは，その超える額を収入として認定することになっている。

就労収入以外の収入として，(1) 恩給，年金等の収入，(2) 仕送り，贈与等による収入，(3) 財産収入，(4) その他の収入，がある。(1) は，恩給，各種の年金，雇用保険の給付その他の公の給付で実額である。(2) は，仕送り，贈与等による主食，野菜や魚介などを農業収入等の認定例により金銭に換算した額である。(3) は，田畑，家屋，機械器具などを他者に利用させて得る地代，家賃，使用料などの実額である。(4) その他には，地方公共団体等が年末に支給する金銭，不動産の処分などによる臨時収入で，1世帯当たり8000円（月額）を超えた額を認定する。いずれも交通費など必要経費の控除は認められている。

34 ● CHAPTER 3 生活保護を利用すると，自動車・家はもてないのか？

以上が，収入として認定するものの類だが，収入として認定しないものの取り扱いにも多数の種類がある。認定しない趣旨は大きく2つある。1つは，社会事業団体からの臨時的で慈善的な恵与金や，出産・就職・結婚・葬祭などに際して贈与される金銭など，「社会通念上収入として認定することが適当でないもの」である。もう1つは，世帯の「自立更生のために当てられる」もので，他法・他施策等による貸付資金，臨時に受け取る補償金や保険金などである。

　収入認定しないものについては，2011年に東日本大震災と福島原発事故にかかわって，義援金の取り扱いとこれを認定したことによる保護廃止が話題となった（岩永 2015）。義援金は，「自立更生のために当てられる額」，つまり震災等で失われた生活基盤の回復に要する経費として，収入認定しない取り扱いとするとともに，自治体の判断により，包括的に一定額を自立更生に充てるものとして自立更生計画に計上する取り扱いとしていた。ところが，ある自治体では，生活再建に必要な資金の確認や検討をせず，義援金を収入認定して生活保護を打ち切るとか，義援金の受領を理由に保護の辞退届を提出させ保護廃止するなどの事例があった。

　この取り扱いに批判が起こり，厚生労働省は通知を出したが，「明確な基準を示しておらず，実際どの程度を収入と認めるのかの運用は自治体の裁量任せ」（『北海道新聞』2011年6月23日朝刊）と報じられた。ガイドラインはあるものの，個々の世帯の収入を実際にどのように扱うかは，実施機関の判断次第という部分があり，そこには幅がある。判断の幅を擁護する理由としては，世帯の状況がさまざまで「自立更生」の在り方が違うから，などが考えられる。不透明さはぬぐえないかもしれないが，根気よく考え続けたい。

▌資産の活用▐

　資産の活用についても『生活保護手帳 2017年度版』にもとづき具体的にみていこう。生活保護では，「最低生活の内容としてその所有又は利用を容認するに適しない資産」は，原則として処分し，最低生活維持のために活用する。**資産**の活用は，原則売却である。これが原則なのだが，例外の原則も5つ定められている。(1) 最低生活の維持のために活用し，処分するより保有するほうが生活維持および自立の助長に実効があがるもの，(2) 現在活用していないが

近い将来活用することがほぼ確実で，処分するより保有するほうが生活の維持に実効があがるもの，(3) 処分することができないか著しく困難なもの，(4) 売却代金より売却に要する経費が高いもの，(5) 社会通念上処分させることを適当としないもの，である。

　以上にしたがって，具体的な取り扱いは，①土地，②家屋，③事業用品，④生活用品の4つに分けて示されている。①は，たとえば，居住用に使用する家屋に付属した土地は，原則的に保有を認める。②も，世帯の居住用に使用する家屋は原則的に保有を認める。③も，事業用設備，事業用機械器具，商品，家畜など当該地域の低所得世帯との均衡を失することにならない程度であれば保有を認める。**処分価値**が**利用価値**より大きい場合は取り扱いが異なるが，原則的には，居住用に使用する家屋は，売らなくてよいとされている。

　④については，a) 家具什器および衣類寝具は，世帯人員，構成などから判断して利用の必要があると認められる品目や数量は保有を認める，b) 趣味装飾品は，処分価値の小さいものは保有を認める，c) 貴金属および債権は，保有を認めない，d) その他の物品は，処分価値の小さいものは保有を認める，とされている。処分価値が利用価値より大きいかどうかの判断に迷う場合は，実施機関が設置するケース診断会議等で総合的に検討するよう定められている。

　規定が複雑と思われるであろうが，要するに，日常生活を送るのに必要なものは保有可とされている。他方で，個々の世帯に対する判断は，これらの規定からでは見えてこない。やはり判断には幅がありそうであり，それを前提としてケース診断会議等で総合的に検討，という項目がおかれている。

　たとえば，最初に触れた自動車の保有についてみてみよう。自動車は，原則保有不可なのだが，通勤用自動車の保有は認められている。障害者が自動車により通勤する場合や，公共交通機関の利用が著しく困難な地域に居住する者が自動車により通勤する場合などである。後者については，自動車の保有が世帯の自立の助長に役立ち，当該地域の低所得世帯との均衡を失せず，通勤に必要な範囲の処分価値の小さい自動車で，就労収入が自動車の維持費を上回る場合，

という条件がつけられている。

　これらの内容は、「社会通念上処分させることを適当としないもの」の意味内容ともとらえられる。とはいえ、これだけ細かく書かれても「公共交通機関の利用が著しく困難」とはどのような状況か、「当該地域の低所得世帯との均衡を失せず」といっても「当該地域」とはどの範囲で「低所得世帯」とはどんな世帯なのか、個々の世帯に当てはめる際、迷う点は多々ありそうである。実施機関（福祉事務所）やケースワーカーによって判断の幅が生じるかもしれず、その仕事の難しさが想像できよう（⇨第 5 章）。さらにいえば市民がこれらの規定を熟知して生活保護を利用すると考えることは非現実的とすらいえよう。

　申請保護の原則

保護請求権

　ところで、生活保護は「どこに」申請しにいけばよいのだろうか。答えは、すでに言及してきた地方自治体の生活保護の実施機関（**福祉事務所**）である（⇨第 5 章）。生活保護は、原則的には福祉事務所に、生活に困窮する本人か扶養義務者などが申請にいくことで開始される（生活保護法第 7 条）。なぜ、申請することが原則かといえば、生活保護法が国民に保護請求権を認める建前をとったためである。国民には**保護請求権**が付与され、保護の申請があることでその権利が発動する（小山 1951：162）。

　保護の実施機関は、申請に対し必要な保護をするか申請を却下するか 14 日以内（最長 30 日まで）に決定する（第 24 条）。申請却下に対し不服があれば、申し立てられる。第 7 条には、「急迫した状況にあるときは、保護の申請がなくても、必要な保護を行うことができる」とも書かれており、保護請求権を行使することができない者や困難な者が少なくないこと、保護請求権という権利が国民に周知されるのに時間がかかることを踏まえてのことであった（小山［1951］1975：163）。

　法制定当時、申請保護が原則であるからといって、保護の実施機関が、受動

的，消極的であってよいという考えは示していなかった。実施機関は，制度の
趣旨を国民に知らせ，保護の要件を満たす者が進んで保護の申請をしてくるよ
う配慮すべきであり，社会調査を実施して積極的に発見していくよう勧めてい
た。国民が申請しやすいよう実施機関は工夫すべきであり，たとえば，筆記能
力のない申請者が訪れた場合の支援の在り方や，意思能力があれば筆記能力が
なくても申請できるとしていた（小山 1951：166）。

　申請に基づくという場合，申請は要式行為かといえば，法律の趣旨からみて
非要式行為と解するべきである，というのが法制定時の考えである（小山
1951：164）。要式行為とは，意思表示だけでは足りず，契約書など書面の作成
を必要とするなど，法律上定められた一定の方式に従って行わないと不成立ま
たは無効とされる法律行為を意味する。つまり生活保護の申請にあたっては，
書面の作成がなくても，口頭で保護を申請する意思を表示すればよい，とされ
てきた。

　これらの指摘は，最近話題になることの多い福祉事務所に対する，いわゆる
「水際作戦」という批判や，2013 年の法改正の内容と対照させると興味深い。
次に詳しくみてみよう。

▎「水際作戦」と 2013 年の法改正 ▎

　2013 年 12 月，生活保護改正法案が成立し，2014 年 7 月から施行された。改
正法は，この間生じた問題や出来事を踏まえていてポイントはいくつかあるが，
このうち激しく批判された条文がある。改正法案第 24 条である。

　同条第 1 項では，保護の開始を申請する者は，氏名，住所，保護を受けよう
とする理由，資産および収入の状況などや，「保護の要否，種類，程度及び方
法を決定するために必要な事項として厚生労働省令で定める事項」を記載した
申請書を提出しなければならないとした。さらに同条 2 項で，申請書には「保
護の要否，種類，程度及び方法を決定するために必要な書類として厚生労働省
令で定める書類を添付しなければならない」とした点である。

　前項でみたように，法制定当時の解釈では要式行為とせず，保護を利用する
意思の確認ができれば申請があったものとするとしてきたが，その取り扱いを
変える条文である。もちろん，何らかの形で書類を提出しなければ，役所での

38 ● CHAPTER 3　生活保護を利用すると，自動車・家はもてないのか？

手続きは進行しない，これまでも書類の提出は必要であった。厚生労働大臣は，2013年5月14日の記者会見において，「今までも運用でやっていたこと（中略）を法律に書くというだけの話なので，それほど運用面では変わらないと思います」と述べている（2013年5月14日田村憲久厚生労働大臣閣議後記者会見概要〔http://www.mhlw.go.jp/stf/kaiken/daijin/2r98520000031wh3.html〕）。

　しかしこの発言は，改正法案に対する批判の焦点をとらえていない発言ではないかと思われる。問われていたのは，そもそも「今までも運用でやっていたこと」が適当であったのか，という点にあった。福祉事務所において窓口の職員が，生活に困窮して来所し，申請の意思を示した人に対し，さまざまな理由をつけて保護を申請させず追い返す——「水際作戦」と称される——が問題化していた。この状況下で改正法24条を成立させるとは，「水際作戦」を合法化する行為にほかならない，と批判され法案は修正された。

　「水際作戦」と名付けられた運用により，保護の請求権が侵害され，保護が申請できないために生活困窮が極まり，人が亡くなるという事件が生じている。北九州市では，2006年に2回にわたり生活保護を求めた男性が，申請を受け付けてもらえず，ミイラ化した遺体で見つかるという事件が起こった（⇨第**6**章）。竹下・吉永編（2006）によれば，北九州市では，生活保護への予算を減らすために窓口で厳しく対応する方針をとり，そのために1982年から「面接主査」という「水際作戦」をおこなう相談窓口担当者を置いているという。ただし，その仕事は窓口の担当者にとっても負担ではないかと指摘する。「『寝床に入っても，昼間に追い返したお年寄りが気になって眠れない。自分が壊れていくようだった』という元職員もいるし，5年前には福祉事務所内で職員の自殺があった」（竹下・吉永編 2006：13）。

　北九州市では，上記の事件が検証されている最中の2007年7月，ひとり暮らしの50代男性が，死後1カ月たったとみられる状態でみつかった。市によると，福祉事務所の勧めで男性が「働きます」と保護受給の辞退届を出した。しかし，男性が残していた日記には，「働けないのに働けと言われた」など，福祉事務所への対応への不満がつづられ，6月上旬の日付で，「おにぎり食べたい」などと空腹や窮状を訴える言葉も残されていた（『朝日新聞』2007年7月11日夕刊「生活保護『辞退』の男性死亡『おにぎり食べたい』日記残し 北九州市」）。

これらの事件には，実施体制の問題も大きく関係しており，第5章の内容とあわせて考える必要がある。

3 蔓延する不正受給？

　前節の終わりに述べたように，生活保護の受給要件を満たしていても受給できないこと——これを「漏給」と呼ぶ——が事件になっているが，2013年の法改正の過程で，広く注目されたのは，「漏給」とは反対の「濫給」であった。「濫給」とは，生活保護の受給要件を満たさない者が受給することを意味し，その一形態である**不正受給**を正さなければならないという議論が盛り上がった。2013年改正法では，第24条を書き換えると同時に，第28・29条，第78条を加筆して，保護の実施機関（福祉事務所）の調査権限を拡大し，罰則を引き上げ，不正受給に係る返還金の上乗せ（40％増し）を可能にした。

　生活保護における不正受給とは，「不実の申請その他不正な手段により保護を受け」ることを意味する（第78条）。2006年3月に厚生労働省が出した「生活保護行政を適正に運営するための手引きについて」には，申請相談から保護の決定，指導指示から保護の停廃止，保護受給中に収入未申告等があった場合，費用返還（徴収）および告訴等，それぞれの段階での対応がまとめられた。

　不正受給はどの程度の規模であるのか。2016年度の不正受給件数は4万4466件，金額にして約168億円，1件当たりの金額は37万7000円で，前年度より減少したと報告されている（2018年1月18日「全国厚生労働関係部局長会議資料」より引用）。2016年度の保護費の総額は3兆7849億円（補正予算後）なので，不正受給額を割ると「0.44％」である。

　不正受給の内訳は，「稼働収入の無申告」が46.8％，「各種年金等の無申告」が17.2％，「稼働収入の過小申告」が12.7％である（表3.1）。不正受給が正されなければならないことはいうまでもないが，生活保護の実施上，稼働収入や年金収入の無申告が，「不実の申請その他不正な手段」かどうか，区別するのは容易ではない。

　たとえば，生活保護を運用するケースワーカーのリアルを描いて話題となっ

40 ● CHAPTER **3**　生活保護を利用すると，自動車・家はもてないのか？

CHART 表 3.1 不正受給の内容（2016 年度）

内　訳	実数（件）	構成比（％）
稼働収入の無申告	20,800	46.8
稼働収入の過小申告	5,632	12.7
各種年金等の無申告	7,632	17.2
保険金等の無申告	1,275	2.9
預金等の無申告	456	1.0
交通事故に係る収入の無申告	619	1.4
その他	8,052	18.1
計	44,466	100.0

（出所）2018 年 1 月 18 日「全国厚生労働関係部局長会議資料」より抜粋

た柏木ハルコ氏の漫画には，稼働収入であるバイト代の無申告が発覚する場面が描かれている。生活保護を利用する母子世帯の子どもの 1 人である高校生の欣也はアルバイトをしていたが，収入申告の必要を知らなかった。これが不正受給とされ，申告していなかったアルバイト代と同額の保護費約 60 万円を返還するよう求められる。収入申告をしていれば必要経費の認定や勤労控除があり，すべて収入認定されることはないが，制度を知らずに申告をせず，全額返還を要求されたことで欣也は絶望する。

　上記の例のように，不正受給といっても「悪意ある受給者」ではないケースもある。言い換えれば，生活保護の仕組みをよく理解できずに「不正受給」となる場合がある。実施要領でも，不正受給であるか否かについて「事実の的確な把握」（『生活保護手帳 2017 年度版』640）が必要であることを強調している。収入未申告や保護の開始後に資産・収入などがあったことが後日にわかった場合，保護に要した費用の返還を求める規定は，生活保護法第 63 条と第 78 条にある。

　第 63 条は，費用の返還義務を定めた条文で，徴収金の加算はなく，自立更生のために当てられる費用を控除する余地もある。第 78 条に基づく費用徴収は，法改正により，行政罰化し，国税徴収の例により強制徴収（裁判所の助力を得ずに行政が強制的に金銭をとりたてること）ができるようになった。さらに，生活保護利用者本人の申し出があり，かつ，福祉事務所が生活の維持に支障が

3　蔓延する不正受給？　● 41

ないと認めたときに，生活保護利用者に保護費を交付する際に徴収する，事実上の相殺が可能とされた（森川 2014）。徴収の仕組みが強化される傾向にある。「不正受給の蔓延」というイメージから不正受給の把握を目指すだけでなく，本章前半に述べた複雑な制度を利用する者の立場に立った議論も求められる。

さらに学びたい人のために　　　　　　　　　　　　　Bookguide ●

① 『生活保護手帳 2017 年度版』中央法規出版

「手帳」とはいえないほど分厚くなった，生活保護法の実施要領をまとめたものであり，本書に述べた運用上の詳細を知りたい方は手に取っていただきたい。

② 『生活保護手帳 別冊問答集 2017』中央法規出版

こちらは①に収まりきらない点を問答形式でまとめたものであり，目次を見るだけでも，生活保護が多様な状況に対応していることを知れよう。

③ 全国公的扶助研究会監修・吉永純編（2017）『Q&A 生活保護手帳の読み方・使い方』明石書店

元・現ケースワーカーなどによって，上記①②の使い方，「勘どころ」をQ&A の形でコンパクトに示したものであり，生存権を実現する行政への道筋を照らす。

引用文献　　　　　　　　　　　　　　　　　　　Reference ●

岩永理恵（2015）「震災・原発事故と生活保護／世帯」『東海社会学会年報』7：22-37

柏木ハルコ（2015）『健康で文化的な最低限度の生活』第 2 巻，小学館

小山進次郎（1951）『改訂増補 生活保護法の解釈と運用』全国社会福祉協議会（1975 年復刻）

森川清（2014）『改正生活保護法——新版・権利としての生活保護法』あけび書房

『生活保護手帳 2017 年度版』中央法規出版

竹下義樹・吉永純編（2006）『死にたくない！——いま，生活保護が生きるとき』青木書店

CHAPTER

第4章

家族や親族がいると生活保護は利用できない？

補足性の原理② 扶養義務編

INTRODUCTION

　ここまで読み進めた方には，答えがすぐおわかりかもしれない。家族や親族がいると生活保護は受けられないか，という問いに対する答えも「間違い」である。少し踏み込んで考えてみよう。もし，家族や親族が生活保護を利用する必要があるなら，自分が扶養すると申し出るだろうか。自分が世話になった家族——たとえば，今は離れて暮らしている父母，兄弟姉妹——が困っているのならどうにかしてあげたいと思う人は少なくないだろう。しかし，そのように家族関係がよくても，いざ自分が誰かの世話になるとしたら，躊躇するかもしれない。これがもし関係性のよくない人であったら，どうにかしてあげたいとは思わないだろうし，自分がその人の世話になるのは絶対に嫌だ，と思うかもしれない。自分自身が生活保護を申請するときと，自身の家族や親戚が生活保護を申請したときと，立場が違えば，違う考えになるのではないだろうか。

1 扶養義務とは

誰が誰を扶養しなければならないか

生活保護法第4条第2項には，**民法**に定める扶養義務者の扶養は，生活保護法による保護に優先して行う，と定めている。まず注意すべきは，**扶養義務**は保護に「優先」するのであって，第1項の「利用し得る資産，能力その他あらゆるもの」の活用が「要件」であることと区別した点である。旧法では，保護を受ける資格と関係して民法上の扶養との関係を定めていたが，新法ではたんに優先する，と変えたのである（⇨第**2**章）。この意味は，生活保護に優先して扶養が行われることを期待しつつ，事実上扶養が行われたときにそれを受給者の収入として取り扱う，というものである（小山 1951：120）。家族による扶養を期待して生活保護が受けられないことがないよう，第3項の「必要な保護を行うことを妨げるものではない」との規定がおかれている。

図4.1 が，扶養義務者の範囲である。直系血族と兄弟姉妹が**絶対的扶養義務者**，三親等内の親族は**相対的扶養義務者**と呼ばれる。後者は，家庭裁判所が「特別の事情」があると認めた例外的な場合だけ扶養義務を負うとされているとはいえ，かなり範囲が広い印象を受ける。民法学上の通説として，夫婦間および親の未成熟の子に対する関係は「**生活保持義務**」とし，扶養義務者が文化的な最低限度の生活水準を維持したうえで余力があれば自身と同程度の生活を保障する義務があるとする。一方で，夫婦間および親の未成熟の子に対する関係を除く直系血族および兄弟姉妹は「**生活扶助義務**」とし，扶養義務者と同居の家族がその者の社会的地位にふさわしい生活を成り立たせたうえでなお余裕があれば援助する義務とされる。

扶養義務者に関する調査は，保護を申請した時点から行われる。申請者による自己申告と，必要があるときは戸籍謄本等により，扶養義務者の存否を確認する。把握した扶養義務者について，その者の職業や収入等を把握し，扶養の可能性を調査する（**扶養能力の調査**）。扶養は，金銭的なもののほか，定期的な

44 ● CHAPTER **4** 家族や親族がいると生活保護は利用できない？

CHART 図4.1 扶養義務者の範囲

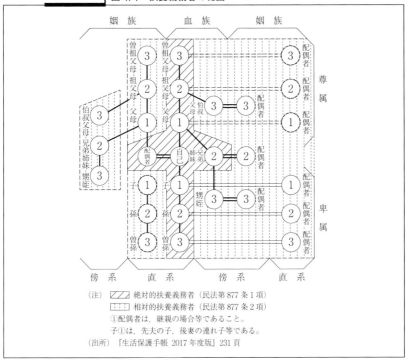

(注) ⬜ 絶対的扶養義務者（民法第877条1項）
　　 ⬜ 相対的扶養義務者（民法第877条2項）
　　 ①配偶者は，継親の場合等であること。
　　 子①は，先夫の子，後妻の連れ子等である。
(出所)『生活保護手帳 2017年度版』231頁

訪問，書簡のやり取り，一時的な子どもの預かりなど「精神的な支援」も含む。
　(1) 生活保持義務関係にある者，(2) (1)以外の親子関係にある者のうち扶養の可能性が期待される者，(3) (1)・(2)以外の過去に当該受給世帯に属する者から扶養を受けるなど特別な事情があり扶養義務があると推測される者は，「重点的扶養能力調査対象者」としてより徹底して調査される。**2013年の法改正に**より，扶養義務者に対し，保護の開始決定をしようとする場合に，申請者の氏名と保護開始の申請があった日を記載した書面を通知すること，また，扶養義務者が扶養義務を履行していない場合に，報告を求めることも可能とされた。
　この改正法を審議した第185回国会において，保護の実施機関（福祉事務所）が使用する扶養を照会する書類のなかに，「この保護に当たっては，民法に定める扶養義務者の扶養（援助）を優先的に受けることが前提となっています」というように，扶養義務の履行が保護を受けるための要件と解せるような表現

1 扶養義務とは ● 45

Episode● 諸外国の扶養義務関係

　日本の民法に定める扶養義務者の範囲はかなり広い印象を受けると述べたが，諸外国はどのような状況であろうか。近畿弁護士会連合会が，2013年の法改正と関わって，諸外国の状況を調査し公表している。それによると，スウェーデンでは，夫婦の間と独立前の子に対する親の扶養義務に限定し，イギリスも，夫婦の間と未成熟の子に対する親の扶養義務のみである。アメリカは，州によって異なるもののおおむねイギリスと同様である。フランスは，夫婦間と直系の親族間の扶養義務はあるが，兄弟姉妹間には扶養義務の定めはなく，ドイツも同様である。

　扶養義務者が公的扶助（生活保護）を利用した場合の求償制度，つまり扶養義務者に保護費の返還を求める制度についてみると，イギリス，フランスはない。スウェーデンとアメリカは「子どもの養育費は」と限定されており，ドイツは「1親等以内で収入が年10万ユーロを超す場合」とされている。10万ユーロは，日本円に換算すると1280万円以上（2018年11月のレート）であり，相当の資力をもつものに限定している。

表　扶養義務と公的扶助に関する求償制度に関する諸外国の定義

国	扶養義務者の範囲	公的扶助に関する求償制度
イギリス	夫婦間，未成熟の子に対する親	求償制度はない
フランス	夫婦間，未成年の子に対する親（ただし，家族法上の扶養義務はさらに広い）	求償の明文規定はない
ドイツ	夫婦間，未成年の子に対する親　直系血族	1親等内で収入が年10万ユーロを超す場合に限り，求償
スウェーデン	夫婦間，独立前の子に対する親	子どもの養育費は資力があれば徴収
アメリカ	夫婦間，未成年の子に対する親（州により差）	子どもの養育費は支払いを強制

　（出所）　近畿弁護士会連合会編（2014）

が用いられていたことが明らかになった。厚労省が調査したところ，誤認のおそれのある表現を用いた書類は，34.5％の福祉事務所で用いられており，その期間も10年以上が約3割，5〜10年が3割と少なくない期間，用いていたこ

とがわかった。

　『生活保護手帳』には，扶養義務の取り扱いの「本旨」として，「これを直ちに法律に訴えて法律上の問題として取り運ぶことは扶養義務の性質上なるべく避けることが望ましい」とし，「努めて当事者間における話合いによって解決し，円満裡に履行させること」としている。扶養の程度や方法は，実情に即し，実効のあがるようにすべきで，扶養義務者の了解を得るように努めることとされており，このような原則や，法の理念に立ち返って制度を運用することが望まれる。

▎生活保護関連報道とスティグマ▎

　日本の民法上の扶養義務の範囲は広い一方で，生活保護法上では「要件」ではなく「優先」であって，扶養義務の履行は「円満裡」であることを求めている。「要件」ではなく，「円満裡」に，ということは一般的にはよく知られていないか，知られたとしても何か納得がいかないと思われることは少なくないようである。2012年，週刊誌がお笑い芸人の母親の生活保護利用を報じたことが契機となって生じたさまざまな報道や発言・コメントには，こういった人々の感覚が明らかにされていた。

　報道のなかには，扶養義務の履行が生活保護利用の「要件」であって，お笑い芸人の母親が生活保護を受けていたことが不正受給であるかのような，事実誤認による論評も少なくなかった。とはいえ，人々が問題にしたのは，お笑い芸人である息子が多額の収入を得る，よく世間に知られた人であったこと，テレビなどで母親との関係性のよさをうかがわせるエピソードを披露し，扶養を果たせないような関係性にはなかったのではないか，という点にあった。このお笑い芸人へのバッシングはすさまじく，謝罪会見が開かれた。のちに，母親が保護費の一部を返還したと報じられた。

　このような報道の在り方は，生活保護制度そのものや受給世帯へのマイナス・イメージを増長し，生活保護利用への拒否感を生んでいる。貧困ゆえに他者の援助を必要とし，それが道徳的非難を伴う「依存」状態となって，人々が尊厳の喪失，恥，きまり悪さ，といった感情を抱くことを，**スティグマ**を負う，と表現する。スティグマとは，定義するのが困難な概念であるが，生活保護に

スティグマのイメージ図

関係してとらえれば、このように自己がスティグマを負う場合と、他者による偏見・差別などによりスティグマを付与される場合がある。スティグマの本質とは、マイナス・イメージの属性をもつ者とそうでない者との関係性、マイナスに作用する他者（個人・集団・社会および制度）との関係性の問題である（清水 1997）。

　生活保護は、ミーンズテスト（⇨第 **3** 章）を不可欠としており、この貧困であるか否かを証明する過程がスティグマを付与すると考えられる。この生活保護行政からもたらされるスティグマ付与に加え、生活保護に関する報道が与える影響も少なくない。不正受給の報道の高まりは、生活保護制度そのものや利用する世帯へのマイナス・イメージを増長し、生活保護利用への拒否感を生む。報道によるイメージが先行し、個々の世帯の現実はなかなか知られる経路がないまま、生活保護法の規定を、利用世帯に厳しく改定しようとする動きにつながっている。

　ところで、扶養義務はどの程度履行されているのだろうか。少し古い数値になるが、「第 8 回 生活保護制度の在り方に関する専門委員会（2004 年 2 月 24 日）」の資料によると、2001 年度において、扶養調査先別件数 3 万 4356 件のうち扶養義務履行件数が 737 で 2.1%、扶養不能が 2 万 6440 件で 77.0%、未回答が 6953 件で 20.2% である。扶養不能の割合が多く、履行件数は少ない。仕送り者のいる世帯は、4 万 9670 世帯で、仕送り総額（月額）が 7 億 132 万円なので、一世帯あたり平均 1 万 4120 円の仕送り額である（1997 年度の数値）。

　ちなみに、一般の高齢者の生活状況を調査した内閣府のデータと比較すると、「別居している親への仕送り」「有り」は、1.4%、平均額は 6.4 万円、「別居している子どもへの仕送り」「有り」は、3.8%、平均額は 11.9 万円である（『高齢者の現状及び今後の動向分析についての調査報告書』2010 年 12 月）。調査時点が異なり、単純に比較すべきではないが、生活保護における扶養義務の履行率がきわめて低いとはいえないように思われる。仕送り額の低さは、生活保護利用世帯の出身世帯や親族の経済状況を反映しているのではないだろうか。

2 世帯単位の原則

世帯とは何か——世帯分離という取り扱い

　ときに，生活保護の要否と程度の決定にあたっては，扶養義務と関わる家族・親族という概念に似た**世帯**を単位とすることが原則である。世帯とは，収入および支出，つまり家計を1つにする消費生活上の一単位である（小山 1951：220）。同一の住居に居住し，生計を1つにしている者は，原則として同一世帯員として認定する。同一の住居は要件ではなく，子どもが義務教育のため他の地域で下宿している場合や，出稼ぎのため別居する場合も同一世帯とする。

　親子夫婦関係でなくても，現実に世帯としての機能を社会生活上営んでいれば，それを一世帯として認定する（小山 1951：220）。つまり，場合によっては，扶養義務関係より広い関係性が世帯と認定されうる。たとえば内縁関係であっても世帯として認定される。同一世帯であることの目安として，居住者相互の関係（親族関係の有無，濃密性など）に加え，消費財やサービスの共同購入，消費の共同，家事労働の分担，戸籍・住民基本台帳の記載事実等による事実関係の把握などにより判断すべきとされる（『生活保護手帳別冊問答集 2017』：27）。

　ただし，生活保護法第10条にはただし書きがあって，世帯単位によりがたいときは，個人を単位として定めることができる，とする。個人を単位として保護を実施することは，その個人を世帯から分離して取り扱うことになるため，この取り扱いを**世帯分離**と称する。世帯分離は，世帯単位の原則を貫くと，法の目的を損なう場合の擬制的（実質は異なるものを同一とみなすこと）な措置である。世帯分離措置の効果は，基本的には分離によって保護を受けない者が，保護基準に定める最低生活の枠内に入るという制約をうけない点にある。ただし，扶養義務関係は継続する（『生活保護手帳 別冊問答集 2017』：42）。

　では，どのような場合に世帯分離されるのであろうか。さまざまな例がある

が，そのいくつかをあげてみよう。世帯員のうちに，稼働能力があるにもかかわらず収入を得る努力をせず保護の要件を欠く者があるが，他の世帯員は保護を要する状態にある場合で，具体的には夫婦と子どもからなる世帯で夫が怠惰で働かず妻と子どもが生活できない場合，妻と子どものみを1世帯と認める，との例示がある（小山 1951：224）。件数が多いものとしては，長期に入院や施設入所を要するなどの理由で，その者を同一世帯として認定することが，出身世帯員の自立助長を阻害すると認めるときなどがある。

　世帯分離は例外的な取り扱いであるため，状況が変化して世帯分離の要件を満たさなくなった際には，あらためて世帯認定し，保護の要否と程度の判定をやり直すことになる。要件を満たしているかどうか，少なくとも年に1回は見直すことが定められている。それにしても，世帯単位とは，社会保険による給付などとは異なり，生活保護独特な面がある。この認定の在り方は，生活保護に対するスティグマをさらに強めることになりかねない。たとえば，生活保護利用世帯の子どもの進学をめぐる問題があり，これを第3節に取り上げたい。

生活保護利用世帯の動向──保護を利用する理由

　生活保護には，扶養義務が定められ，世帯単位で保護を適用することが原則である一方，現在の生活保護利用世帯の多くは，単身世帯である。図4.2をみると，単身世帯の割合は，1960年の35.1％から，2015年には78.1％まで増加していることがわかる。日本全体としても世帯人員の減少は進んでいるが（図4.2の「一般世帯」），2015年で単身世帯は26.8％であり，最も多いのは2人世帯で31.3％である。

　生活保護を利用する世帯の半数が高齢者世帯であったが（⇨第2章第3節），その9割以上は単身世帯である。高齢者世帯の約9割は医療扶助を利用しており（「2015年度被保護者調査」第1-7表），20〜59歳の若年層でも医療を必要とする人は少なくなく，長期治療が必要な人が多い。保護受給期間は長くなる傾向にあり，保護受給期間15年以上が13.3％，10〜15年未満が14.9％，5〜10年未満は27.5％で，半数以上の世帯が5年以上である（「2015年度被保護者調査」第1-12表）。

　表4.1により**保護の開始理由**についてみると，全体としては，「貯金等の減

50 ● CHAPTER **4** 家族や親族がいると生活保護は利用できない？

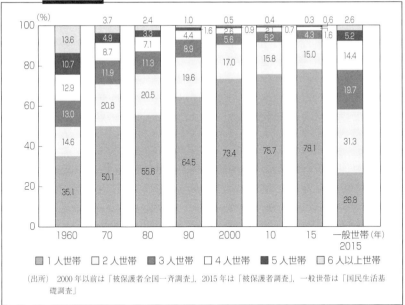

図4.2 世帯人員別被保護世帯数の構成比の推移

（出所） 2000年以前は「被保護者全国一斉調査」、2015年は「被保護者調査」、一般世帯は「国民生活基礎調査」

少・喪失」35.5％、次いで「傷病による」が25.1％であり、傷病によって保護を開始する割合は多い。「貯金等の減少・喪失」が多いのは、**保護の補足性**により利用可能な資産はすべて活用することが保護開始の要件であるという運用上の理由によるところが大きいと考えられる。

世帯類型別でみると、多少傾向は異なる。母子世帯は、「貯金等の減少・喪失」31.8％、「働いていた者の離別等」が23.8％、次いで「傷病による」が13.7％である。傷病者世帯は、「傷病による」が58.4％で最も多く、次いで「貯金等の減少・喪失」が19.4％である。障害者世帯は、「貯金等の減少・喪失」が36.1％、次いで「傷病による」が32.5％である。その他の世帯も、「貯金等の減少・喪失」38.0％、「傷病による」が16.9％の順だが、次いで「失業」が15.4％となっている。

次に、保護の廃止理由についてみてみよう（表4.2）。全体として「死亡」が38.0％で最も多く、特に高齢者世帯は66.5％を占めている。次に多い理由は「その他」で25.3％であり、特に母子世帯の「その他」は41.4％を占める。現在の分類では廃止理由をうまく把握できない様子が読み取れる。次いで「働き

2 世帯単位の原則 ● 51

CHART 表 4.1　世帯類型別保護の開始理由

		総　数	傷病による			急迫保護で医療扶助単給	要介護状態	働いていた者の死亡	働いていた者の離別等
			総　数	世帯主の傷病	世帯員の傷病				
総　数	数	15,856	3,981	3,808	174	370	115	43	521
	割合	100.0%	25.1%	95.7%	4.4%	2.3%	0.7%	0.3%	3.3%
高齢者世帯	数	5,537	858	826	32	97	102	20	104
	割合	100.0%	15.5%	96.3%	3.7%	1.8%	1.8%	0.4%	1.9%
母子世帯	数	1,010	138	131	7	12	0	6	240
	割合	100.0%	13.7%	94.9%	5.1%	1.2%	0.0%	0.6%	23.8%
傷病者世帯	数	2,924	1,708	1,677	31	164	4	2	40
	割合	100.0%	58.4%	98.2%	1.8%	5.6%	0.1%	0.1%	1.4%
障害者世帯	数	1,259	409	398	11	7	5	3	37
	割合	100.0%	32.5%	97.3%	2.7%	0.6%	0.4%	0.2%	2.9%
その他の世帯	数	5,127	869	776	93	91	5	12	99
	割合	100.0%	16.9%	89.3%	10.7%	1.8%	0.1%	0.2%	1.9%

（出所）「2016 年度被保護者調査」第 28 表（1 か月平均）より筆者作成

CHART 表 4.2　世帯類型別保護の廃止理由

		総　数	傷病治癒			死　亡	失そう	働きによる収入の増加・取得	働き手の転入
			総　数	世帯主	世帯員				
総　数	数	14,250	153	149	4	5,422	1,025	2,543	92
	割合	100.0%	1.1%	97.4%	2.6%	38.0%	7.2%	17.8%	0.6%
高齢者世帯	数	6,502	43	42	1	4,324	185	201	12
	割合	100.0%	0.7%	97.7%	2.3%	66.5%	2.8%	3.1%	0.2%
母子世帯	数	886	4	3	1	7	11	307	39
	割合	100.0%	0.5%	75.0%	25.0%	0.8%	1.2%	34.7%	4.4%
傷病者世帯	数	1,941	41	41	0	544	219	331	9
	割合	100.0%	2.1%	100.0%	0.0%	28.0%	11.3%	17.1%	0.5%
障害者世帯	数	1,192	6	6	0	331	60	175	9
	割合	100.0%	0.5%	100.0%	0.0%	27.8%	5.0%	14.7%	0.8%
その他の世帯	数	3,730	59	57	2	215	550	1,529	21
	割合	100.0%	1.6%	96.6%	3.4%	5.8%	14.7%	41.0%	0.6%

（出所）「2016 年度被保護者調査」第 36 表（1 か月平均）より筆者作成

失業			老齢による収入の減少	事業不振・倒産	その他の働きによる収入の減少	社会保障給付金の減少・喪失	貯金等の減少・喪失	仕送りの減少・喪失	その他
総数	定年・自己都合	勤務先都合（解雇等）							
1,203	892	311	673	118	808	120	5,629	604	1,670
7.6%	74.1%	25.9%	4.2%	0.7%	5.1%	0.8%	35.5%	3.8%	10.5%
220	161	60	628	56	135	45	2,340	312	620
4.0%	73.2%	27.3%	11.3%	1.0%	2.4%	0.8%	42.3%	5.6%	11.2%
60	44	16	—	3	86	5	321	30	109
5.9%	73.3%	26.7%		0.3%	8.5%	0.5%	31.8%	3.0%	10.8%
91	67	24	6	6	69	15	568	63	188
3.1%	73.6%	26.4%	0.2%	0.2%	2.4%	0.5%	19.4%	2.2%	6.4%
41	32	10	3	2	42	18	454	67	173
3.3%	78.0%	24.4%	0.2%	0.2%	3.3%	1.4%	36.1%	5.3%	13.7%
790	588	202	37	52	477	38	1,946	132	580
15.4%	74.4%	25.6%	0.7%	1.0%	9.3%	0.7%	38.0%	2.6%	11.3%

社会保障給付金の増加	仕送りの増加	親類・縁者等の引取り	施設入所	医療費の他法負担	その他
485	91	485	268	76	3,611
3.4%	0.6%	3.4%	1.9%	0.5%	25.3%
200	33	130	226	46	1,102
3.1%	0.5%	2.0%	3.5%	0.7%	16.9%
8	21	117	2	2	367
0.9%	2.4%	13.2%	0.2%	0.2%	41.4%
80	11	81	8	6	610
4.1%	0.6%	4.2%	0.4%	0.3%	31.4%
80	9	67	16	13	425
0.7%	0.0%	5.0%	1.3%	1.1%	35.7%
117	18	90	15	9	1,107
3.1%	0.5%	2.4%	0.4%	0.2%	29.7%

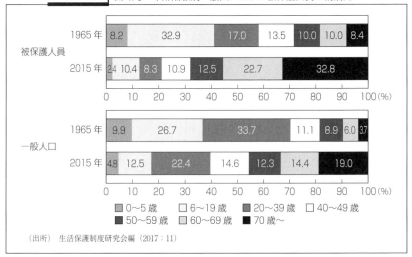

CHART 図 4.3　年齢階級別一般人口および被保護人員の構成比

(出所)　生活保護制度研究会編（2017：11）

による収入の増加・取得」が 17.8％ で，その他の世帯は 41.0％ が「働きによる収入の増加・取得」により保護廃止となっている。

　生活保護は，全年齢を対象としているが，利用世帯の半数は高齢者世帯であり，表 4.1，表 4.2 に示した保護開始理由・廃止理由は，高齢者世帯の傾向を反映していると考えられる。図 4.3 は，被保護人員と一般人口のそれぞれについて，1965 年と 2015 年の年齢階級別の構成比を示したものである。被保護人員は，1965 年も 2015 年も一般人口と比較して高齢層が多い。ただ，被保護人員も 1965 年においては 20 歳以下が 41.1％ を占めていた。2015 年は 12.8％ と少ない。

　20 歳以下はどんどん少なくなり，生活保護利用世帯における子どもの特徴をとらえるのは難しい。表 4.3 は，生活保護を利用する 0 歳〜18 歳までの人数と，それを世帯類型別に示した表である。0 歳から徐々に人数が増え，学齢期の子どもの占める割合が多いことがわかる。世帯類型別にみると，母子世帯に属する子どもが多い。とはいえ，その他の世帯は 22.7％ を占め，特に 0 歳は 31.2％ と多い。傷病者世帯に 8.4％，障害者世帯に 3.3％，高齢者世帯に 0.9％ と，さまざまな家庭状況にある子どもの姿を想像することができる。

CHART 表 4.3 世帯類型別にみた子どもの生活保護利用者数

	有子世帯全体		高齢者世帯		母子世帯		障害者世帯		傷病者世帯		その他の世帯	
	総数	割合(%)	人数	割合(%)	人数	割合(%)	人数	割合(%)	人数	割合(%)	人数	割合(%)
0歳	6,236	100.0	2	0.0	3,493	56.0	256	4.1	538	8.6	1,947	31.2
1歳	7,463	100.0	7	0.1	4,644	62.2	220	2.9	657	8.8	1,935	25.9
2歳	8,606	100.0	4	0.0	5,593	65.0	260	3.0	629	7.3	2,120	24.6
3歳	9,838	100.0	9	0.1	6,601	67.1	256	2.6	682	6.9	2,290	23.3
4歳	10,866	100.0	16	0.1	7,484	68.9	298	2.7	712	6.6	2,356	21.7
5歳	11,877	100.0	27	0.2	8,301	69.9	297	2.5	821	6.9	2,431	20.5
6歳	12,861	100.0	44	0.3	8,992	69.9	343	2.7	830	6.5	2,652	20.6
7歳	13,344	100.0	57	0.4	9,403	70.5	311	2.3	891	6.7	2,682	20.1
8歳	14,184	100.0	78	0.5	9,975	70.3	373	2.6	988	7.0	2,770	19.5
9歳	15,074	100.0	110	0.7	10,647	70.6	425	2.8	1,056	7.0	2,836	18.8
10歳	16,171	100.0	110	0.7	11,305	69.9	434	2.7	1,119	6.9	3,203	19.8
11歳	17,219	100.0	151	0.9	12,146	70.5	500	2.9	1,233	7.2	3,189	18.5
12歳	18,326	100.0	204	1.1	12,684	69.2	537	2.9	1,367	7.5	3,534	19.3
13歳	19,526	100.0	224	1.1	13,464	69.0	532	2.7	1,482	7.6	3,824	19.6
14歳	20,040	100.0	292	1.5	13,621	68.0	614	3.1	1,609	8.0	3,904	19.5
15歳	21,292	100.0	313	1.5	14,193	66.7	693	3.3	1,733	8.1	4,360	20.5
16歳	21,448	100.0	356	1.7	13,747	64.1	741	3.5	1,949	9.1	4,655	21.7
17歳	21,379	100.0	450	2.1	13,832	64.7	786	3.7	1,921	9.0	4,390	20.5
18歳	12,391	100.0	0	0.0	62	0.5	1,313	10.6	3,052	24.6	7,964	64.3
合計	278,141	100.0	2,454	0.9	180,187	64.8	9,189	3.3	23,269	8.4	63,042	22.7

(資料)「平成 26 年度被保護者調査」(年次調査〔平成 26 年 7 月末日現在〕)特別集計
(出所) 第 25 回社会保障審議会生活保護基準部会(2016 年 10 月 7 日)資料 1

3 生活保護利用世帯と進学

　生活保護利用世帯における進学というテーマは，稼働能力の活用や教育扶助など扶助の中身などともかかわるが，ここでは扶養義務や世帯単位の原則との関係で取り上げたい。というのも，現状での生活保護における大学などへの進学は，世帯分離措置によって取り扱われているからである。言い換えれば，生活保護利用世帯に大学進学は保障されていない。厳密にいえば，高校を卒業し

3　生活保護利用世帯と進学 ● 55

CHART 表 4.4 高校・大学等における就学の要件

教育の種類	取り扱い	要 件	収入の取り扱い
高等学校（各種学校を含む）	世帯内就学	高等学校等に就学し卒業することが世帯の自立助長に効果的と認められること	就学する者の収入のうち高等学校等就学費の支給対象とならない経費及び同費用の基準額で賄いきれない経費であって、就学に必要な額などを収入認定除外
夜間大学等	余暇活用の就学	①そのものの能力、経歴、健康状態、世帯の事情等を総合的に勘案の上、稼働能力を有する場合には十分それを活用していると認められること②就学が自立助長に効果的であること	自立更生のための恵与金等を夜間大学の就学費用にあてる場合、入学支度及び就学に必要な最少限度の額を収入認定除外
大 学生業扶助の対象とならない専修学校及び各種学校	世帯分離	①保護開始時に大学に就学しており、就学が自立助長に効果的であること②日本学生支援機構による貸与金等によって大学で就学する場合であること③生業扶助の対象とならない専修学校又は各種学校で就学する場合で、就学が自立助長に効果的であること	収入が就学費用及び生活費を上回る場合、保護をうけている出身世帯に対する扶養の履行

（出所）『生活保護手帳 別冊問答集 2017』65 頁，一部加筆・削除して引用

た者は稼働能力を活用すべきとし，昼間大学への進学は認められておらず，夜間大学のみ認められている。

　生活保護利用者の高校・大学等における就学の要件をまとめたのが表 4.4 である。生活保護の教育扶助は小中学校の義務教育のみの保障である。高等学校への就学費が認められるようになったのは，2005 年度からであり，これは生業扶助の一部として給付される。生業扶助の一部である高等学校等就学費は，保護開始時の要否判定に用いる基準に含まれていないという問題もある（⇨第 **2** 章表 2.1）。

　実態をみると，2016 年の高校進学率は，全世帯の 98.9％ に対し，生活保護利用世帯は 93.3％ にとどまる。2015 年の高校中退率は，全世帯の 1.4％ に対し，生活保護利用世帯は 4.5％ である。2016 年の大学等進学率は，全世帯の 52.1％ に対し，生活保護利用世帯は 19.0％ にとどまり，半分にも満たない。世帯分離で大学進学した場合も，その大学生の生活は容易ではない。世帯分離

後も，大学生が出身世帯と同じ住宅に住むことは認められるが，別世帯であって生活保護費は支給されない。日々の生活費や学費を稼ぐため，バイトをしたり奨学金を借りたりする必要がある。この問題は国会で取り上げられ，大学等就学中に住宅扶助を減額しないこととし，大学等進学時の一時金の創設がされた。

　このような制度改善は必要だが，できればどの人も生活困窮ゆえに進学を断念することがないように教育保障の仕組みを講じるべきではないか。日本の大学進学率は，OECD 各国の平均と比べれば低く，高いほうではない。非正規雇用の増加など雇用の不安定化や低収入が背景にあって，生活保護利用世帯出身でなくても，在学中から家計が苦しい人，卒業後に奨学金の返済に困る人の実態が明らかにされ，昨今の社会問題となっている。第 **10** 章も参考に，平等に教育機会を保障する体制も視野に入れた政策について，考えたい。

さらに学びたい人のために　　　　　　　　　　　　　　　　Bookguide ●

① 　埋橋孝文編（2013）『生活保護』ミネルヴァ書房

　　はじめに総論のあるⅢ部構成で，21 名の多様な執筆者により，生活保護行政の歴史や現状が分析され，諸外国の経験も論じられている。

② 　小野哲郎ほか（2001）『グループ・スーパービジョンによる生活保護の事例研究──公的扶助ケースワークの実際』川島書店

　　長期にわたる研究者とケースワーカーの研究成果であり，生活保護利用世帯と支援の実像を知ることができ貴重。

③ 　堅田香緒里・白崎朝子・野村史子・屋嘉比ふみ子編（2011）『ベーシックインカムとジェンダー──生きづらさからの解放に向けて』現代書館

　　本書を読めば，生活保護制度が不可欠とするミーンズテスト，それゆえのスティグマの問題についても，広い視野からの考察が可能になる。

引用文献　　　　　　　　　　　　　　　　　　　　　　　Reference ●

近畿弁護士会連合会編（2014）『生活保護と扶養義務』民事法研究会
小山進次郎（1951）『改訂増補 生活保護法の解釈と運用』全国社会福祉協議会（1975 年復刻）

生活保護制度研究会編（2017）『生活保護の手引き　平成 29 年度版』第一法規出版

『生活保護手帳 2017 年度版』中央法規出版

『生活保護手帳　別冊問答集 2017』中央法規出版

清水浩一（1997）「貧困・依存のスティグマと公的扶助」庄司洋子・杉村宏・藤村正之
　『貧困・不平等と社会福祉』有斐閣

CHAPTER 第5章

ケースワーカーとはどんな人？ 福祉事務所はどんな職場？

生活保護の実施体制

写真提供：福祉新聞

INTRODUCTION

　生活に困ったときに，生活保護を利用することを思いついたとして，具体的には何をすればよいのだろうか。なんとなく「役所」にいけばよいのかなと思う人は少なくないだろう。身近な地方自治体の役所を訪ねて，受付で生活保護の担当課を尋ねてみよう。その名称は地方自治体によってさまざまだが，たとえば「生活支援課」（世田谷区，横浜市，大阪市など）である。そのフロアに行き，職員と会って「生活保護を利用したいです」と表明する。一般的には，そこから保護を受けられるかどうか審査の手続きが始まる。利用できると判断されれば，生活保護の利用が始まる。この間，そして保護開始後に，利用者の生活状況・収入を確認し，家庭訪問をし，相談にのり，生活保護の目的である最低生活保障と自立の助長を担う職員をケースワーカーという。本章ではこのケースワーカーの仕事について考えてみたい。

1 生活保護の実施体制

国，都道府県，市町村の役割分担

生活保護の基本的な実施体制について確認をしておこう。生活保護は，国の制度であり，所管しているのは厚生労働省の社会・援護局保護課である。ただし，生活保護の最低生活保障については，国の業務を市町村や都道府県に任せる**「法定受託事務」**として実施されている。また，生活保護の相談支援については地方自治体の固有の業務である**「自治事務」**として実施されている。そのため，生活保護を利用する市民に接するのは地方自治体の職員である。

一方，国や都道府県は，生活保護の業務がきちんとできているかをチェックする**監査**を担う。市町村については都道府県知事が監査を行うが，都道府県や政令市等に対しては厚生労働大臣が監査を行うと同時に，都道府県や政令市の本庁が管内福祉事務所の監査を行う。厚生労働大臣の監査は厚生労働省社会・援護局の自立推進・指導監査室が担っている。

福祉事務所

生活保護の実務を担う**ケースワーカー**は，地方自治体の生活保護業務を担当する部署で働いている。たとえば，人口 19 万 1181 人（2018 年 10 月 1 日現在）の神奈川県小田原市の行政組織図が図 5.1 である。生活保護は，福祉健康部の生活支援課の管轄である。他にも高齢介護課で高齢者介護，障がい福祉課で障害者福祉，保険課で国民年金や国民健康保険，子ども青少年部では子育て支援，保育，青少年育成等を扱っている。注目してほしいのが，福祉健康部の下に［福祉事務所］とあり，福祉健康部と子ども青少年部をまたぐ形で，点線が引かれているところである。

福祉事務所は，新生活保護法（1950 年）で専門の職員が生活保護の業務を担うとされた際，その職員を配置する事務所として社会福祉事業法（1951 年，2000 年より社会福祉法）に規定された。それにより都道府県および市は福祉に関

60 ● CHAPTER 5 ケースワーカーとはどんな人？ 福祉事務所はどんな職場？

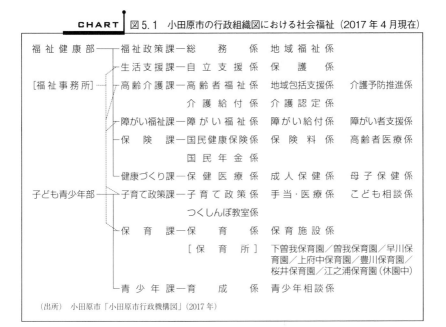

図5.1 小田原市の行政組織図における社会福祉（2017年4月現在）

（出所）小田原市「小田原市行政機構図」（2017年）

する事務所，すなわち「福祉事務所」を設置しなければならない（社会福祉法第14条第1項）。2016年10月現在，全国の福祉事務所数は1247カ所であり，うち都道府県の郡部で208カ所，市で996カ所，町村で43カ所である（厚生労働省 2016）。町村については福祉事務所の設置は任意のため，多くの町村には福祉事務所はなく，都道府県が郡部に広域的な事務所を設置している。

都道府県の福祉事務所は，生活保護法，児童福祉法，母子及び父子並びに寡婦福祉法の「**福祉三法**」の事務を担い（社会福祉法第14条第5項），市町村の福祉事務所は，これら三法に加え，老人福祉法，身体障害者福祉法および知的障害者福祉法の「**福祉六法**」を担う（社会福祉法第14条第6項）。地方自治体はさまざまな福祉行政を担っており，社会福祉法上の事務範囲にとどまるものではない。図5.1にあるように，点線以外の業務も福祉健康部のなかにある。介護保険や女性保護，精神保健福祉，地域福祉等の業務を担っている一方で，近年は児童福祉を独立させているところも多くなってきている。そのため，「福祉事務所」という言葉は，あまり市民にとっては身近ではないかもしれない。

1 生活保護の実施体制 ● 61

Episode● 漫画で読むケースワーカーの仕事

　柏木ハルコ氏の『健康で文化的な最低限度の生活』（小学館）という漫画がある。2018年夏にはTVドラマにもなった。新卒で区役所に勤めはじめた公務員，義経みえるが福祉事務所の生活保護ケースワーカーとなり，虐待やアルコール依存症などさまざまな生活問題を抱えた生活保護利用者と向き合い，貧困や生活保護の実態を学びながら，その援助に奮闘する様子を描いたものである。フィクションではあるが，福祉事務所やケースワーカー等へのインタビューや実際の事例に基づいてつくられており，ケースワーカーが具体的に何をしているのか，また，生活保護の運用にどのような難しさや葛藤を抱えているのかなどの生活保護の実情を知るのに非常によい素材を提供してくれる。

　たとえば，生活保護を申請すると，申請者の親族が援助できないかと扶養義務調査が行われるが，漫画でも，若い男性が生活保護の申請をして，ケースワーカーが扶養義務調査をする。すると，その父親は裕福だとわかり，ケースワーカーは家族による扶養を優先させようとする。しかし，男性は父親からの援助を拒否し，父親から逃げるために自殺未遂をする。実は，男性は子どものときから父親から虐待を受けていたというストーリーである。虐待などの事情があれば，扶養照会すべきではないし，それは制度上も認められている。しかし，虐待を受けていたことを信頼関係のないケースワーカーにいえない場合や，制度の知識がなければこうした問題が生じることになる。

　では，どのような人がケースワーカーになっているのだろうか。また，ケースワーカーはどのように利用者に向き合っているのだろうか。福祉事務所がどのような運用方針を立てているのかによって対応の仕方は大きく変わってくる。ケースワーカーは生活保護等の福祉制度に詳しいのか。生活困難を抱えた人々への対人援助技術を実践できるのか。福祉事務所は生活困窮者の生活保障を目的としているか。それとも，生活保護費の抑制が目標になっているのか。利用する福祉事務所やケースワーカーは住んでいる地域で決まり，生活困窮者は選ぶことはできない。生活困窮者にとってはそれが唯一の福祉事務所であり，ケースワーカーであり，「生活保護制度」となるのである。

ⓒ柏木ハルコ／小学館

福祉事務所の職員

　さて，福祉事務所にはどのような職員が働いているのか。社会福祉法第15条において，福祉事務所には，福祉事務所長，指導監督を行う所員，現業を行う所員（現業員），事務を行う所員をおくと規定されている。福祉事務所長は，都道府県知事または市町村長（特別区の区長を含む）の指揮監督を受けて，所務を掌理（担当・とりまとめ）する。指導監督を行う所員は，「**査察指導員**」または「**スーパーバイザー（SV）**」と呼ばれ，所長の指揮監督を受けて，現業事務の指導監督をつかさどる。現業を行う所員は，現業員または「**ケースワーカー**」と呼ばれ，所長の指揮監督を受けて，援護，育成，更生の必要な者等の家庭を訪問するなどして，これらの者に面接し，本人の資産，環境等を調査し，保護その他の援助の必要性の有無などを判断し，本人に対し生活支援を行う等の事務をつかさどる。事務を行う所員は，所長の指揮監督を受けて，事務所の庶務をつかさどる。

　なお，査察指導員とケースワーカーは「**社会福祉主事**」でなければならない。社会福祉主事については，社会福祉法第19条で，「社会福祉主事は，都道府県知事又は市町村長の補助機関である職員とし，年齢20年以上の者であつて，人格が高潔で，思慮が円熟し，社会福祉の増進に熱意があり，かつ，次の各号のいずれかに該当するもののうちから任用しなければならない。」と規定されている。その各号には，大学等で社会福祉に関する科目を修得して卒業した者，都道府県知事が指定した養成機関・講習会を修了した者，社会福祉士などである。ただし，大学等で社会福祉に関する科目を修得するとしても社会福祉に少しでも関わる科目34科目のうち3科目を修得していればよいとされており，「三科目主事」などと揶揄されることもある。

　ケースワーカーの定数については，社会福祉法第16条に規定されており，①都道府県の福祉事務所では生活保護利用世帯（被保護世帯）が65世帯に1人のケースワーカー，②市町村の福祉事務所では生活保護利用世帯が80世帯に1人のケースワーカーをおくことになっている。ただし，2000年まではこの定数は法定数として守らなければならないものであったが，1999年の地方分権一括法によって「**標準数**」と単なる目安になり，特に都市部ではケースワーカ

1　生活保護の実施体制　● 63

― 1 人当たりの生活保護利用世帯が 100 世帯を超えることも多くなっている。

 福祉事務所のケースワーカーの人数と専門性

　ケースワーカーや査察指導員は，生活保護の利用者等と直接にやり取りし，生活保護の現金給付や相談援助をする重要なキーパーソンである。しかし，Episode でみたように，役場の新人がケースワーカーになることも多く，そうすると，ケースワーカーの経験も短く，専門性も乏しくなりがちである。このようなケースワーカーの状況を厚生労働省の「平成 28 年福祉事務所人員体制調査」から確認してみよう（2016 年 10 月 1 日現在）。

ケースワーカーの人数と専門性，経験年数

　ケースワーカーの人数については，①法律の標準数，②実際の配置人数，③標準数に対して実際の配置がどれだけ充足しているか充足率をみてみよう。すると，都道府県で① 1307 人，② 1353 人，③ 103.5％，市町村で① 1 万 8808 人，② 1 万 6830 人，③ 89.5％，全国合計で① 2 万 115 人，② 1 万 8183 人，③ 90.4％ であった。つまり，全国でケースワーカーは，法律で示す標準数よりも 1932 人と約 10％ も少なかった。ケースワーカーは多忙だといわれているが，その原因の 1 つとしてケースワーカーの人数が適切に確保されていないことが挙げられる。

　次に，社会福祉に関する代表的な資格，つまり，社会福祉法で保有が義務づけられている社会福祉主事，また，社会福祉の専門知識や専門技術があることを証明する**社会福祉士**や**精神保健福祉士**の資格の保有率についてみてみよう。社会福祉主事資格の保有率については，査察指導員が 82.7％，ケースワーカー（常勤）が 82.0％，社会福祉士資格の保有率については，それぞれ 8.7％，13.5％，精神保健福祉士資格の保有率については，それぞれ 1.7％，2.4％ であった。つまり，2 割弱は法律で義務づけられた社会福祉主事資格をもたず，9 割ほどは社会福祉士の専門知識や専門技術のための教育を受けていないのである。

　さらに，生活保護担当の経験年数について，査察指導員では，1 年未満が

25.3%，1 年以上 3 年未満が 40.5%，3 年以上 5 年未満が 19.0%，5 年以上が 15.2% となっていた。また，生活保護担当ケースワーカー（常勤）の経験年数は，1 年未満が 23.6%，1 年以上 3 年未満が 38.0%，3 年以上 5 年未満が 20.7%，5 年以上が 17.7% であった。つまり，3 年未満の経験しかない者が査察指導員やケースワーカーの 6 割強を占めている。

ケースワーカーの人数が少なく，専門性，経験年数が低い背景

以上の 3 点を踏まえると，生活保護担当のケースワーカーは，本来あるべき職員数が確保されず，業務が多忙になっていることに加えて，社会福祉の専門性も乏しく，それを補う経験も蓄積されない。その原因は次の点にあると考えられる。

第 1 に，2000 年頃から顕著に行われている行政改革による公務員定数の削減のために，地方自治体の公務員総数は，バブル経済の時期の 1994 年の 328 万人から 2017 年には 274 万人へと 54 万人も減少した（総務省 2017）。生活保護の利用者が増えているため，ケースワーカーも増やす必要があるが，公務員定数削減目標のために困難になっているのである。

第 2 に，多くの自治体では職員を事務職として採用し，その職員を福祉事務所に配置しているため，専門性をもった職員を配置する仕組みになっていない。近年，技術職の福祉職採用が少しずつ増えてきているが，それは全国的にはまだ珍しい。なお，横浜市では以前から福祉行政は福祉職が担っている（厚生労働省 2011a）。

第 3 に，生活保護のケースワーカーの仕事は大変な仕事だと多くの自治体職員から敬遠されているため，ケースワーカーのなり手がなく，新卒で採用された職員が配置されることも多い。まだ仕事も独立した暮らしも駆け出しである 20 代新卒のケースワーカーが，高齢者や壮年層が多い生活保護利用者の生活相談に対応するのも難しい。そのため，生活保護の担当になってもすぐに異動希望を出すことが多く，生活保護担当の経験年数は短くなり，2，3 年も経つと，他の行政の仕事をすることになるのである。

ケースワーカーの人数も少なく，専門性もなく，経験も積みにくいとなると，さまざまな生活課題があり，支援の必要な生活保護利用者に対して，十分な支

援をすることは困難になってしまう。

生活保護の監査

監査の必要性

　生活保護は子どもから高齢者まで，また食費から住宅，教育，医療，介護等多方面にわたって生活保障をするものなので，そのルールは膨大なものになっている。しかし，先述のように生活保護を運用するケースワーカーは専門性も経験も積むことが難しい状況にあり，最低生活費やルールについて間違いも起こりやすい。生活保護の目的である最低生活保障を間違いなく実施する必要がある。特に，生活保護は税金で運営されているため，生活保護に対する納税者の目線も厳しく，適正な運用が強く求められる。

監査とは

　そのために設けられているのが，生活保護法第 23 条の事務監査である。都道府県は市町村の福祉事務所の**監査**を行う。厚生労働省は，都道府県および市町村の事務監査を行う。ただし，厚生労働省はこれを**指導監査**と称している。「指導監査は，福祉事務所における生活保護法施行事務の適否を関係法令等に照らして個別かつ具体的に検討し，必要な是正改善の措置を講ずるとともに，生活保護行政が適正かつ効率的に運営できるよう指導・援助するもの」とされている。

　国は，生活保護法第 23 条の規定に基づき，都道府県・政令市本庁および管内福祉事務所に対する指導監査を実施する。都道府県・政令市は，「法定受託事務」として，国が定めた「監査方針」に基づき管内福祉事務所に対する指導監査を実施する。では，具体的にどのような指導監査をするのか。厚生労働省の指導監査の実施方法をみると，①都道府県・政令市本庁に管内の福祉事務所の指導状況についてヒアリング，②福祉事務所に生活保護の実施状況についてヒアリング，③個別ケース検討として，ケースワーカーの担当ケースの指導援

助の状況についてケース記録をもとに検証（管内の被保護世帯の1割を目途に選定），④実地調査として，ケース検討したなかから1ケース選定し，実地にケースワーカーの指導状況を検証，⑤監査の結果や改善点について報告する監査講評，である。

　データは古いが，2009年度の指導監査の結果（厚生労働省 2011b）をみると，厚生労働省が55の福祉事務所を監査し，2190件のケース検討を行い，都道府県・政令市が1184の福祉事務所を監査し，5万5736件のケース検討を行った。つまり，全国99.9%の福祉事務所を監査し，生活保護世帯全体の4.37%をケース検討した。福祉事務所に対する指摘事項をみると，多いものから，①訪問調査活動の充実（36.9%），②資産および収入の把握（34.2%），③扶養義務履行の指導（28.1%），④個別具体的な指導援助の充実（22.5%）などであった。

　一方，監査の問題点としては，問題の背景要因となっているケースワーカーの人数やその経験・専門性の不足，また，利用者の権利確保のための指摘はあまりなされていないといわれている（下村 2006）。監査に対するこれらの点の改善も必要である。

その他のチェック機関等

　また，生活保護の監査以外にも，①総務省の行政評価・監視や②地方自治法（第199条第2項および第5項）に基づいた自治体の監査委員による監査，地方自治法（第242条第4項）の住民監査請求に係る監査等も行われている。また，一部の地方自治体は**オンブズマン**を設置し，住民の苦情から行政運用上の問題を解決する仕組みを設けているところがあり，生活保護の問題にも対応している。

　さらに，厚生労働省（2018）によれば，都道府県等が広域的な立場から管内福祉事務所の生活保護関係職員に対して，監査とは別に業務支援を行う事業として，「都道府県等による生活保護業務支援事業」を2018年4月より実施している。都道府県等が巡回指導や研修等を通して業務支援を行うことで上記のような誤りを減らそうという取り組みである。こうした取り組みに生活保護の運用改善を期待したい。

4 海外からみた日本の福祉事務所・ケースワーカーの特徴

　日本の福祉事務所の特徴を理解するためには，海外の福祉事務所と比較検討することも1つの方法である（木下 2015）。ここでは，アメリカとスウェーデンを取り上げ，職務環境，ケースワーカーの専門性，裁量性という観点から比較してみたい。

ケースワーカーの専門性

　まず，専門職の採用の点からみてみよう。先に述べたように，日本の福祉事務所のケースワーカーは専門性についてはほとんど問われない状況にある。アメリカのロサンゼルス郡の公的扶助では，現金給付事務とケースワークの業務が分離されており，ケースワーカーはその支援事業名をとって「GAIN サービスワーカー」と呼ばれている。GAIN サービスワーカーは，大卒で車の免許をもっていることが要件である。GAIN スーパーバイザー（査察指導員）は，GAIN サービスで職業カウンセリング2年の経験，または1年の GAIN サービスワーカー経験があり，車の免許をもつことが要件である（LADPSS 2005）。つまり，アメリカでも公的扶助領域ではソーシャルワーカーの専門性はあまり必要とされていない。

　一方，スウェーデンでは，公的機関ではソーシャルワークの専門職資格である「ソシオノーム」（socionom）が必要である。ソシオノームの資格は，大学の社会福祉学部で3年の専門教育の講義と6カ月の社会福祉現場の実習が要件である。2012年には，ソシオノーム資格者の73% が地方自治体，8% が国，19% が民間事業者に勤務しているという。特に，最も多い自治体ソーシャルワーカーは，生活保護や家族・児童支援等の分野で活躍をしている（斉藤 2014）。

メンバーシップ型とジョブ型の雇用

　そもそも，アメリカ・スウェーデンにおける職員採用の仕方にも日本と大き

な違いがある。日本は「メンバーシップ型雇用」であり，アメリカやスウェーデンは「ジョブ型雇用」である（濱口 2013）。**メンバーシップ型雇用**とは，職務，勤務地，労働時間が原則，無限定となっている雇用であり，会社に入社して，そのメンバーになることが優先された雇用である。そのため，採用時点では職務内容が不明確であり，異動により多様な職務に就く可能性がある。これは日本の雇用に典型的である。たとえば，市役所に就職したとしても，社会福祉の業務を担うのか，水道か，土木か，収税かなど，具体的にどのような仕事をするかは，就職した後で決まる。決まったとしても，その後2，3年で人事異動があり，まったく異なった内容の仕事に就くこともある。

　一方，**ジョブ型雇用**とは，職務，勤務地，労働時間が限定された雇用をいう。ジョブ型雇用では，職務内容が明確であり，専門職に向いた雇用形態である。ジョブ型雇用のアメリカやスウェーデンでは，ケースワーカーとして雇われ，雇用契約に記載されたケースワーカーの職務内容を実施する。したがって，ケースワーカーを辞めることは，その就職先を辞めることになる。ジョブ型雇用の場合，ケースワーカーとしての自覚も生じ，経験も積み上がり，専門性を獲得しようとするインセンティブももつ可能性が高い。特に，スウェーデンでは労働組合は産業別組合であり，ケースワーカーはソーシャルワーカーの労働組合に加入するが，その組合は同業者集団として，また専門職業団体としても機能しているのである（藤田 2010）。

大部屋主義と小部屋主義

　さらに，真渕（2010：58-59）によれば，日本の官僚の職場のレイアウトとして「大部屋主義」がとられているという特徴がある。**大部屋主義**とは，1つの部屋に机を島状にいくつも隣り合わせに並べて執務を行う様子をいう。机を合わせ，顔を常に突き合わせる形で集まっていると，仕事に対して個別の専門性に基づいた判断よりも，組織的な協調が求められやすい。

　一方，アメリカでは，ケースワーカーは個別に仕切られたパーティションのなかでそれぞれ仕事をしている。これを「**小部屋主義**」という。写真Aは，ウィスコンシン州内のある福祉事務所内であり，ケースワーカーのそれぞれの机がパーティションで区切られていることがわかる。また，写真Bはそのワ

写真A　アメリカ・ウィスコンシン州のある福祉事務所内の風景

写真B　アメリカ・ウィスコンシン州のある福祉事務所のケースワーカーの机

ーカーの机である。机を挟んで，ケースワーカーと利用者が面談をする。そのため，日本のような面談室はない。なお，スウェーデンも同様の小部屋主義になっている。この小部屋主義によって，利用者のプライバシーは守られ，それぞれのケースワーカーは自らの個別の判断で仕事を進めることが期待される。

ケースワーカーの裁量性

　最後に，ケースワーカーの裁量性の高さについても検討しておきたい。**裁量**とは，自分の考えで処理し，対応することである。ケースワーカーの仕事はこの裁量の幅が大きい。このような仕事をマイケル・リプスキー（Lipsky 1980）は「**ストリート・レベルの官僚制**」と称した。「ストリート・レベルの官僚制」とは，「仕事を通して市民と直接相互作用し，職務の遂行について実質上裁量を任されている行政サービス従事者」をいう。ケースワーカー以外にも，教員や警察なども典型的なストリート官僚である。このストリート官僚が裁量をもつのにはいくつかの理由がある。

　第1に，利用者の問題が多様・複雑であることである。貧困問題は，単にお金がないということだけでなくて，病気や障害をもっていたり，学校や仕事に行けなかったり，家族の不和があったり，家庭内暴力（DV）や虐待などが背景にあったりする。するとこれらの問題にどのように対応するのかは，それぞれのケースワーカーの優先順位や関心等によって支援の仕方が異なってくる。ここに裁量の余地が生まれる。

　第2に，公的制度の目的の曖昧さがあることである。日本の生活保護の目的

には最低生活保障と自立の助長がある。ただし，自立の助長については就労して賃金収入を得て，生活保護を利用しなくなることが目的とされることが多い。一方，最低生活保障は生活保護を利用して達成されるものである。つまり，生活保護には矛盾する2つの目的が規定されているとみられがちである。そうすると，生活保護を利用したいと申請に来た市民に対して，最低生活保障のために生活保護を利用するか，自立の助長のために職探しを求めるか，支援の幅が生じる。そこにケースワーカーの裁量の余地が生じる。

　第3に，制度目的の曖昧さに加えて，制度が複雑になり，ルールが多種多様にある場合にも裁量の範囲が広がる。日本の生活保護制度のマニュアルは，国の生活保護の実施要領や問答集に加えて，地方自治体や福祉事務所で作成しているマニュアルもあり，制度適用に関わるルールはかなり多い。ルールが多くなる理由は，貧困・低所得者の生活問題が複雑である一方，制度の適正な運用を求められるからである。そのため，どのルールを優先して適用するのかにケースワーカーの裁量が生じることになる。

　第4に，社会資源が不足している場合にも裁量が生じやすい。たとえば，支援の枠が10人分しかないのに，20人から救済の申し出があった場合，何らかの内部基準を立てて対応するしかない。本来ならば利用する権利のある人でも，仕事を探すことがまず必要，扶養義務が優先される，などの理由で申請を抑制されるかもしれない。社会資源にはケースワーカーも含まれる。ケースワーカーが少ない場合，ケースワーカーの業務負担増を回避するために，申請を抑制するかもしれない。

　一方，スウェーデンでは，公的扶助のマニュアルはほとんど整備されておらず，ワーカーの裁量が大きく，それを担保するのが専門性である（Jewell 2007：87）。つまり，大きな裁量をもつが，専門職として専門職倫理に基づいて業務を遂行することが期待される。

　また，アメリカでは公的扶助の権利性が否定された場合の**審査請求**（⇨第**13**章）が多く行われており，権利救済の仕組みとして機能している。スウェーデンでもオンブズマン制度や行政裁判等による権利救済の仕組みがある。日本では，審査請求はあまり利用されていないが，北海道札幌市や東京都大田区等の一部の自治体では，オンブズマン制度が整備されており，そのなかで多くの生

活保護の問題が解決されている。このような権利救済の仕組みが充実してくると、ケースワーカーの裁量性が高くなったとしても、適切な対応がなされるだろう。

　日本の生活保護の運営を改善するにあたって、前述のアメリカやスウェーデンを参考にすると、次のような改善点が指摘できよう。第1に、日本の生活保護の運用を改善していくためには、ケースワーカーの専門性や専門資格を重視した採用をしていくことである。第2に、不適切な裁量の行使を抑制するために、生活保護制度はまずは最低生活保障のための制度であることを再確認する必要があるだろう。また、生活保護の利用者をサポートするための社会資源（資金や職員）を充実させることが重要である。

さらに学びたい人のために　┃ Bookguide ●

① 岡部卓・長友祐三・池谷秀登編（2017）『生活保護ソーシャルワークはいま――より良い実践を目指して』ミネルヴァ書房

　福祉事務所のケースワーカーが取り組むべき支援の課題を、理論や考え方、実践現場、福祉事務所の組織的取り組みという観点から明らかにしたものである。

② 釧路市福祉部生活福祉事務所編集委員会編（2016）『希望をもって生きる――自立支援プログラムから生活困窮者支援へ釧路チャレンジ〔第2版〕』全国コミュニティライフサポートセンター

　北海道釧路市の生活保護の自立プログラムは、利用者の状況に合わせた多様なプログラムを公民協働で準備するなど先駆的な釧路モデルを提起した。その成果がまとめられたものである。

③ 岩田正美・岡部卓・清水浩一編（2003）『貧困問題とソーシャルワーク』有斐閣

　現場で貧困問題に対応するために、貧困の理解、制度の理解に加えて、その援助のあり方についても解説したテキスト。ケースワークに重要な生活保護の実施過程やスティグマの問題なども扱っている。

引用文献　Reference ●

藤田雅子（2010）「スウェーデンにおけるソーシャルワーカーの職務と倫理」『東京未来大学研究紀要』3：9-18

濱口桂一郎（2013）『若者と労働──「入社」の仕組みから解きほぐす』中公新書ラクレ

Jewell, C. J.（2007）*Agents of Welfare State: How Caseworkers Respond to Need in the United States, Germany, and Sweden*, Palgrave Macmillan

木下武徳（2015）「公的扶助ケースワーカーの組織環境に関する日米瑞の国際比較研究」科研費研究成果報告書（https://kaken.nii.ac.jp/ja/report/KAKENHI-PROJECT-23730534/23730534seika/）

厚生労働省（2011a）『平成 23 年 厚生労働白書』：357-358

厚生労働省（2011b）「社会・援護局関係主管課長会議資料」2011 年 3 月 3 日

厚生労働省（2016）「平成 28 年 福祉事務所人員体制調査について」

厚生労働省（2018）『社会・援護局関係主管課長会議資料』保護課自立推進・指導監査室，2018 年 3 月 1 日

LADPSS=Los Angeles Department of Public Social Services（2005）"Class Specification: GAIN Services Worker" & "GAIN Services Supervisor"

Lipsky, M.（1980）*Street-Level Bureaucracy: Dilemmas of the Individual in Public Service*, Russell Sage Foundation（=1986, 田尾雅夫訳『行政サービスのディレンマ──ストリートレベルの官僚制』木鐸社）

真渕勝（2010）『官僚』東京大学出版会

斉藤弥生（2014）「ソーシャルワークの資格と養成教育──スウェーデン」日本社会福祉学会事典編集委員会編『社会福祉学事典』丸善：680-681

下村幸仁，2006「『監査』を監査する」尾藤廣喜・松崎喜良・吉永純編『これが生活保護だ──福祉最前線からの検証〔改訂新版〕』高菅出版：323-342

総務省（2017）「平成 29 年地方公共団体定員管理調査結果の概要」

※本稿は科研費研究（23730534）の研究成果の一部である。

CHAPTER 第6章

生活保護の増大で財政は破綻する？

生活保護の財政をめぐる議論

写真提供：ピクスタ

INTRODUCTION

　生活保護利用者が増えていくなかで，日本の財政や地方自治体の財政が圧迫され，財政破綻が起こると思っている人も多いのではないだろうか。実際，2011年にはNHKスペシャルでも『生活保護3兆円の衝撃』が特集され，大きな反響を得た。

　生活保護は，年金や医療の社会保険とは異なるため，保険料の負担はなく，もっぱら租税資金によって給付が行われている。そのため，税の負担が重いと感じている市民にとっては，その税の使われ方や負担度合いに関心をもつことは重要なことである。生活保護費がどれだけ国家財政を圧迫しているのか，また，自治体財政を圧迫しているのかは，お金のことであるので，具体的な数字でみていくことができる。

　一方，貧困にある人に対して生活保護等の支援をしないことの社会的コストも考えていく必要がある。本章では，財政データ等を参考にしながら，生活保護の財政の仕組みや支出状況について，より広い視野から具体的にその実態をみていくことにしたい。

1　社会保障費に占める生活保護費

　生活保護にはどれくらいお金が使われているのだろうか。まず，生活保護費の実績額をみると（図6.1），2006年度の2兆6333億円から，2015年の3兆6977億円へと，この10年間で約1兆円も増加している。2015年度の内訳をみると，医療扶助が1兆7785億円（48.1％），生活扶助が1兆1972億円（32.4％），住宅扶助が5992億円（16.2％），介護扶助が832億円（2.2％），その他の扶助が397億円（1.1％）であった。このように支出の約半分は医療に使われており，また，家賃の支払いなどの住宅扶助が16％を占め，生活保護利用者が食費や衣類，光熱費等に使う生活扶助は3割程度でしかない。

　年金や医療を含めた国の社会保障給付費は年々増加しており，2000年の78.4兆円から2017年（予算）で120.4兆円まで増加している（図6.2）。2017年の内訳をみると，年金が56.7兆円（47.1％），医療が38.9兆円（32.3％），生活保護を含む「福祉その他」が24.8兆円（20.6％）であった。生活保護費（3.8兆円）の割合は，社会保障支出全体の3.1％でしかない。したがって，生活保護費の増大が国の財政を圧迫するというのは誇大であり，生活保護費を多少削減しても財政再建には大きな影響はない。財政再建のためには，社会保障支出の8割を占める年金や医療制度の改革がより重要である。

2　生活保護の費用負担の仕組み

生活保護の国と地方の費用負担

　さて，生活保護は国の制度であるが，その運営は第5章で述べたように法定受託事務として地方自治体に任せられている。ただし，生活保護の費用負担については，基本的には，**国が4分の3を負担**し，地方自治体が4分の1を負担することになっている。より具体的には，市および福祉事務所を設置してい

CHART 図6.1 生活保護費負担金（事業費ベース）実績額の推移

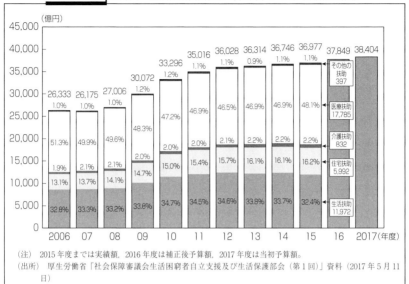

(注) 2015年度までは実績額，2016年度は補正後予算額，2017年度は当初予算額。
(出所) 厚生労働省「社会保障審議会生活困窮者自立支援及び生活保護部会（第1回）」資料（2017年5月11日）

CHART 図6.2 社会保障給付費の推移

(出所) 厚生労働省「社会保障・税一体改革：なぜ今，改革が必要なの？」(http://www.mhlw.go.jp/stf/seisakunitsuite/bunya/hokabunya/shakaihoshou/kaikaku_1.html)

2 生活保護の費用負担の仕組み ● 77

| **CHART** | 表6.1　生活保護における国・都道府県・市町村の費用負担 |

経　費	居住地	国	都道府県	市町村
保護費	市および福祉事務所を設置している町村の居住者	3/4		1/4
	福祉事務所の設置がない町村の居住者	3/4	1/4	

る町村の居住者に対する生活保護費については，国が4分の3，市町村が4分の1の負担となっている。福祉事務所の設置がない町村の居住者に対する生活保護費については，国が4分の3，都道府県が4分の1の負担をする（表6.1）。そうすると，次に生活保護は地方自治体の財政を圧迫するのではないか，という疑問が出てくるだろう。

地方交付税の仕組み

　生活保護費の費用の4分の1が地方自治体の負担になっているが，実際にはその多くは**地方交付税交付金**によって賄われている（武田 2013；星野 2013）。地方交付税は，本来は地方の税収入であるが，地方自治体の財源の不均衡を調整して，自治体行政の一定の水準を維持できるよう財源を保障するために，国が地方自治体に代わって国税として徴収し，それを一定の基準によって地方自治体に再配分する仕組みである（総務省「地方交付税制度の概要」）。なお，東京都のように収入が潤沢な一部の地方自治体には地方交付税は配分されないので，地方自治体負担分は全額をその自治体が負担しなければならない。このような地方交付税不交付団体は，2017年度で，都道府県では東京都1団体，市町村では75団体あった（総務省 2017）。

　ここで，原（2016）を参考に，生活保護利用者が最も多い市町村である大阪市の地方交付税についてみてみよう。地方交付税の金額をどう決めるかについて，まず人口や世帯数，道路の面積，児童・生徒数，道路の延長，港湾係留施設の延長，都市公園の面積，農家数，などからどれくらいの基本的な支出が必要なのかを割り出した金額，**基準財政需要額**を算定する。次に，地方税など自治体にどれくらいの収入があるのかをみた金額，**基準財政収入額**を算定する。この需要額より収入額が少なければ，地方交付税が配分される。

　大阪市の2014年度の生活保護の収支をみると，支出である「歳出額」は

Episode ● 北九州市の連続餓死事件からみた生活保護財政

　北九州市の門司区（2006年5月），小倉北区（2007年7月），八幡東区（2005年1月）で餓死事件が連続して発生した。どのケースも最後の命の頼みの綱（セーフティネット）である生活保護の窓口とはつながっていたが，生活保護の申請を拒否する「水際作戦」（⇨第3章）や最低生活ができないにもかかわらず辞退届を提出させ生活保護を打ち切っていた（北九州市 2007）。

　このような生活保護抑制の原因として，年間の生活保護予算が300億円を超えてはならないというルールがあったのではないかといわれている（藤藪 2007, 『朝日新聞』2007年7月22日朝刊等）。つまり，保護費の支出を増やさないために，生活保護の申請を抑制したり，保護を廃止したりしたという。1990年半ばから全国的には右肩上がりで生活保護費が増加してきたが，北九州市の生活保護費は1990年度からこれらの餓死事件が問題になった2007年度までの17年間は300億円以内であった（図）。

　しかし，餓死事件によって，生活保護の抑制策が社会的な問題になった2008年度以後は，300億円を超えるようになった。2011年度に462億円，2013年には485億円まで増加し，2016年度で465億円となっている。

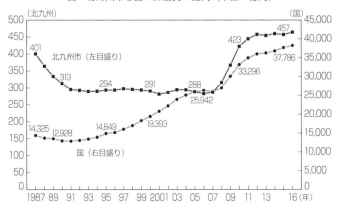

図　北九州市と国の保護費の動向（単位：億円）

（出所）　北九州市の生活保護費については，1987年から2005年度までは藤藪（2007: 128），2007年度から2011年度までは大都市統計協議会編「大都市比較統計年表」，2011年度から2016年度までは北九州市「北九州市の生活保護の状況」。国の生活保護費については，1987年から2014年度までは国立社会保障・人口問題研究所編「社会保障統計年報」，2015年から2016年度は厚生労働省「社会保障審議会生活困窮者自立支援及び生活保護部会（第1回）」資料，2017年5月11日より作成。

3062億円（扶助費2916億円＋人件費115億円＋その他事務費31億円）であった。主に国からの収入である「歳入額」は2221億円（国庫支出金2170億円＋その他諸収入等51億円）であった。歳出額から歳入額を引くと，地方負担額（一般財源支出額）は841億円であった。一方，生活保護の国からの地方交付税の配分である「基準財政需要算入額」は791億円（扶助費663億円＋人件費124億円＋その他事務費等4億円）であった。したがって，地方負担額から基準財政需要算入額を引くと，算入不足額は50億円であった。すなわち，生活保護に必要な費用総額の3062億円のうち3012億円は国の負担金と地方交付税で賄われ，実質的な大阪市の負担額は50億円（1.6%）であった。

地方交付税は財政力の強い団体には支払われないが，日本を代表する商業都市である大阪市であっても，国からの大きな配分によって生活保護費の98%が補てんされている。生活保護費は，生活保護利用者の権利保障のためのものであるが，それと同時に，大阪市内の商店や病院，住宅などに，食費や衣料費，医療費，家賃などとして国から3012億円もの資金が配分され，大阪市の経済活動を支えているともいえる。

ただし，地方交付税には「色がついていない」（用途が定められていない）ために，生活保護以外の資金と一緒に自由に使えるものとして国から提供され，個々人の生活費となり成果が見えにくい生活保護よりも，企業誘致や産業育成，道路や施設の建設など目に見えやすい経済政策に利用したいという意見が地方自治体，とりわけ首長や議員等の政治家からは強く出てくる。そのため，生活保護費の財政負担を強調して，それを抑制することが望ましいと考えられがちになる。

 生活保護の費用負担は国か地方か

三位一体改革と生活保護

生活保護の費用を国が負担するか，地方自治体が負担するかについては，長い論争の歴史がある。比較的最近の議論をとりあげれば，10年ほど前，国は

社会保障支出が増加することに対して，毎年 2200 億円の支出抑制を行っていた。このなかで年金，医療，介護等の支出抑制が行われ，生活保護も，2004年から老齢加算の廃止（167 億円），2007 年の母子加算の廃止（420 億円）などの支出抑制が行われた（秋葉 2007）。

　それに加えて，2003 年度から 2005 年度に国の関与を縮小し，地方の権限と責任を拡大するとして，当時の小泉政権は国庫補助負担金の廃止・縮小，交付税の見直し，国から地方への税源委譲の 3 つの改革を進める「三位一体改革」を行った。これは地方分権が大きな目的といわれていたが，実質的には 4 兆円を目標に国庫補助負担金の廃止や削減を行うことに終始した。そのなかで，厚生労働省は生活保護制度の国庫負担金を削減の対象として提起した。それに対して地方自治体から大きな反発があった。ここでは，この三位一体改革における生活保護の国庫負担金削減に関わる国と地方のそれぞれの主張をみることで，生活保護の財政責任のあり方について考えてみたい（京極 2006；木下 2008）。

▎国庫負担金削減の提案と国と地方自治体の主張 ▎

　先述の通り，2003 年度に厚生労働省は国庫補助負担金の削減の対象として生活保護を提案し，国の負担金を 4 分の 3 から 3 分の 2 に引き下げ，1970 億円を削減するとした。しかし，地方自治体からの反発が大きく成立しなかった。2004 年度には，厚生労働省は，生活扶助と医療扶助については，国の負担は 2分の 1 にし，都道府県が 4 分の 1，福祉事務所設置自治体が 4 分の 1 を負担するとして都道府県負担を導入すること，住宅扶助については一般財源化（地方交付税化）することを提案した。そこで国と地方自治体との協議会がもたれ，継続的な議論になった（厚生労働省 2005）（⇨第 1 章）。

　厚生労働省の主張は，第 1 に，生活保護の給付額は，全国一律ではなく，地域事情を的確に反映することが公平であること（実際には級地制度で差別化が行われている）。第 2 に，生活保護以外の他法他施策を活用して自立の助長をすることが生活保護の要であること。第 3 に，被保護者の実情把握や自立支援等は自治体の工夫次第であり，自立助長に活用できる社会資源やネットワークは地域ごとにさまざまであること。第 4 に，保護率の地域格差の原因は，地域の産業育成をはじめとする自治体の街づくり政策にある。そのため，地方自治体に

も責任があり，地方への権限移譲や役割・責任が重要であり，地方自治体の財政負担も拡大させるべきであるとした。

　一方，地方自治体の主張は，第1に生活保護は基本的に現金給付であり，その受給については国が定めた基準があり，地方自治体に裁量の余地がないこと，第2に，保護率の地域格差は失業や高齢化によるものであり，社会経済要因が大きいこと，第3に，生活保護は憲法第25条に基づく国の責任であること，第4に，ナショナル・ミニマムとして生活保護は，全国一律に実施すべきであることから，本来であれば国が100％の財政責任を負うべきとした。

　このように，生活や支援の状況は地域によって異なるので，地方に生活保護の財政責任も任せたいという国の主張と，ナショナル・ミニマム，生存権保障は国の責任であり，国が財政責任をもつべきとする地方自治体の主張とが対立した。以上のように，生活保護における国と地方の財政責任は，生活保護の実施責任と結びつけられて論じられてきた。

国による生活保護の支出抑制

　こうした地方自治体からの反発もあり，2004年度に国が予定していた生活保護の国庫補助負担金の削減は実施できず，代わりに義務教育の国庫負担金が削減された。2005年11月に再度，厚生労働省は生活保護の生活扶助，医療扶助，児童扶養手当の国庫負担率を2分の1に引き下げる等して9000億円以上の財政負担を地方自治体に転嫁する提案をした。たとえば，生活扶助では，国の財政負担を2090億円減らし，都道府県の財政負担を2090億円増やし，医療扶助では，国は3210億円減らし，都道府県は3210億円増やし，住宅扶助では，国は2450億円減らし，市で2330億円，都道府県で120億円増やすという内容であった。しかし，地方自治体側は，生活保護制度は国の責任で「健康で文化的な最低限度の生活」を保障する制度であるとして反対した。

　紆余曲折したが，2005年11月30日，最終的に政治決着となり，「地方は生活保護の適正化について真摯に取り組む」こと，つまり地方自治体も生活保護の支出抑制に取り組むことを条件に，生活保護の国庫負担率の見直しは見送ることになった。ただし，その代わりに児童扶養手当と同時に，児童手当の国庫負担率が引き下げられることになった。

こうして，国と地方のどちらで生活保護の財政的な責任や負担を担うべきか
を争う事態は一応終息した。しかし，2005年以降も厚生労働省は生活保護費
の適正化＝削減を毎年確実に推し進めている。2006年3月に厚生労働省は
「生活保護行政を適正に運営するための手引きについて」を発表し，生活保護
に関する手続き，資産調査等の厳格化，被保護者への監視の強化を地方自治体
に求めた。

　その後，2013年には，第**7**章でみるように，生活保護基準の見直しが行わ
れ，約850億円もの大幅な生活保護支出の削減が行われた。第1に，生活保護
基準部会（2013年1月）で第1十分位階層の低所得世帯と生活保護世帯とを比
較検討した結果，年齢・世帯人員・地域差による影響を踏まえて生活扶助を
90億円，第2に，2008年以降の物価の低下を踏まえて580億円，期末一時扶
助での世帯人数の多い世帯のスケール・メリット（規模が大きいことで得られる
メリット）を抑制するとして約70億円，働いている場合の経費として1万円程
度の控除をする特別控除の廃止で110億円，合計850億円が削減されることに
なった。なお，物価低下の影響により生活扶助で580億円が切り下げられたが，
その手続きや試算方法に疑義等があり，全国で裁判が提訴されている（白井
2014；『朝日新聞』2015年11月3日朝刊）。

　また，2015年には住宅扶助基準の見直しによって190億円，生活扶助費の
冬季加算の見直しにより30億円が削減されることになった。さらに，2018年
から2020年までに，生活扶助費について，基準見直しにより年間160億円が
削減される見通しである（『朝日新聞』2015年1月12日朝刊，2017年12月23日朝
刊）。

　国は増加する社会保障関係費を抑制するために，三位一体改革でみたような
社会保障関係費の抑制を進めている。2013年度から2017年度にかけても毎年
1200億円から1700億円の削減がなされてきた（図6.3）。逆にいえば，この削
減目標に合わせて，厚生労働省は医療，年金，介護，生活保護も含めて制度改
革を行い，歳出削減を行ってきているのである。この歳出削減は今後も続くと
みられており，毎年何の制度のどの事業を削減するかが問われることになるだ
ろう。そのなかで生活保護の支出抑制もさらに行われることになるかもしれな
い。

　　　　　　　　　　　　　　　　3　生活保護の費用負担は国か地方か　● 83

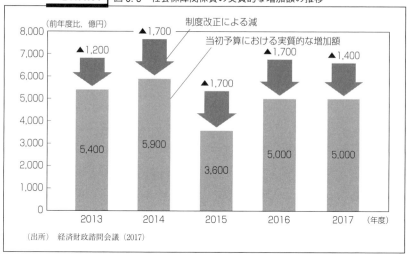

図6.3 社会保障関係費の実質的な増加額の推移

(出所) 経済財政諮問会議 (2017)

生活保護費の支出をどうみるか

2010年6月に、厚生労働省のナショナル・ミニマム研究会が積極的な就労支援によってどのような費用対効果があるかをシミュレーションしたデータが公表された（厚生労働省ナショナルミニマム研究会 2010）。たとえば、単身世帯で20歳から65歳まで、就労支援がないため就職ができず、生活保護を利用し続けた場合、所得税の納税もなく、社会保険料の納付もなくなる。このときの生活保護費は5000万円、社会保険料や所得税の喪失は、（賃金上昇率が0%でも）5000万円あまりにもなるという試算もある。こうしてみると、18歳の人に20歳までの2年間、生活保護（約260万円）と集中的な職業訓練（約200万円）を行うことで、20歳で就職でき、その後、生活保護は利用せず、納税も保険料の納付も行われると、社会の経済状況にもよるが、1人当たりおよそ1億円の経済効果があると試算されている。

若い人には生活保障と就労支援を合わせた援助をすることによって、その後の就労可能性を大きく高めることができ、納税者を増やすことにもつながる。近年、精神障害と診断される人が増えているが、生活保護を提供して早期に生活の安定と治療を行うことで、長期的、重篤な精神障害を予防し、就労を再開できる人もいるだろう。さらにいえば、当事者（個人）の生活の質の低下も防

げるだろう。

　もちろん，就労可能性やコストの回収のみで生活保護費の負担の問題を考えて，就職が困難な人などの生存権をないがしろにすることは許されない。そもそも生活保護費の抑制・削減をしても，貧困問題はなくなるわけではない。生活困窮者の生活問題は深刻化して回復困難となり，その生活問題に対して追加的な医療扶助や施設入所など，結局はよりコストの高いさまざまな支援が必要となり，支出増をもたらす可能性もある。

　また，生活保護利用者は保護費のほぼすべてを家賃や食費や光熱費の支払い等に使うので，生活保護利用者の居住する地域の不動産屋やスーパーや衣料品店などの企業にも保護費が回る。たとえば，先にみたように，大阪市では生活保護費に3062億円が支出されているが，その98%は国から配分され，大阪市の経済活動の一部を担っている。

　さらに，生活保護基準の引き下げは，生活保護利用者や生活保護並みの生活状況の人のみならず，生活保護基準以上ではあるがぎりぎりの生活を送っている低所得者にも大きな不利益をもたらすことに注意が必要である。なぜなら，生活保護基準は，一般低所得者向けのさまざまな行政サービスを受ける基準として利用されているからである。たとえば，住民税の課税最低限，最低賃金，就学援助，公営住宅家賃，保育料，国民健康保険料（税）の減免，介護保険料の減免，後期高齢者医療制度保険料の軽減等である。生活保護基準を下げるとこれらの低所得者向けの行政サービスも利用基準が厳しくなる。

　このように，生活保護費の支出について考えるときには，長期的，広範囲な視点に立って検討することも重要である。

4　外国の公的扶助から考える日本の費用負担

　最後に，諸外国との比較で生活保護の財政の問題を考えてみたい。日本は公的扶助である生活保護制度1つですべての国民のすべての分野の最低生活保障をしようとすることに特徴がある。高齢者，障害者，子どものいる世帯などすべての国民を対象とし，また，食費や衣類費，光熱費等の生活扶助だけでなく，

医療，介護，住宅，教育，生業（就労）の扶助も含んだトータルな内容を保障する仕組みである。

　この特徴を明らかにするために，海外の公的扶助制度を例に出しながら検討してみたい（厚生労働省 2017a）。第 1 に，日本の生活保護の利用者の約半数（52.9%：2017 年 10 月）は高齢者である（厚生労働省 2017b）が，海外の主要国では所得・資産要件を緩和したより利用しやすい高齢者向けの所得保障が別建てで設置されている。たとえば，イギリスでは「年金クレジット」，スウェーデンでは「保証年金」や「高齢者生計費補助」，ドイツでは「高齢期および稼得能力減少・喪失時の基礎保障」，フランスでは「高齢者連帯手当」，アメリカでは，高齢者・障害者向けの「補足的所得保障」等がある。

　第 2 に，アメリカでは，農業省が行っている食料支援「補足的栄養支援（SNAP）」，住宅都市開発省が行っている住宅手当「Section 8」や暖房費支援「LIHEAP」，保健福祉省が実施している医療扶助「メディケイド」など，いくつもの省をまたいで公的扶助の制度が分立した形で実施されている。

　第 3 に，日本で生活保護支出の約半分を占めているのが医療扶助であるが，たとえば，イギリスやスウェーデンなどでは，医療は公的扶助利用者を含めた一般国民を対象にした税方式により基本的に無料もしくはきわめて低廉な自己負担金で実施されている。したがって，イギリスやスウェーデンでは医療は公的扶助の対象ではない。

　このようにみると，次のようなことが想像できるかもしれない。1 つ目に，もし日本で医療が税方式で全国民をカバーしていれば，生活保護の医療扶助はなくてもよく，生活保護費の半分は除外される。2 つ目に，もし日本で住宅政策を担う国土交通省が低所得者向けの家賃補助を導入し，文部科学省が義務教育の完全無償化を実現できれば，生活保護支出は住宅扶助と教育扶助で約 3 割分減らせるだろう。3 つ目に，もしイギリスやドイツ，スウェーデン等のように，高齢者に対して年金が充実したり，それをカバーする所得保障があれば，生活保護利用者の半分は減ることになるかもしれない。

　もし以上のことができれば，生活保護制度としての支出は大きく減ることになる（⇨第 **9** 章）。生活保護の支出は，医療制度や年金制度，教育政策や住宅政策等が充実すれば減ることになり，逆にこれらが不十分であれば，生活保護の

支出は増えるのである。特に，高齢者を年金等できちんとカバーできれば，年金を受給していても低額のため生活保護を利用しているなどの，二重の所得保障制度の利用を減らし，行政の仕事を減らすこともできる。とりわけ，現在，人手不足がいわれているケースワーカーも，半数の利用者の保護の支給等の手続き業務がなくなれば，子どものいるひとり親世帯などのより困難な問題を抱えている世帯の生活支援や就労支援に時間と資源を振り向けられるだろう。そのとき，高齢者の所得は年金制度，生活支援は地域包括支援センター等と，より普遍的な制度の利用で対応することで，生活保護の利用者がスティグマ（⇨第**4**章）等を感じなくてもよい仕組みになるだろう。

さらに学びたい人のために｜ Bookguide ●

① 高端正幸・伊集守直編（2018）『福祉財政』ミネルヴァ書房

日本の福祉財政の特徴や歴史から，生活保護制度をはじめ，年金，医療，介護などの各制度の財政状況，さらにはアメリカやドイツ，スウェーデンなどの諸外国の福祉財政を明らかにしている。

② 星野菜穂子（2013）『地方交付税の財源保障』ミネルヴァ書房

生活保護のみならず，就学援助や介護保険等の分野も含めた地方自治体の財源を賄う地方交付税の実態について明らかにしている。

③ 山田篤裕・布川日佐史・『貧困研究』編集委員会編（2014）『最低生活保障と社会扶助基準――先進8ケ国における決定方式と参照目標』明石書店

イギリスやドイツ，スウェーデン等先進諸国の公的扶助の実態について明らかにしており，各国の最低生活保障の考え方や仕組み等が理解できると同時に，日本の生活保護の特徴も理解することができる。

引用文献｜ Reference ●

秋葉大輔（2007）「社会保障予算――歳出削減と制度構築の在り方」『立法と調査』264: 46-52

朝日新聞（2007年7月22日朝刊）「北九州，相次ぐ孤独死　生活保護，絞った末」

朝日新聞（2015年1月12日朝刊）「生活保護世帯の住宅扶助は削減　冬季加算も」

朝日新聞（2015年11月3日朝刊）「最低限度の暮らし求めて　生活保護減額，各地で違

憲訴訟」

朝日新聞（2017 年 12 月 23 日朝刊）「97.7 兆円，使い道は 2018 年度政府予算案」

大都市統計協議会編「大都市比較統計年表」横浜市統計ポータルサイト（http://www. city.yokohama.lg.jp/ex/stat/daitoshi/）

藤藪貴治（2007）「ヤミの北九州方式のからくりを暴く」藤藪貴治・尾藤廣喜『生活保護「ヤミの北九州方式」を糾す──国のモデルとしての棄民政策』あけび書房

原昌平（2016）「貧困と生活保護（43）生活保護費は自治体財政を圧迫しているか？」『読売新聞』2016 年 11 月 4 日

星野菜穂子（2013）『地方交付税の財源保障』ミネルヴァ書房

経済財政諮問会議（2017）「平成 30 年度予算の全体像に向けて（参考資料）」平成 29 年 7 月 14 日 資料 3-2（http://www5.cao.go.jp/keizai-shimon/kaigi/minutes/2017/0714/ shiryo_03-2.pdf）

木下武徳（2008）「社会保障と地域福祉」井岡勉監修／牧里毎治・山本隆編『住民主体の地域福祉論──理論と実践』法律文化社：94-106

北九州市（2007）「北九州市生活保護行政検証委員会　最終報告書」（http://www.city. kitakyushu.lg.jp/files/000021300.pdf）

北九州市「北九州市の生活保護の状況」（http://www.city.kitakyushu.lg.jp/ho-huku/ file_0464.html）

厚生労働省（2005）「第 6 回生活保護費及び児童扶養手当に関する関係者協議会資料」（平成 17 年 11 月 4 日）（http://www.mhlw.go.jp/shingi/2005/11/s1104-3.html）

厚生労働省（2017a）「2016 年 海外情勢報告」（https://www.mhlw.go.jp/wp/hakusyo/kai gai/17）

厚生労働省（2017b）「被保護者調査（平成 29 年 10 月分概数)」（https://www.mhlw. go.jp/toukei/saikin/hw/hihogosya/m2017/10.html）

厚生労働省ナショナルミニマム研究会「貧困・格差に起因する経済的損失の推計」作業チーム（2010）「中間報告 貧困層に対する積極的就労支援対策の効果の推計」（https:// www.mhlw.go.jp/shingi/2010/06/dl/s0623-12s.pdf）

京極高宣（2006）『生活保護改革の視点──三位一体と生活保護制度の見直し』全国社会福祉協議会

NHK 取材班（2013）『NHK スペシャル 生活保護 3 兆円の衝撃』宝島社

白井康彦（2014）『生活保護削減のための物価偽装を糾す！──ここまでするのか！厚労省』あけび書房

総務省「地方交付税制度の概要」（http://www.soumu.go.jp/main-content/00056724.pdf）

総務省（2017）「平成 29 年度普通交付税の決定について」（http://www.soumu.go.jp/ main-content/000497224.pdf）

武田公子（2013）「生活保護と地方財政」『季刊公的扶助研究』228：34-42

山田篤裕・布川日佐史・『貧困研究』編集委員会編（2014）『最低生活保障と社会扶助基準──先進 8 ケ国における決定方式と参照目標』明石書店

CHAPTER

第 7 章

生活保護はどのように展開してきたか？

恩恵から権利へ

INTRODUCTION

　現代社会に生きる私たちにとって，生活保護を含む社会保障制度は，空気のように当たり前に存在するといえるくらい社会に定着してきたかにみえる。もちろん，社会保障制度の存在は「当たり前」ではなく，これを支える理念である生存権も所与のものではない。社会保障の権利は，これを獲得，定着させてきた歴史があり，現在の取り組みもまた重要である。本章では，救貧政策の歴史について，明治期以降の展開に焦点を当てて述べる。私たち1人ひとりにとって，生存権，それを担保する生活保護のような仕組みがあることの意義を，あらためて考えたい。

1 明治期から昭和前期の救貧政策

救貧立法の成立と展開

幕藩体制を打倒し発足した明治新政府は，近代的な国家体制の整備を進めた。統治権力が変容する過程では，幕府や諸藩による「御救」（慈恵救済制度）が後退し，百姓の相互扶助に再生産維持機能が転嫁されつつ，備荒貯穀制度（不作に備えて穀物を貯えておくこと）を各府県の管轄下とし，その延長線上に**備荒儲蓄法**（1880年）が設けられた（笛木 1974；松沢 2009）。廃藩置県（1871年）により中央集権体制が成立すると，体制変革への反発と不安の高まりのなかで新政府は救貧対策を模索し，1874年に**恤 救 規則**を制定した。

恤救規則は，前文により「人民相互の情誼」による救助を期待できない「無告の窮民」のみが救済対象であるとし，全5条の本文に規定された極貧の単身生活者で，老衰や病気・障害をもつために働けない者や13歳以下の者などに対して救済を行うとした。このため，救済人員はきわめて限られた。日清・日露戦争や，その後の恐慌を背景に，恤救規則の適用拡大が図られ，これに代わる新しい救貧制度を制定する動きもあったが，1931年まで存続し続けた。

傷痍軍人や戦死者の家族に対しては，1918年より**軍事救護法**を施行し，その運用のため内務省地方局に救護課が1917年設置された（1919年に社会課と改称，翌年に地方局から独立して社会局を設置）。恤救規則は，保護を受給する権利を認め，公的救済の義務を定めたものではないため，慈恵的救貧法であるとされる一方で，近代国家確立に貢献したとも評価される。資本主義が発展するなかで，農村が困窮者を吸収させる力をいくらかもち，政府による救済は例外的で済んだためである（横山・田多編 1991）。この農村から都市での労働，雇用労働者の増加，近代的生活の形成が進んで，特殊な貧困原因ではなく一般的な貧困に対応する**救護法**が1929年に制定される。

昭和前期の救貧政策

　救護法の実施は，財政的困難により 1932 年と大幅に遅れた。救護法の対象者は，65 歳以上の老衰者，13 歳以下の幼者，妊産婦，身体的・精神的障害により労働できない者である。救護法には**欠格条項**（⇨第 **2** 章）が規定されており，救護にあたって必要な検診や調査を拒否した場合，性行が著しくよくないとか著しく怠惰な場合は，救護法による保護は行わないとした。また，単身生活者であることは要件とされなかったが，扶養義務者による扶養は優先することとされた。

　救護費は市町村の負担として都道府県と国庫の補助を規定し，救護機関は市町村長とし，補助機関として名誉職委員の**方面委員**を置いた。対象者として挙げた貧困のために生活することができない者は，この法により救護するとし，「**公的扶助義務主義**」に立つことを明らかにした（小川 1964：69）。救護法は，市町村長が救護義務を負うことを規定し，その結果として，要救護者は救護を受けることができるのであり，保護請求権が認められたわけではない。

　1911 年，**ウェッブ夫妻**が来日，講演し，イギリスにおける**ナショナル・ミニマム**の思想，人間が人間らしい生活をなしうるための「国民生活の最低限」を保障することは国家の責任であるという思想が紹介され，著書の翻訳も刊行されたが，個人の生活保障の権利という考え方の成立には至らなかった（伊藤 1994：161）。救護法運用の仕組みなどを分析した冨江（2007：280）は，「国家」と「社会」が一体化し，個人が「国家」に対してもつ法的権利としての救済は制度的に成り立たないものにされた，と指摘する。

　戦時体制が強化されるのにともない，救護法以外の困窮者救済のための法が制定されていった。軍事救護法を改正し，1937 年に**軍事扶助法**が公布された。軍事扶助法は，戦争遂行にあたり必要な人的資源のための法律であり，給付額は救護法よりも高く，費用は全額国庫負担とした。同年に**母子保護法**が公布され，1941 年公布の**医療保護法**では，救護法，母子保護法，時局匡救医療救護事業や社会事業団体による医療保護をすべて吸収し，運用の合理化を試みた。敗戦時の 1945 年には救護法による救済者の比率は，全救済者の 1 割以下であった（横山・田多編 1991：36-37）。

戦後・被占領期から 1970 年代の救貧政策

旧生活保護法と憲法上の権利としての生存権

　第 2 次世界大戦に敗戦した日本は，1945 年 9 月，降伏文書に調印し，1952 年 4 月にサンフランシスコ講和条約が発効するまでの約 6 年半，連合国軍最高司令官総司令部（GHQ/SCAP）の占領下に置かれた。占領政策は，「非軍事化」と「民主化」を基本原則とし，間接統治により諸政策が実施されていった。これらを敗戦後の経済的混乱のなかで遂行するには，失業対策を行いつつ社会保障政策を用いて，生活困窮者対策を講じる必要があった。GHQ の指令の下，1945 年 12 月に**生活困窮者緊急生活援護要綱**を閣議決定した。同要綱により戦前の諸制度を改廃しないまま，緊急的に，軍用物資の配分や現物給付により失業者を含む困窮者への救済を行った。

　GHQ は，大量の失業者や困窮者は社会不安と暴動をもたらし，占領政策に支障をきたすと考え，日本政府に救済対策の促進を要求した。1946 年 2 月に連合国最高司令官の指令である **SCAPIN-775「社会救済〔公的扶助〕Public Assistance」** が発出され，単一の政府機関を設置し国家が救済の責任を明らかにすること，無差別平等に救済すること，救済財政を最優先すべきことを示した（菅沼 2005）。これを受けて 1946 年 10 月，旧生活保護法が制定された。旧法は，国家責任を明示し，無差別平等の保護を掲げており，戦前の救貧政策とは区別される。ただし，同時期に起草され 1946 年 11 月 3 日に公布された日本国憲法と生活保護法の不整合を日本政府が自覚すること，人権としての**生存権**という主張は支持を広げられなかった（菅沼 2005）。

　日本国憲法第 25 条第 1 項は「すべて国民は，健康で文化的な最低限度の生活を営む権利を有する」，2 項に「国は，すべての生活部面について，社会福祉，社会保障及び公衆衛生の向上及び増進に努めなければならない」と定めた。第 25 条第 1 項は，GHQ が考案した条項ではなく，日本側の創意であり，経済学者で政治家の森戸辰男の提唱により議会審議の過程で盛り込まれた（遠藤

2002）。旧法を改正して1950年に公布・施行された現行の新生活保護法は，この生存権規定を最終的に担保する。

　現行の生活保護法の特徴は，なによりもまず上記のように憲法第25条との関係を明記し，それを実質化するため保護の請求権を認め，不服申し立ての制度を確立したことにある。保護の対象は生活困窮者として欠格条項は削除し，無差別平等の理念を徹底した。あわせて実施体制を整備し，1951年制定の**社会福祉事業法**によって福祉事務所を設置し，一定数の職員を配置した。これにより生活保護法を一部改正して，運用の中心は，無給の非常勤職である**民生委員**から有給専門の職員である**社会福祉主事**に移った。

新生活保護法の展開

　新生活保護法が生存権保障を掲げたことの意義は大きいが，それがどのように実現されてきたのか。以下では図7.1「被保護実人員・保護率の年次推移」を適宜参照しながら，①保護の内容，保護基準などからその中身，②行政の活動，に注目してみていこう。最低生活費の理論に基づいて保護基準を設定することは，旧法改正の契機の1つであって，新法運用の重要課題であった（岩永2011）。保護基準算定方式は，旧法時代にマーケット・バスケット方式を採用し，新法施行後もこの基準額を引き上げ，新しく創設した住宅扶助と教育扶助の基準額を設定した（⇨第1章第②節）。

　基準算定の実務を担う厚生省社会局保護課は，1950年代を通じて保護基準額を引き上げる意図を示していた。しかし，実際には基準額の据え置きが続き，物価が上昇するなかで，実質的には保護の内実は劣悪化した（副田2014）。背景には，生活保護費の決算額が年々増加し，問題視されたことがある。その要因には，結核患者の療養などによる医療扶助人員および医療扶助費の増加があった。保護課は，医療扶助費削減の対策を講じ，その一環として設けた入退院基準は，これに抗議して座り込みした患者の死亡事件を起こし，大きな社会問題となった。

　厚生省は，上記のように生活保護法の運営上で生じた問題に対処し，保護の適正な実施を福祉事務所にたびたび求めてきた。これは**「適正化」対策**と称され，生活保護費の引き締めを意図した行政指導の展開であると批判されてきた

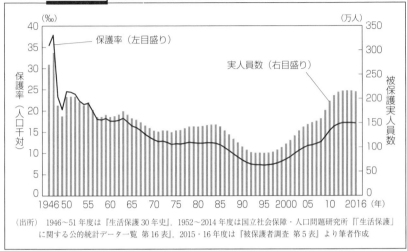

図7.1 被保護実人員・保護率の年次推移

(出所) 1946〜51年度は『生活保護30年史』, 1952〜2014年度は国立社会保障・人口問題研究所「『生活保護』に関する公的統計データ一覧 第16表」, 2015・16年度は『被保護者調査 第5表』より筆者作成

(大友 2000)。1950年代には，最低生活費の認定と収入の認定をより徹底する実施要領を整備し，監査室を設置して，福祉事務所の事務の執行や経理状況を監査した。特に，在日朝鮮人に対する濫救の報道をきっかけとした適正化対策は徹底された。

朝日訴訟はこのような状況下の1957年に提起された。国立岡山療養所で療養中の結核患者であった朝日茂は，実兄による1500円の仕送りを収入認定したのち保障される入院患者日用品費600円では必要を満たすことができない，「健康で文化的な最低限度の生活」を営むには基準額が低すぎると主張した。1960年の第一審判決（東京地裁）は，この主張を認め，憲法違反であるとし，厚生大臣は敗訴した。のちの最高裁判決（1967年）は基準設定に広範な行政裁量を認めたが，朝日訴訟は，その過程で世に広く知られ，人々が「健康で文化的な生活」とは何か考える機会をつくり，生存権への意識を高めたとされる（⇨第13章）。

保護基準の引き上げと保護率の低下

1955年から1973年は高度経済成長期とよばれ，経済発展により国民生活の水準は上昇した。1960年前後の国会では，国民全体の生活水準の向上から被

保護世帯が取り残されているのではないか，保護基準を引き上げるべき，という機運が高まった。1961 年の保護基準改定にあたっては，改定前基準と比べ 18% 増とし，**マーケット・バスケット方式**から**エンゲル方式**に変更した。1960 年代に保護基準の水準は改善されていくが，生活保護階層と隣接する低所得世帯の消費水準の上昇が大きかった。その格差縮小を図って保護基準の算定方式を変更し，1965 年より**格差縮小方式**を導入したとされる。

　保護基準の引き上げとは保護の対象拡大を意味するが，実際には，保護利用者は減少し，保護率は低下していった（図7.1）。生活保護世帯の様相も変化し，1960 年代半ばから生活保護世帯に占める非稼働世帯，高齢・障害・傷病の世帯が増加していく。その要因として，一般的には，経済成長によって雇用機会が増え賃金が上昇し，稼働能力を有する保護世帯は経済的自立を遂げたこと，年金や医療などの他の社会保障制度が充実したことが挙げられる。戦後直後と比べ，生活保護の社会保障制度全体における相対的地位は低下し，社会的な重要性も低くなってきたとされる（横山・田多編 1991：245）。

　保護率の低下に対して批判もあった。小沼（1980：190-201）は，イギリスの保護率と比較しながら，日本の貧困意識の貧しさゆえであって，経費支出がかさばらないという行政の安堵感も手伝って，**漏救**（⇨第 **3** 章）が生じているのではないかと指摘した。生活保護が，依然として慈恵的救済と考えられ，恥辱感ゆえに，多くの人々が生活保護を利用する資格をもつが申請していないのでは，と考えられた（副田 2014：187）。のちに行われた研究者の推計によれば，生活保護を利用しうる世帯のうち，4 世帯に 1 世帯が利用するにとどまり，**捕捉率**は低く，漏救率は高かったのである（副田 2014：245）。

　厚生省は，漏救問題の存在を認めず，その解消のための政策努力を行うこともなく，その姿勢は，福祉事務所の仕事の仕方に反映した（副田 2014：247）。福祉事務所で現業に携わっていた大友（2000）は，1964～1966 年を第 2 次「適正化」の時期とする。産炭地で社会問題化した失業や低賃金労働があって，厚生省は，稼働年齢層の保護の適格性を再確認し，不正受給者に対しては制裁措置を講ずるよう指示した。また，「問題ケース」を重点的に把握するためケースの類型化を行い，自立更生＝保護廃止につながるケースへの訪問を重視し，社会福祉主事の志向を歪めたという。国民の側からいえば，新法で設けられた審査

左から，1959 年 9 月福祉事務所 1 日所長の様子，1962 年頃の相談風景，および家庭訪問の様子
(広島市公文書館提供)

請求制度の利用数はきわめて少なく，制度は形骸化していた (副田 2014：250)。

 1980-1990 年代の救貧政策

| 123 号通知，国庫負担割合の削減 |

　1973 年のオイルショックののち経済成長率が低下し，社会経済状況が変化するとともに財政状況が悪化した。新しい局面に対応する行政刷新のため，政府は 1981 年に第 2 次臨時行政調査会を発足させ，「増税なき財政再建」を基本原則とした。財政当局からは，すでに 1980 年度予算編成のなかで，保護基準はかなりのレベルに達しておりその在り方を見直すべきではないかという意見が出された。これを受け，中央社会福祉審議会生活保護専門分科会で審議を行い，1983 年 12 月に「現在の生活扶助基準は，一般国民の消費実態との均衡上ほぼ妥当な水準に達している」という意見具申を得て，以後，基準算定方式を**水準均衡方式**とあらためた (岩永 2011)。

　1980 年代の生活保護行政は，前節終わりに述べた状況に，暴力団関係者の生活保護受給事件 (⇨第 **2** 章) に関するマスコミ報道があって，生活保護利用の手続き的権利，保護請求権を形骸化するような流れが続いた。厚生省は，1981 年「生活保護の適正実施の推進について」という通知を発出した。通称 **123 号通知**とよばれ，生活保護申請時に資産・収入等の詳細な申告書提出を求め，かつ事実に相違ない旨記し署名押印すること，福祉事務所で必要な資産調査のため，申請者から同意書を提出してもらうことを記していた。これは事

件に対応した手立てであったが，保護の申請を委縮させる効果をもったという
のが一般的な解釈である。ただし，123 号通知の受け取り方は地方自治体によ
って差があり，1985 年度後半まで未実施の政令市もあった（大友 2000：259）。

　1980 年代の国会では，久々に生活保護が話題にのぼったが，それは生活保
護費の地方負担割合の引き上げ，言い換えれば国庫負担割合削減についてであ
った。1985 年，国の補助金等を整理する趣旨で補助金一括法案が閣議決定さ
れ，生活保護費についても，暫定的に国庫負担割合を 10% 引き下げることが
決定された。これに自治省と地方公共団体はもちろん反対したが，厚生省は対
抗する主張をしなかった。ただし，生活保護臨時財政調整補助金（200 億円）
を設けて，引き下げの影響が大きく財政力の弱い地方公共団体であって，生活
保護の適正実施に努めているところに措置するとした（岩永 2011）。

　生活保護の**国庫負担割合**は，1986 年度からの 3 年間は暫定的に 10 分の 7 と
し，1989 年度からは恒久的に 4 分の 3（10 分の 7.5）とした。この間の国庫負担
の問題は，生活保護のあり方と絡められることがなく，財政問題に収斂してい
た。厚生省は，水準均衡方式によって保護基準を引き上げていったが，このこ
ととと保護の動向，保護率の変動は直接関係ないと答えていた。景気動向や他の
社会保障制度の動向が影響しているのだということであった（岩永 2011）。こ
こで，漏救問題を顧みるという姿勢はみられない。むしろ，123 号通知以降の
適正化によって，厚生省による監査が強化され，福祉事務所の行き過ぎた保護
の抑制，自主規制が一般化していると考えられた（横山・田多編 1991：349）。

▌低保護率，ホームレス問題，訴訟 ▌

　1990 年代になると，バブル崩壊をむかえ政治状況も混乱し，橋本政権は構
造改革を実行した。社会福祉制度も改革され，介護保険が構想されるなど社会
保障制度の改変が目指されるなかで，生活保護は取り残されたような状態であ
った。生活保護制度改革が本格的に着手されたのは，2003 年 7 月に設置され
た**「生活保護制度の在り方に関する専門委員会」**によってである。保護基準の算
定方式に関する公式見解では，1984 年以降，一貫して水準均衡方式を採用し
て，2000 年までわずかながら引き上げられてきた。2001～02 年は据え置きで，
2003 年度に，生活保護制度史上はじめて基準は下げられた。

かくして 1990 年代の半ばに，保護率は過去最低を記録した（図 7.1）。この頃には，高齢，母子，傷病・障害世帯が保護受給世帯の 9 割を占め，単身世帯が増加し，受給期間が長期化した。就労可能な者を含むとされるその他の世帯は 1 割に満たなかった。高齢，母子，傷病・障害世帯は，「ハンディキャップ層」あるいは「要援護世帯」とよばれ，生活保護から脱却できる可能性は少ないとされ，運用上での配慮を設けていた。言い換えれば，生活保護が対応する範囲は，事実上，限定されてしまったのである（岩永 2011）。

　生活保護が対応していない生活困窮者の存在が明らかにされたのは，「**ホームレス**」という貧困状態の社会問題化の過程を通じてであった（岩永 2011）。当時の福祉事務所では，普通の居住者と住所のない者では異なる取り扱いをしていた。後者には，生活保護を適用せず，生活保護以外の応急援護（たとえば，緊急宿泊，宿泊券，食糧提供など）で対応した。その背景の 1 つには，福祉事務所の担当者が，ホームレス状態の者の「資質」，人格や価値観を問い，保護する価値があるか否か判断を行うことがあったという（岩田 2000）。もちろん生活保護法の建前としては，住所のない，ホームレス状態の者を排除していない。

　このような行政の活動は，排除された当事者が声をあげ，それを支援する人たちがいて，マスコミが取り上げ，徐々に問題視されてきた。あわせて 1990 年代には，生活保護関連の争訟が広がった（⇨第 **13** 章）。行政訴訟であって，原告が勝訴した例の多いことが特徴である。ホームレス問題に関連してみれば，1993 年に日雇労働者であった林さんが，失業と病気により野宿を強いられ生活保護申請をしたが，生活扶助と住宅扶助の支給を認められず，これを違法と訴えた（林訴訟）。福祉事務所は林さんの稼働能力を理由に保護しなかったが，地裁判決では，働く能力があっても仕事を得られず生活に困窮していれば生活保護が認められるとした。

　その後，ホームレス問題については，大都市の自治体からの要求もあって，国が実態調査を行い，議員立法により 2002 年，**ホームレスの自立の支援等に関する特別措置法**が制定された。同法の施行に際して，厚生労働省は通知によって，住居がないことを理由に，保護の適用を拒否してはならないことを強調した。林訴訟は，高裁と最高裁においては原告敗訴であったが，現在の運用指針には「住所がないことを理由に申請を拒むことはできない」と明記されている。

このように生活保護法の理念に適う運用のあり方を目指す動きがみられた。

 歴史から2000年代と今後を考える

2000年代の動向

　2000年代の動向は，他章で適宜触れるが，簡単に流れをまとめておこう。2001年1月に省庁が再編され，厚生労働省が設置された。生活保護については，2003年8月に初会合を開いた「生活保護制度の在り方に関する専門委員会」によって根本的な検討がはじめられた。同委員会は2003年12月に中間報告を出し，それを受けて厚生労働省は，2004年度から老齢加算の段階的廃止を始めた（2006年度廃止）。2004年12月の最終報告書ではいくつもの提案をし，2005年度からは**自立支援プログラム**を導入した（⇨第**2**章）。

　自立支援プログラムは，経済的な給付に加え，組織的に生活保護世帯の自立を支援する制度に転換することを目的とした取り組みとされた。その後も，厚生労働省は，地方自治体における自立支援の推進を図った。2007年12月に厚生労働省がまとめた「『福祉から雇用へ』推進5か年計画」では，生活保護世帯について，2007年度までに就労支援プログラムを全自治体で策定し，当該プログラムの一環である生活保護受給者等就労支援事業の支援対象者の就職率を2009年度までに60％に引き上げること等により，その就労促進を目指した。

　2007年からの世界金融危機を発端とした不況で，製造業の派遣・請負労働者が多数失業に陥った。このなかで行き場を失った人たちを支援しようと，2008年末から2009年初めにかけて東京の日比谷公園に設置された「**派遣村**」は話題をよんだ。「派遣村」の前後から，日本の貧困問題を提起する運動が広がりをみせ，マスコミに取り上げられ，政治にもつながっていく動きが目立つようになる。2009年には，経済危機対策の一環として，新たな住宅や生活支援の仕組みが設けられた。

　2009年の民主党への政権交代後は，政府がはじめて**相対的貧困率**を発表し，2007年の調査で15.7％，子どもの貧困率は14.2％であった。「派遣村」で広が

った支援を公的な仕組みにつくり上げていく試みとして，2011年からパーソナル・サポート・サービスというモデル事業が実施された。2012年には，このような生活困窮者対策と生活保護制度の見直しについて一体的に検討するため，社会保障審議会の下に「生活困窮者の生活支援の在り方に関する特別部会」を設置した。

　2013年1月に出された同部会の報告書を受け，生活保護法の一部改正法案と「生活困窮者自立支援法案」が策定された（⇨第 **14** 章）。両法案は 2013年5月の第 183回国会に提出，衆議院では可決されたが，参議院で審議未了のうえ廃案，2013年10月に再提出され，同年12月に成立した。一方，保護基準については，2011年4月より設置された社会保障審議会生活保護基準部会において審議されてきた。2013年1月に出された同部会の報告書を受け，2013年8月より段階的に基準引き下げが行われた。この措置に対し裁判が起こされた。第 **13** 章にのべるように，1990年代後半からは生活保護審査請求件数が増加傾向にある（吉永 2011）。なお，2018年10月から，再度3カ年かけての保護基準見直しが予定されている（⇨第 **1** 章）。

恩恵ではない，権利としての生活保障のために

　2000年代の動向から明らかなように，生活保護もまた改革にさらされている。そのなかで，本章に述べてきた救貧政策の展開をみて今後も問うべきは，新生活保護法で規定された生存権をいかに実現すべきか，であろう。

　憲法学者の遠藤（2002）は，生活保護による「給付が行われる場合，その水準はシティズンシップを保障するに足るだけの給付であることが求められ，かつその給付のしかたにおいて，シティズンシップの侵害をともなわないことが要請される」と述べた。「シティズンシップ」とは，イギリスの研究者である T. H. マーシャルに依拠すれば「共同体の完全な成員に与えられた地位」の意味である。

　1925年成立の改正衆議院議員選挙法は，普通選挙法とよばれ25歳以上の男性に選挙権，30歳以上の男性に被選挙権を認めたが，貧困により扶助を受けている者は除外した。この除外規定は戦後の選挙法改正でなくなり，女性の参政権を認め，選挙権・被選挙権は5歳引き下げられた。しかし，明白なシティ

ズンシップ剝奪はなくなったが，貧困であることで不利を受け，救済には恥辱感（スティグマ）がともない恩恵的でなければならないという考えは，はたしてなくなったのだろうか。

　生活保護法の運用は，勝手に政府が行うことではなく，私たち1人ひとりの権利の実現に深く関わり，他人事ではない。日本の救貧政策および生活保護の歴史から，恩恵ではなく，権利として人々の生活を保障する仕組みとして，生活保護が存在しているか，それを問うていく市民の姿勢もまた大切であると考えられよう。

さらに学びたい人のために | **Bookguide ●**

① 籠山京（1978）『公的扶助論』光生館
　　今日に至るまで生活保護が抱えてきた根本的な問題を，現実の運用に即しつつ原理的に解明している。生活保護を理解するのに不可欠な書。

② 副田義也（2014）『生活保護制度の社会史〔増補版〕』東京大学出版会
　　生活保護制度を社会学の方法で研究し，1945～83年までの壮大なドラマを描いた1995年の初版に，1984～2005年度までの展開を加筆した増補版。

③ 岩永理恵（2011）『生活保護は最低生活をどう構想したか——保護基準と実施要領の歴史分析』ミネルヴァ書房
　　生活保護によっていかなる最低生活の保障が実現可能か，本書の歴史分析により，さらに考えを深めていただければと思う。

引用文献 | **Reference ●**

遠藤美奈（2002）「『健康で文化的な最低限度の生活』再考——困窮者のシティズンシップをめぐって」飯島昇藏・川岸令和編『憲法と政治思想の対話——デモクラシーの広がりと深まりのために』新評論

笛木俊一（1974）「明治初期救貧立法の構造——備荒儲蓄法研究・その2」『早稲田法学会誌』24：349-379

伊藤周平（1994）『社会保障史　恩恵から権利へ——イギリスと日本の比較研究』青木書店

岩永理恵（2011）『生活保護は最低生活をどう構想したか——保護基準と実施要領の歴史分析』ミネルヴァ書房

岩田正美（2000）『ホームレス／現代社会／福祉国家——「生きていく場所」をめぐって』

明石書店

小沼正（1980）『貧困——その測定と生活保護〔第2版〕』東京大学出版会

松沢裕作（2009）『明治地方自治体制の起源——近世社会の危機と制度変容』東京大学出版会

日本社会事業大学救貧制度研究会編（1960）『日本の救貧制度』勁草書房

小川政亮（1964）『権利としての社会保障』勁草書房

大友信勝（2000）『公的扶助の展開——公的扶助研究運動と生活保護行政の歩み』旬報社

『生活保護手帳　別冊問答集 2015』中央法規出版

副田義也（2014）『生活保護制度の社会史〔増補版〕』東京大学出版会

菅沼隆（2005）『被占領期社会福祉分析』ミネルヴァ書房

富江直子（2007）『救貧のなかの日本近代——生存の義務』ミネルヴァ書房

横山和彦・田多英範編（1991）『日本社会保障の歴史』学文社

吉永純（2011）『生活保護の争点——審査請求，行政運用，制度改革をめぐって』高菅出版

CHAPTER 8

生活保護で対応しきれない貧困？

貧困対策の目的と手段

INTRODUCTION

　貧困は，生きていくのに必要な金銭的・物質的資源（収入や生活費）が欠乏した状態であるととらえられることが多い。その貧困からの救済手段といえば生活保護があり，前章まではこの制度を中心に述べてきた。しかし，貧困をもっと広くとらえることもできる。本章では，貧困をより広くとらえる議論にも目を向け，生活保護が抱える問題，生活保護では対応しきれない貧困をどのように解決することを目指すか考える。貧困を広くとらえると，金銭的・物質的資源の充足という側面で貧困の解決に取り組む意義が弱まるのではなく，むしろ明確になるだろう。

1 貧困をどのようにとらえるか

貧困とはどのような問題か

　日本の公的扶助の制度である生活保護は，世帯の収入や資産などを活用しても，「健康で文化的な最低限度の生活」を可能にする最低生活費を賄えない状態を貧困ととらえ，その状態にある世帯を保護の対象としている。第1章でみたように，具体的にどのような費用を最低生活費に含めるか，それをどのように決めるかをめぐっては，現行採用されている以外にもさまざまなアプローチがありうる。だが，いずれも**金銭的・物質的資源**の欠乏を解決しようとする貧困対策の基礎となっている。金銭的・物質的資源が欠乏している状態を貧困と呼ぶことに対する批判はほとんどないだろう。

　他方で，貧困が金銭的・物質的資源を充足するだけで解決される問題なのか，貧困をそうした資源の観点のみでとらえるのは不十分ではないか，といった議論も展開されてきた。貧困対策の発展には，貧困のとらえ方の発展が必要である。R. リスター（Lister 2004）は，貧困を解決しようとする社会がそれをどのような状態として理解しているかだけでなく，貧困状態にある当事者が，それをどのような苦しみとして経験しているかという観点も反映した貧困の**概念**の重要性を指摘する。そして貧困を，金銭的・物質的資源が欠乏している状態であるとともに，1人の人間として**尊重**されず，自尊心まで傷つけられる状態であることを理解することが重要だと論じる。

　リスターによれば，第1章で取り上げた**絶対的貧困**と**相対的貧困**のように，貧困とそうでない状態を分かつ線引きについてのとらえ方は，貧困の**定義**に分類される。そうした定義の違いは，誰を救済の対象とするか，どの水準に到達するまで救済するか，あるいは何の欠乏を充足するかの判断の違いにつながるため，貧困対策の具体的な目標設定に影響する。貧困対策の目標設定においてどの定義を採用するかは，貧困をどのような意味をもつ概念としてとらえるかによる。

貧困の概念が重要なのは，貧困の定義とその測定を枠づけるとともに，ときとして過度に技術的になりがちな定義と**測定**に関する議論から抜け落ちるものを思い起こさせる役割を果たすからである。のちほどみるように，貧困の実態把握や貧困対策の評価を行う際に貧困を測定することも重要であるが，入手可能なデータから量的にとらえようとすれば，貧困の特定の側面や性質を切り取らざるをえない。しかし，技術的な制約が貧困の理解の限界となることは避けなければならない。

貧困対策の目標は生存に最低限必要な衣食住を充足することだと主張する人もいるかもしれないが，上で述べた貧困概念に基づけばそれだけでは不十分だろう。他人から敬意を払われ，堂々と人間関係を築きながら，自尊心をもって生きていくには，単に飢えや寒さをしのいで生命を維持するだけではなく，その社会で当たり前とされる生活や人生を送ることが可能になっていなければならないはずである。これが不可能になっている状態を含めて貧困をとらえる相対的貧困の定義が，上述の概念にとってはよりふさわしいと考えられる。

▌なぜ貧困を解決する必要があるか▐

貧困はさらに広い意味でとらえられることもある。人間が生きていくうえで必要なものは，金銭的・物質的資源のみではない。そこで，多面的な資源や機会が欠乏している状態を貧困ととらえる概念あるいは定義である。その代表例の1つは，A. セン（Sen 1979, 1999）が最初に提起した**ケイパビリティ・アプローチ**に基づく議論である。

センは主に次の2点について，金銭的・物質的資源のみに着目することの限界を指摘する。第1に，人間の生活や人生の究極の目的は，金銭的・物質的資源を所有することそれ自体ではなく，自分が善いと考える行動や状態（ケイパビリティ・アプローチの言葉で「機能」と呼ばれる）を実現することである。金銭的・物質的資源は，その目的を達成するための，重要ではあるが，数ある手段のうちの1つにすぎない。第2に，同等の資源や機会を，目的となる行動や状態へと結びつけられるかどうかは，その人の特性や置かれた物理的・制度的・社会的な環境により左右される。すなわち，同じ目的を達成することを目指す場合でも，個人の境遇により必要となる金銭的・物質的資源の量は異なり，ま

た金銭的・物質的資源を活用するには，他の資源や機会が必要となることもある。こうした観点からは，貧困とは，生活や人生の目的を基本的な水準で達成するのを可能とする多様な資源や機会（**ケイパビリティ**）が欠乏している状態だと定義される。

たしかに，政策的に対応すべきなのは金銭的・物質的資源に由来する不利ばかりではない。さまざまな不利を包括的に把握するには，ケイパビリティの概念は有効である。しかし，金銭的・物質的資源とは無関係なものも含めたケイパビリティの欠乏を貧困ととらえると，リスターが指摘するように，病気のためケイパビリティが欠乏しているお金持ちの状態も貧困と呼ぶことになり，まぎらわしくもある。こうしたまぎらわしさを回避するため，K.ヴァン・デン・ボッシュ（Van den Bosch 2001）は，金銭的・物質的資源の欠乏により生じるケイパビリティの欠乏を貧困と定義している。

センによれば，何が基本的に充足すべきケイパビリティかはあらかじめ定められるものではなく，それぞれの社会で市民参加型の熟議により決めることが望ましいとされる。とはいえ，1人の人間として尊重され，自尊心を保持できる状態は市民によっても重視されると考えられ，それを可能にするケイパビリティは基本的に充足されるべきものだといえるだろう。この点では，金銭的・物質的資源の欠乏により生じるケイパビリティの欠乏を貧困ととらえる概念は，リスターが提示した貧困概念に通じるものがある。

公的扶助のように金銭的・物質的資源を充足させるための貧困対策について考えるときに，貧困を広くとらえる意味はあるだろうかと疑問をもたれるかもしれない。むしろ広くとらえてしまうと，金銭的・物質的資源の欠乏の深刻さに対する認識が弱まり，財政的負荷が高いとされる**所得再分配**を回避する政治的言説を後押しするのではないかという懸念も聞こえてくる。こうした可能性を踏まえれば，金銭的・物質的資源を充足することの重要性から目をそらさないために，あえて貧困を狭くとらえておくことにも意義があるように思われる。しかし，金銭的・物質的資源を充足させるだけで十分か，どのような方法でもよいから金銭的・物質的資源を充足させれば貧困は本当に解決するかという点は，公的扶助について考える際にも問われるべきだろう。

屈辱的な施しでも，それが十分な量であれば金銭的・物質的資源の欠乏その

ものは解決するかもしれない。しかし，それでは他人や社会から尊重されず，自尊心を傷つけられるという苦しみは解決しないどころか，悪化する可能性もある。どのような方法で金銭的・物質的資源を充足させればよいか考えるには，そもそもそれを充足することで達成したい目的が何であるかについても考えをめぐらせたほうがよいはずである。所得再分配に否定的な主張に対してその必要性を訴える際にも，金銭的・物質的な資源がどのような目的のための手段なのか具体的に示せるほうが説得力をもつだろう。

　貧困が，単なる状態ではなく，解決を目指すべき状態を意味する言葉であることは繰り返し強調されてきたが，どのような状態が貧困なのか，普遍的に共有される1つのとらえ方に到達しているわけではない。学術研究において，貧困のとらえ方は時代や社会の状況によって異なるものだとされ，1つに収束させるべきものだとは考えられていない。他方，解決を目指すべき不利は貧困以外にもあるという理解に立てば，解決を目指すべき不利をすべて貧困の概念によってとらえる必要もない。ここまで貧困を解決しようという公共の目標や取り組みのなかでおよそ共有されている概念と定義について概観してきたが，引き続き考えることが求められる課題でもある。

 貧困の測定と政策指標

貧困の測定

　制度設計や政策立案のためには，それぞれの貧困の定義のもとで，誰が貧困状態にあるか，どのくらい多くの人々が貧困状態にあるかなどをデータに基づいて把握する必要がある。ここでは，金銭的・物質的資源の欠乏を低所得によりとらえる観点で，最も基本的な指標の1つである**貧困率**（貧困状態にある人々の割合）についておさえておく。厚生労働省は，2009年に初めて**相対的貧困率**（相対的貧困の状態にある人々の割合）を公表した。その測定には，世帯の**等価可処分所得**（次頁で説明）の中央値の50％を相対的貧困基準（**貧困線**）とし，等価可処分所得がその基準を下回る世帯を貧困とみなすという方法が採用されてい

る。これは OECD（経済協力開発機構）でも採用され，現在では最も広く用いられる方法だといえる。それではこの相対的貧困率は，どのような考え方により導かれているのだろうか。

　そもそも貧困を所得でとらえるか，消費でとらえるかといった議論もある。実際の生活水準は所得よりも消費により達成されると考えられるが，消費が資源制約の結果か，それとも選択の自由の結果か判別しにくいといった課題がある。資源制約により十分な消費が行えない状況を貧困の問題としてとらえるならば，所得で資源制約の状況を測定することには一定の妥当性がある。その場合，貧困を個人の所得ではなく世帯の所得で測定するが，それは世帯で各個人の所得を合算し，そのうえで各個人に分配して生活に用いると想定されるためである。本当に世帯内で所得の平等な分配が行われているかはブラックボックスであり，実際には性別や年齢（あるいは大人か子どもか）による不平等もあると考えられる（Lazear and Michael 1988；Burton et al. 2007）。しかし単純化のため，世帯所得は世帯内で等しく分配されるものと仮定される。

　世帯所得が同じでも，世帯人数により必要となる支出は異なり，実際に達成される生活水準は異なるはずである。相対的貧困率の推計では，この世帯人数の違いを調整した可処分所得（当初所得から直接税と社会保険料を引き，現金給付の社会保障給付を加えた手取り収入），つまり等価可処分所得が用いられる。OECD や厚生労働省が採用している調整方法は，世帯の可処分所得を世帯人数の平方根で割るというものである。単純に人数に比例してニーズが増えるというより，「規模の経済」が働くと想定され，世帯人数そのものではなく，世帯人数の平方根という**等価尺度**が用いられている。OECD でそのような等価尺度や，中央値の 50% が用いられるようになった経緯については，山田（2018）が詳しく説明している。

統計からみる貧困

　この相対的貧困率の測定方法が今までに提案されてきた唯一の方法というわけでも，また完璧な方法というわけでもないが，一定の方法で貧困率を継続的に測定して政府や国際機関が公表し，その時系列での変化や他国と比較した場合の位置などを把握することには意義がある。また，日本においては，生活保

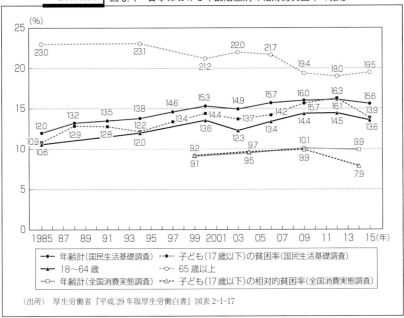

CHART 図 8.1　日本における年齢階級別の相対的貧困率の推移

（出所）　厚生労働省『平成 29 年版厚生労働白書』図表 2-1-17

護基準との関連においても相対的貧困基準には政策的な意義があるとされている。相対的貧困率が生活保護基準に基づく要保護者の割合を反映しているかどうか，山田（2014）が 3 時点（2001 年，2004 年，2007 年）の「国民生活基礎調査」（厚生労働省）をもとに検証した。その結果，相対的貧困率は，生活保護基準による要保護世帯率と類似の傾向を示すことを明らかにしている。生活保護基準は級地により異なるが，最も高い 1 級地 1 の生活保護基準に基づいた要保護世帯率と相対的貧困率は，世帯主年齢階級別および世帯類型別に測定したときおよそ同じになる傾向がみられる。保有資産は考慮せず，あくまで所得のみに基づいて要保護者を特定した場合の測定だが，相対的貧困基準と生活保護基準には一定の重なりがあることが確認されている。

「国民生活基礎調査」（厚生労働省）をもとに推計された相対的貧困率（図 8.1）をみると，1985 年に 12.0％ だったが徐々に増加し，2012 年には 16.1％ に達した。2015 年には 15.6％ に下がっているが，長期的にみると高いままである。高齢者（65 歳以上）の貧困率は特に高く，1985 年の 23.0％ から，2015 年には

2　貧困の測定と政策指標　● 109

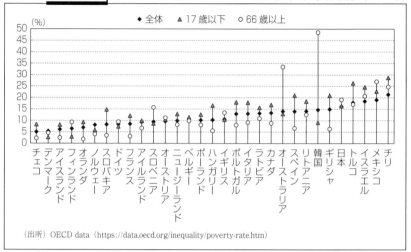

図8.2 OECD加盟国における年齢階級別の相対的貧困率（2012年）

（出所）OECD data (https://data.oecd.org/inequality/poverty-rate.htm)

19.5％と下がっているが，他の年齢層に比べて高いまま推移している。子ども（17歳以下）の貧困率は，全体の貧困率と似たような推移をみせているが，2012年から2015年にかけて全体に比べて大きな低下が達成されている。とはいえ，1985年に10.9％だったのに対し，2015年には13.9％であり，さらなる削減に向けて課題は残されている。

　日本では，高齢者の貧困率が全体に比べて高く，子どもの貧困率は全体とほぼ同じか少し低いが，これがどこの国にもあてはまる一般的な傾向かというと，そうではない。日本と他のOECD加盟国で比較可能なデータを得るには2012年までさかのぼるが（図8.2），多くのOECD加盟国では全体の貧困率に比べて子どもの貧困率が高く，高齢者の貧困率は比較的低い。特に高齢者の貧困率にこのような違いが出るのは，国により公的年金の貧困削減効果が異なるためだといえる。

　豊かな社会では相対的貧困への着目が重視されるとはいえ，社会は常により豊かになっていくわけではない。不景気で社会全体が豊かさから遠のくなかで，金銭的・物質的欠乏に苦しむ人々が増えているにもかかわらず相対的貧困率が上昇しない，あるいは下降する場合さえある。こうした状況では，ある基準年の相対的貧困基準（物価のみ調整）から推計される貧困（基準年固定型貧困〔山田

2018〕）を測定し，その貧困率の推移を把握するという方法がある。ただし，日本は1990年代半ばをピークに平均世帯所得が下降するなかでも，相対的貧困率が上昇している。1990年代半ばの平均的な暮らしを基準とすれば，それから約20年後の近年，相対的貧困率に表れる以上に貧困の広がりは大きいと推察できる。

　所得で貧困を測定しようという場合でも，貧困率のほかに，貧困の深刻度（貧困状態にある人の所得がどれだけ貧困基準を下回っているか）を表す**貧困ギャップ**や，その他のさまざまな指標が検討されてきた（より詳しくは橘木・浦川 2006，山田 2018 などを参照）。また，貧困が一時的か，長く持続するか，繰り返されるかといった**貧困動態**の測定にも意義がある。貧困が一時的な経験であれば，貯蓄を切り崩して何とか従前の生活水準を維持できる場合もあるかもしれない。しかし，貧困が長期にわたったり，繰り返されたりすれば，貯蓄も難しく，生活への影響は特に大きくなる可能性も考えられる。貧困動態の測定には，同一の世帯の所得を一定期間にわたり追跡して調査する縦断調査が必要である。

貧困の政策指標

　制度設計や政策立案においては，貧困そのものの測定だけでなく，貧困対策に関連する指標を用いることがある。2014年8月に定められた「子供の貧困対策に関する大綱」（以下，「大綱」とする）は，「関係施策の実施状況や対策の効果等を検証・評価するため」の指標も設定しており，既存の行政データや統計データを用いた指標をいくつか提示している。そのうちの1つは，子どものいる世帯について推計した相対的貧困率であるが，そのほかに，生活保護利用世帯の子ども，ひとり親家庭の子ども，児童養護施設の子どもの進学率や就職率などが挙げられている。しかし，設定された指標は限定的であり，新たな指標を検討・提案することも研究課題として「大綱」に掲げられている。

　貧困に関する指標を設定する目的は，社会指標が一般的にそうであるように，政治家，政策担当者，市民が貧困について認識を高めること，貧困対策の実施状況やその成果をモニタリングすること，直面している問題の大きさを把握することにある。指標を活用する際には，**インプット指標**（予算や人員などの政策資源の投入量を測る指標）と**アウトカム指標**（政策が受益者や社会にもたらした成果

2　貧困の測定と政策指標　● 111

を測る指標）の両方に目配りする必要がある。究極の目的はアウトカムの向上であり，インプットはその手段にすぎないが，重要なアウトカムが必ずしも測定可能とは限らず，仮に測定可能だとしても適切な指標がまだ開発されていなかったり，データが収集されていなかったりするかもしれない。そうした場合には，インプット指標により貧困対策の実施状況を直接モニタリングすることが適していることも多いだろう。

　しかし，アウトカムが向上していなければ，インプットがどれだけ増加・改善したとしても十分ではない。そのため，可能な場合には，やはりアウトカムに着目することが重要である。また，アウトカムについての数値目標を全国的に共通に設定できたとしても，それを達成するためのインプットは共通に設定できず，地域特性や貧困世帯の状況に応じて多様であるならば，その場合もアウトカムによるモニタリングが適していると考えられる。ただし，アウトカムをモニタリングする場合でも，評価の対象となるのは資源配分を行う政府や施策の実施主体であり，貧困に苦しむ人々ではない。

　「大綱」の指標に対しては，達成目標が設定されていないという批判もある。たしかに達成目標を設定しなければ，必要な予算配分を行ったり，説明責任を果たしたりするプレッシャーを政府に与えられないのではないかという懸念はある。しかし，指標に表れる数値をどの程度変化させるのが政策目標として妥当かを判断するのはそれほど簡単ではない。貧困の解決は目指すべきだが，それが世帯所得によって測定された貧困率をゼロにすることかどうかは別問題である。所得増加の機会を用意することとともに，その機会をいかに活用するかについて，各世帯の自由を尊重することも重要だからである。

　政府が数値目標の達成だけに力を注ぎ，それを達成する手段に無頓着になる場合，必ずしも貧困の解決にはつながらない。たとえば，わずかな所得再分配により貧困から救済しやすい人々だけを救済して貧困率を削減したとしても，貧困解決に向けて十分な策が講じられたことにはならない。また，屈辱的な資力調査による所得再分配を行うことの問題はすでに述べたとおりである。事後的な所得再分配の代わりに就業促進による所得増加を目指すことも，貧困率の削減には貢献するかもしれないが，貧困に苦しむ人々の生活改善にはつながらない可能性がある。ひとり親として子どもを養育しなければならない場合，所

得だけでなく時間の確保も難しくなっているが，貧困からの脱出手段として就業促進ばかりが強調されると，育児のための時間の確保はますます難しくなるという矛盾が生じる。

　貧困対策において，データ分析に基づく研究を通じて「何が有効か」を見極め，いわゆるエビデンス（証拠）に基づいた政策立案が重視される傾向にある。実際に効果の見込まれる貧困対策を行うことは，政府が説明責任を果たせるだけの根拠をもって公的な財源を用いることにつながるだけでなく，貧困からの救済を実際に成功させるために重要である。さらに，貧困世帯の人々を尊重するためにも必要となる。というのも，貧困世帯の利益になると考えて行われる支援であっても，貧困世帯にとっては余計な介入になるかもしれない。特に，貧困世帯以外が各々の価値観に沿って自由な意思決定を行っている日常生活において，貧困世帯だけに自由を制約するような介入を行うことは屈辱的な対応となる可能性がある。そのため，効果のない無駄な介入はとても支持されるものではない。生活や人生の向上にとって効果のある介入であれば，当事者の合意を得られる可能性もある。

　ただし，望ましい貧困対策について考えるうえで，「何が有効か」のエビデンスが唯一の，あるいは最も優先されるべき判断材料になるというわけではない。まず，「何が有効か」を問う前に，それがどのような目的のためかを問う必要があるが，これは技術的なエビデンスというより，前節で述べたように貧困をどのような概念でとらえるかに基づいて検討される課題である。また，貧困からの救済として金銭的・物質的資源を直接充足する以外にも，次節で述べるように貧困に陥るのを予防したり，貧困の帰結として生じる問題に対処したりする方法もある。これらのうちどのような貧困対策を選択するかは，その効果の有無や大きさだけでなく，どのような社会を築いていくのかといった展望に関わる課題である。

貧困をどのように解決することを目指すか

　貧困の解決を目指すために，何をすればよいだろうか。これまでみてきた貧

困概念に基づけば，金銭的・物質的資源を充足させること，そうした資源の不足により欠乏しているケイパビリティを充足させること，他人や社会からの尊重や自尊心の回復を助けることが必要だといえる。さらに，将来貧困に陥ることのないよう予防することも，貧困を削減するための1つの策となる。

貧困の要因へのアプローチ

　貧困に陥ることをあらかじめ回避するには，どのような政策的対応が必要だろうか。貧困の予防方法について検討するには，**貧困の要因**について把握する必要がある。とはいえ，貧困の要因は多岐にわたり，複雑に絡み合っている。所得の貧困に焦点を合わせ，あえて簡単に整理するならば，まず労働市場や再分配制度，社会構造に関するマクロレベルの要因と，世帯や個人の状況に関するミクロレベルの要因に分けられる。さらに，短期的に貧困の引き金となる要因と，長期的にさまざまなメカニズムを媒介して貧困を生じさせる要因に分けられる。

　表8.1に整理するように，短期的な変化によって貧困を生み出しうるマクロレベルの要因として，賃金格差，失業率や不安定就業などの労働市場の状況により生じる所得格差と，その所得格差を縮小するための税による再分配と社会保障による再分配の不十分さが挙げられる（Atkinson 1997；Hills 2004）。また，ミクロレベルの要因として，失業や働き手の減少などによる世帯・個人の所得減少と，育児・教育ニーズや医療・介護ニーズの発生などによる世帯・個人の**ニーズ**の増加が挙げられる。

　貧困には長期的な要因もある。貧困状態にある親のもとで育てられると大人になってからも貧困に陥るリスクが高まるという**貧困の世代間連鎖**が生じることは知られている。このことは，大人になって経験する貧困の要因の一部は，子どもの時期に経験した貧困にあることを意味する。子どもの時期の貧困が，教育達成，スキル形成，意識形成，健康状態などにマイナス影響を及ぼし，その結果，大人になってからも貧困に陥るリスクを高めることになる。将来の貧困の要因となる子どもの時期の貧困についても，マクロレベルとミクロレベルに分けて考えられる。ミクロレベルの要因は，生育世帯の貧困が育児や教育に不利を生み出し，それが子どもの発達や学習に影響を与えることである。しか

CHART 表8.1 貧困の要因

	マクロレベル	ミクロレベル
短期	労働市場の状況 税による再分配の不十分さ 社会保障による再分配の不十分さ	世帯・個人の所得減少 世帯・個人のニーズの増加
長期	子どもの時期に経験した貧困 （貧困を生み出す社会構造の影響）	子どもの時期に経験した貧困 （貧困世帯で生育することの影響）

し，貧困の世代間連鎖は世帯や個人の行動や意識のみを要因として生じるわけではない。短期的にも貧困の要因ともなる労働市場の状況が，長期的には階層構造を形成し，社会関係における不平等を生み出すことがある。その結果，誰かが貧困に陥る構造が維持され，しかもそのリスクが特定の階層に集中することもある。このような社会では，貧困の世代間連鎖が起きやすいと考えられる。ただし，貧困の世代間連鎖という概念は，貧困世帯で育つと将来必ず貧困に陥ることではなく，将来貧困に陥るリスクが高くなることを指摘するものである。つまり，貧困に陥ることなく生きるための機会が不平等であることを示唆する。

　貧困の要因がミクロレベルだけでなくマクロレベルにもあることを理解すると，貧困対策の対象には，貧困状態にある世帯や個人だけでなく，貧困を生み出す社会や制度も含まれることがわかる。世帯の働き手がある日突然仕事を失うリスクの低い労働市場，仮にそのような状況に直面したとしても遅滞なく受けられる所得保障，最低限の生活に必要なものが無償で利用できる公共サービスなどが制度として用意されている社会であれば，貧困に陥るリスクは低くなると考えられる。また，貧困が長期的なメカニズムによりもたらされる側面に着目すると，子どもが経験している貧困に対処することは，子どもの現在のケイパビリティの充足にとって重要なのはもちろんのこと，将来の貧困を予防するという観点からも重要である。

　貧困がマクロレベルの要因により，長期的なメカニズムを通じて生じるという観点では，1つ注意を要する，しかし影響力のある言説もある。寛大な公的扶助の制度こそが貧困を生み出し長期化させているという，「福祉依存」の存在を訴える言説である（Mead 1992；Murray 1994）。公的扶助があるからこそ人々がそれに依存して働かず，親子何世代にもわたり貧困から抜け出せなくな

3　貧困をどのように解決することを目指すか　● 115

る家族もいると主張されている。特にアメリカやイギリスでこの言説の影響力が強い。しかし，この言説にはデータに基づく根拠がほとんどない。貧困の世代間連鎖が生じるということは，結果として公的扶助の利用にも世代間連鎖が生じることを示唆する。実際，日本でも生活保護の利用に世代間連鎖がみられることは確認されている（駒村・丸山 2018）。しかし，このことは生活保護が存在するために人々が貧困になることを意味するわけではない。根拠のない言説の影響で貧困対策への批判が強まり，貧困に陥った人々の状況がますます悪化する状況を招かないよう，貧困の要因については慎重に検討する姿勢が求められる。

┃ 貧困の帰結へのアプローチ ┃

貧困を解決すれば，貧困により生じているさまざまな問題も解決することが期待されるが，必ずしも短期間でそのような好循環が生まれるとは限らない。金銭的・物質的資源が充足した状態を長期にわたり維持できれば，そこからケイパビリティが充足され，自尊心が回復するという好循環が生まれるかもしれない。しかし，貧困状態からの脱出の局面において，金銭的・物質的資源を即座に善い生活や人生へとつなげられるとも，また自尊心の回復につなげられるとも限らない。そこで，**貧困の帰結**として生じている問題に対処するという方法も求められることになる。貧困により十分な教育を受けられなかったり，健康を悪化させたりすることがあるため，貧困世帯の人々の教育や健康の向上に直接役立つ支援を行うことが，その例である。特に，発達の重要なタイミングを逃すわけにはいかない子どもに対しては，このような支援に意義がある。こう考えると，貧困の帰結へのアプローチは現在の生活への即効的な対処になるだけでなく，将来の貧困を予防する可能性ももつことがわかる。また，貧困の帰結へのアプローチという観点でも社会や制度の改善は必要であり，たとえば金銭的・物質的資源の不足により困難な生活に陥った人々が軽蔑や排除の対象とならず，その他の人々と同等に尊重される社会を築くことが求められる。

貧困の帰結へのアプローチを行うにあたり，留意点もある。第1に，これを行うことが金銭的・物質的資源の充足とトレードオフ（一方を達成するために他方を犠牲にすること）を引き起こしていないか注意する必要がある。現実問題と

して予算制約があるなかで，長期的なアウトカムの向上を優先し，現時点での貧困削減を積極的に行わないという政治的選択がとられる場合もあるかもしれない。しかし，たとえば教育や医療などに関する貧困対策が，必要とされる金銭的・物質的資源の万能な代替手段になるわけではない。仮に長期的なアウトカムの向上のために現在の貧困削減について妥協しなければならないとすれば，将来を優先するという判断の根拠について慎重に検討することが求められる。第2に，教育達成や健康状態の向上は，それ自体に意義があると考えられる一方で，いかなる教育達成や健康状態にある人々も同等に尊重される社会を築く必要もある。貧困な生育環境が教育達成や健康状態にマイナスの影響を与えるメカニズムを除去する一方で，教育達成や健康状態によって貧困が生まれない社会を築くことである。第3に，短期的な収入増加に貧困の帰結を改善する効果がみられないとしても，十分な収入のある生活を持続することに効果がないことにはならない。むしろ，後者の効果は積極的に証明される必要があるが，所得の不平等が小さな社会で健康の不平等が小さいことや（Wilkinson and Pickett 2009），経済的地位の世代間連鎖が弱いこと（Corak 2013）などはその効果を示唆している。

さらに学びたい人のために　　　　　　　　　　　　　　　**Bookguide** ●

① Lister, R. (2004) *Poverty*, Polity Press（＝2011，松本伊智朗監訳・立木勝訳『貧困とはなにか──概念・言説・ポリティクス』明石書店）

　学術研究と実践の両方から貧困問題に取り組む著者が，貧困の経験をどのように理解し，どのような視座で貧困対策を推進すべきかについて，順序だった思考による示唆に富む議論を展開している。

② 橘木俊詔・浦川邦夫（2006）『日本の貧困研究』東京大学出版会

　日本の貧困の実態と社会保障制度の貧困削減効果について精緻なデータ分析の成果がまとめられている。本章で取り上げきれなかった貧困測定に関する詳細な説明についてもこちらを参照してほしい。

③ 金子充（2017）『入門 貧困論──ささえあう／たすけあう社会をつくるために』明石書店

貧困を理解するための知識が体系的に整理されており，現在の日本における貧困問題の深刻さや貧困対策の脆弱さに関する著者の視点や分析も展開されている。

引用文献 | Reference ●

Atkinson, A. B.（1997）"Bringing Income Distribution in From the Cold," *The Economic Journal*, 107（441）: 297–321

Burton, P., S. Phipps and F. Woolley（2007）"Inequality within the Household Reconsidered," S. P. Jenkins and J. Micklewright eds., *Inequality and Poverty Re-examined*, Oxford University Press

Corak, M.（2013）"Income Inequality, Equality of Opportunity, and Intergenerational Mobility," *Journal of Economic Perspectives*, 27（3）: 79–102

Hills, J.（2004）*Inequality and the State*, Oxford University Press

駒村康平・丸山桂（2018）「貧困の世代間連鎖」駒村康平編『貧困』ミネルヴァ書房

Lazear, E. P. and R. T. Michael（1988）*Allocation of Income within the Household*, University of Chicago Press

Lister, R.（2004）*Poverty*, Polity Press（＝2011, 松本伊智朗監訳・立木勝訳『貧困とはなにか──概念・言説・ポリティクス』明石書店）

Mead, L. M.（1992）*The New Politics of Poverty: The Nonworking Poor in America*, Basic Books.

Murray, C.（1994）*Losing Ground: American Social Policy, 1950–1980*, 2nd ed., Basic Books

Sen, A.（1979）*Equality of What?* Tanner Lecture on Human Values, Stanford University

Sen, A.（1999）*Development as Freedom*, Oxford University Press（＝2000, 石塚雅彦訳『自由と経済開発』日本経済新聞社）

橘木俊詔・浦川邦夫（2006）『日本の貧困研究』東京大学出版会

Van den Bosch, K.（2001）*Identifying the Poor: Using Subjective and Consensual Measures*, Ashgate

Wilkinson, R. and K. Pickett（2009）*The Spirit Level: Why Greater Equality Makes Societies Stronger*, Bloomsbury Press.（＝2010, 酒井泰介訳『平等社会──経済成長に代わる，次の目標』東洋経済新報社）

山田篤裕（2014）「相対貧困基準と生活保護基準で捉えた低所得層の重なり──国民生活基礎調査に基づく3時点比較」『三田学会雑誌』106（4）: 101–119

山田篤裕（2018）「貧困基準──概念上の『絶対』と測定上の『絶対・相対』」駒村康平編『貧困』ミネルヴァ書房

CHAPTER

第 9 章

現金給付か，現物給付か？

最低生活保障に必要な給付の方法

INTRODUCTION

　貧困に陥った人々がその社会で最低限必要だとみなされる生活を送れるようにするための公的扶助には，いくつかの方法がある。不足している収入を現金で支給する現金給付もあれば，必要なモノやサービスを直接支給する現物給付もある。特定のモノやサービスにしか使用できない金券（バウチャー）を配布するという方法もありうる。

　政府は貧困世帯に対してどのような支援を，どのように行えばよいだろうか。この問いを考えるにあたり，前章で述べたように，その社会で最低限必要だとみなされる生活とはどのようなもので，貧困とはそのうち何が欠けた状態か，誰が，何を要因として貧困に陥っているかを理解する必要がある。そのうえで，貧困対策のいくつかの手段のうち，何を採用すべきかについて議論を進めることになる。とはいえ，これに対して必ずしも唯一の答えがあるわけではない。ここでは答えを導くための議論について理解することを目指そう。

1 最低生活保障のための現金給付と現物給付

　公的扶助の方法には，大きく分けると**現金給付**と**現物給付**の２種類がある。現金給付とは，その名の通り，必要と認定した金額の現金を支給する方法である。現金を手渡しする場合はもちろん，銀行などの金融機関に振り込む場合も，利用者はその金額を現金として使うことができるため，現金給付である。それに対して現物給付とは，教育，医療，介護，住宅など，必要なモノやサービスを直接支給する方法である。無償で支給する場合のほか，市場価格より低額で支給する場合も現物給付とみなされる（Glennerster 2009）。また，特定のモノやサービスにしか使用できない**金券（バウチャー）**を配布するといった方法もある。目的となるモノやサービスを市場で調達できることが前提となるが，現金給付とは違い，特定の目的に使用することが決められている一方で，現物給付に比べれば，その目的の範囲内で利用者の選択の自由が認められる。

生活保護における現金給付と現物給付

　生活保護は，現金給付と現物給付を組み合わせて支給されている（生活保護法第６条では現金給付は金銭給付と表現されている）。生活保護には，**生活扶助，教育扶助，住宅扶助，医療扶助，介護扶助，出産扶助，生業扶助，葬祭扶助**の８つの扶助がある。このうち，医療扶助と介護扶助を除く６つの扶助が，原則として現金給付である。医療扶助と介護扶助は，原則として現物給付である。これらの扶助は，現金給付であれ，現物給付であれ，必要なモノやサービスのうち家計で賄うことになっているものを，収入が最低生活費より少ないため賄えない場合に，入手できるよう援助するものである。

　生活保護利用世帯は，単に金銭的に困窮しているだけの場合もあるが，それだけでなく，生活費をやりくりするスキルや余裕に欠けている場合も少なくない。こうした場合には，生活費を現金で支給されても，それをやりくりして「健康で文化的な最低限度の生活」を送ることが難しくなる。そのため，生活保護利用世帯は定期的にケースワーカーによる**相談援助（ケースワーク）**を受け

120 ● CHAPTER **9** 現金給付か，現物給付か？

る。また，生活保護は最低生活保障のほかに，自立の助長を目的としている（生活保護法第1条）。この観点でも，自立に向けた計画を立て，実行に移すための指導といった支援が必要とされる。生活保護制度は，金銭的な困窮に対応した現金給付や現物給付を行うほか，生活の困窮から回復させるための支援をともなっている。

　現金給付と現物給付の区別は，単純に分ければ先に述べたとおりであるが，少し立ち止まって考えてみると，教育扶助，住宅扶助，出産扶助，生業扶助，葬祭扶助は，現金で支給されるとはいえ，現物給付に近い特徴ももっている。それぞれの面で充足しなければならないニーズがあり，それに対応するための支出が発生していることが条件となって支給されるからである。各扶助の合計としてまとめて受け取った現金を，どの目的のためにいくら費やすべきか考えて計画的に支出することが求められる。この意味では，現金給付のメリットと考えられるような自由な消費を必ずしも謳歌できるわけではない。逆に，現金だからといって給付目的とは無関係に使ってしまうと，目的のニーズが充足されない。この意味では，現金給付のデメリットを備えているという留意も必要である。

　現金給付として最も明確なのは，日常生活費として使われる生活扶助だろう。生活扶助の使い道は具体的に指定されていない。日常生活に必要な食事や衣類は，個々人の好み，アレルギーなど健康上の理由やニーズに応じて多種多様であり，政府が現物で用意するのは非効率であるばかりか，非現実的である。生活扶助を個々人の好みやニーズに応じて使えるということは，ギャンブルに使用することも，健康を損なわない範囲で酒やタバコの消費に当てることも妨げられないことを意味する。これらの消費が「不正な収入によるものではなく，また保護要件としての就労等の問題が生じないのであれば，生活保護の受給は恩恵ではなく権利であることから指導・指示の対象ではない」（池谷 2017：312）とされている。しかし，生活保護利用世帯のこのような消費に対しては風当たりも強いのが現状である（⇨Episode）。

生活保護以外の現金給付と現物給付

　生活保護以外にも，低所得世帯を対象とした現金給付の制度はいくつかある。

Episode ● 生活保護の現金給付は支持されない？

　大分県別府市と中津市では過去長年にわたり，生活保護利用者は，パチンコ店や競輪場などの遊技場には立ち入らないことを記した誓約書の提出が求められていた。さらに職員が巡回調査を行い，それらの遊技場で繰り返し発見された利用者は医療扶助を除く保護費の支給を停止または減額されていた。両市はこの措置について，「被保護者は，常に，能力に応じて勤労に励み，自ら，健康の保持及び増進に努め，収入，支出その他生計の状況を適切に把握するとともに支出の節約を図り，その他生活の維持及び向上に努めなければならない」とする生活保護法第 60 条に基づくものだと主張した。

　国（厚生労働省）および県は，生活保護法が直接ギャンブルを禁止しているわけではないため，両市の行っていた支給停止・減額は不適切であると指摘した。これを受け，両市は 2017 年度からそうした措置を取りやめることになった。しかし，市民の多くは税金から支出される保護費がギャンブルに費やされることに疑問をもち，市の従来の措置を支持していたようである。別府市長も新聞記者のインタビューに対し，「果たしてギャンブルは，最低限度の文化的生活を送るために必要でしょうか。市民感情，国民感情に照らし合わせても，ギャンブル費用を税負担しているということは理解を得られないと思います」（『産経新聞』2016 年 1 月 23 日）と語った。

　国の政治でも，生活保護の現物給付を拡大しようという提案は出ている。2012 年に政権を奪還した自由民主党は，「食費や被服費などの生活扶助（食料回数券等），住宅扶助，教育扶助等の現物給付を推進」するという政策を掲げ（自由民主党 2012b），公約にも「自治体における現金給付と現物給付の選択的実施」（自由民主党 2012a）について明記した。

　大阪市は，生活扶助の一部をプリペイドカードで支給するモデル事業を実施した（大阪市 2015）。電子マネーの利用明細をもとに，自ら家計管理を行えること，必要な場合には金銭管理支援を受けられることが期待されるという。しかし，利用を希望した世帯数が極端に少なかったため事業はいったん終了した。この事業を促進したい立場からは，希望者のみを対象にしたことに反論があるかもしれない。しかし，生活扶助を対象者全員に選択の余地なく電子マネーで支給すれば，自己決定権として尊重すべき消費の自由の制限につながる。また，消費のプライバシーが守られなくなるという問題も起きる。

たとえば，ひとり親世帯を対象とした**児童扶養手当**，義務教育段階の学校教育にかかる費用を補助する**就学援助**（⇨第 **10** 章）などがある。子どもを養育する世帯に支給される**児童手当**は，対象が特に低所得世帯に限られるわけではないが，高所得世帯が除外されるという意味で普遍主義的とはいえない制度で，これも現金給付の 1 つである。**生活困窮者自立支援制度**（⇨第 **14** 章）においては，さまざまな生活支援が基本的に現物給付されるが，家賃補助のための住居確保給付金は現金給付される。ただし，この制度のもとで求職活動を行うことを条件に受けられる現金給付である。

　低所得世帯向けの現物給付として，たとえば**保育**がある。生活保護利用世帯は保育料（子どもを認可保育所に預ける際にかかる費用）を徴収されず，就労や疾病などの理由で保育サービスを必要とする場合，現物給付である保育を無償で利用できる。高所得世帯でも保育料の全額を負担しているわけではなく，現物給付を受けているといえるが，保育料は世帯所得の高さに応じて設定されており，低所得世帯のほうが保育を現物給付として受けられる部分が大きい。一定の条件を満たす低所得者が民間の賃貸住宅より低額な家賃で住める**公営住宅**も，現物給付の例である。生活困窮者自立支援制度の自立相談支援事業，就労準備支援事業，一時生活支援事業，家計相談支援事業，学習支援事業で，それぞれ必要な支援が現物給付されている。

　このように日本では，他の多くの先進国がそうであるように，生活保護やその他の制度において，現金給付と現物給付の両方を用いて最低生活保障が図られている。ただし，現金給付と現物給付のどちらにどの程度の財政支出を行うかについては，国によりばらつきがある。貧困対策を目的としたものに限られないが，OECD 加盟国の 2007 年のデータによると（図 9.1），OECD 平均では現金給付への財政支出より，教育，保育，医療，介護，住宅などを含めた現物給付への財政支出のほうが多く，GDP の 13% が現物給付に，11% が現金給付に支出されている。日本も OECD 平均と似たような傾向を示し，GDP の 12% が現物給付に，10% が現金給付に支出されている。他方で現金給付の比重が大きい国もある。

　どのような場合にどのような給付を行うことが適切か，何を根拠に考えたらよいだろうか。最低生活保障の目的にとって，日常生活の過ごし方や消費の自

１　最低生活保障のための現金給付と現物給付　● 123

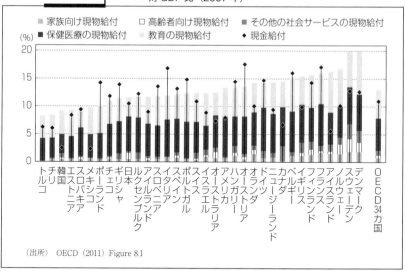

図 9.1 OECD 加盟国における現物給付と現金給付への公共支出の対 GDP 比（2007 年）

(出所) OECD (2011) Figure 8.1

由を尊重することは意義のあることだろうか。そのような自由を税金で支えることに不満をもつ人々に対しては，どのような根拠でその意義を説明できるだろうか。また，そのような自由が認められれば，「健康で文化的な最低限度の生活」の実現はかえって妨げられるのではないか，あえて日常生活の自由を制限するほうが生活の質が向上するのではないか，という主張もあるかもしれない。

 現金給付と現物給付それぞれの根拠と効果

| 現金給付の根拠 |

　現物給付に比べて現金給付が望ましいとされる場合の重要な根拠は，**自己決定権**を尊重することにある。生活保護利用者は，国民として保障される最低生活費の範囲内ではあるが，支給された現金の使い方を自由に決められる。自己決定権の尊重は，憲法にも規定されている。日本国憲法第 13 条では，「すべて国民は，個人として尊重される。生命，自由及び幸福追求に対する国民の権利

については，公共の福祉に反しない限り，立法その他の国政の上で，最大の尊重を必要とする」と定められている。

生活保護法でも，「保護の実施機関は，被保護者に対して，生活の維持，向上その他保護の目的達成に必要な指導又は指示をすることができる」(第27条)とされているが，「指導又は指示は，被保護者の自由を尊重し，必要の最少限度に止めなければならない」(第27条第2項)こと，「被保護者の意に反して，指導又は指示を強制し得るものと解釈してはならない」(第27条第3項)ことが定められている。

生活保護利用者の自己決定権を尊重することが前提となるとはいえ，そのために求められるのが最低生活費をすべて現金の形で手にして自由に使えるようにすることかどうかは，議論の余地がある。目的とされるのは最低限の生活の実現であり，さらにいえば，最低限の生活を実現したうえで自ら望ましいと考える人生を送ることである。貧困対策には，そのための機会を用意することが求められる。最低生活費を現金で獲得することはその手段の1つにすぎない。必要なものについて適切な判断ができないと考えられる場合，必要なものが市場で取り引きされていない場合，市場で取り引きされているものが十分な質を満たしていない場合，現金を受け取ったとしても，利用者は目的とする生活を送れない可能性がある。その場合，現金ではなく，必要なモノやサービスを直接支給したほうがよいと考えられる。そこで次に，現物給付が望ましいとされる根拠についてみていくことにしよう。

現物給付の根拠

現物給付が支持される背景には，貧困から回復するために必要なモノやサービスがどのようなものか，貧困に陥っている当事者よりも政府や専門家のほうがより的確な判断が可能だという考え方がある。この考え方は，**パターナリズム**(温情主義)と呼ばれる。たとえば教育は，労働市場，政治，社会関係などへの参加に役立つ知識や思考力を習得するために必要とされるが，当事者は必ずしも必要性を認識していないかもしれない。また，医療においては，患者よりも専門家である医師のほうが，その患者の健康への回復にとって何が必要かを判断できるとされる。そのため，教育や医療にかかる費用を現金で支給する

よりも，特に基本的な教育や医療については現物で支給することが支持される。

　教育や医療など人的資本投資（その人の能力や資質を高めるための投資）につながる現物給付は，貧困への即時的な対処としてだけでなく，長期的に貧困からの脱出を促進する手段としても重視される。これに対して現金給付は，その給付額が高く設定された場合には，それを受け続けようとして貧困にとどまるインセンティブを生み出し，貧困からの脱出にとって逆効果になることも懸念される。「**貧困の罠**」（⇨第2章）と呼ばれる問題である。ただし，「貧困の罠」は給付の方法やその金額次第では回避することも可能なため，現金給付に必ずつきまとう問題というわけではない。他方，現物給付だからといって「貧困の罠」を必ず回避できるわけではなく，現物給付の利用資格を維持するために貧困にとどまろうとするインセンティブも生じうる。この点については次項でもう少し詳しくみる。

　最低限の生活は権利として保障されることになっているが，実際に保障される内容や水準がどれだけ充実するかは，どれだけ政治的に支持される給付制度を設計できるかに左右される部分もある。つまり実質的な権利の保障には，政治的に支持されやすい給付制度の設計も重要となる。現物給付のほうが納税者に支持されやすい理由として，貧困世帯への再分配を支持する納税者には，貧困世帯の消費行動によって自らの満足度を高めるという，**相互依存的な選好**があることが指摘される（Currie and Gahvari 2008）。そのとき納税者にとっては，貧困世帯の人々が酒やタバコを消費したり，ギャンブルをしたりしないことが重要であり，つまり所得の保障よりも消費の保障のほうが好ましいのである。

　最低生活保障のための現物給付は，**特殊平等主義**という考え方からも支持される（Tobin 1970）。すなわち，福祉国家による大規模な所得再分配に対して政治的な支持が得られない場合でも，すべての人の基本的ニーズをモノやサービスの供給を通じて充足させることは支持される場合がある。

現金給付と現物給付の効果

　現金給付と現物給付がそれぞれどのような望ましい結果をもたらしているか検討するうえで，世帯所得，所得再分配，労働供給，行政負担への効果が着目される（Matsaganis 2013）。ヨーロッパ諸国を対象とした研究で，現物給付か

ら受ける便益を所得に換算して計上すると，計上しない場合に比べ，世帯所得は平均で 30% ほど高くなることが示されている（Verbist et al. 2011）。このように現物給付を加味した世帯所得のデータを用いると，所得再分配への効果も明らかになる。たしかに現物給付は現金給付よりも再分配効果が小さいが，現物給付にも再分配効果はあり，貧困削減効果もあるという（Verbist et al. 2011）。

　次に労働供給への影響についてみると，働いていない場合に受け取れる現金給付の水準が，働いた場合に稼げる収入よりも高く設定されている場合，利用者にとって就業インセンティブが失われ，就業への参加が抑制される可能性がある。また，就業によって収入が増えるにつれて受け取れる現金給付が減らされる仕組みのもとでは，働いた場合に支出せざるをえない保育料などを考慮すると，働いていない場合のほうが手元に残る現金が多くなることもある。このように，現金給付の水準と設計次第では現金給付を受け続けるインセンティブが生じることになり，「貧困の罠」が発生しうる。

　言い換えれば，現金給付の水準と設計を調整することにより「貧困の罠」をできるかぎり回避した場合には，現金給付が労働供給の観点から問題となるわけではない。実際に 1990 年代以降，先進諸国では社会保障改革の一環として，失業者への現金給付の拡充ではなく就業促進を図る積極的労働市場政策が推進されてきた。この政策により低所得者向けの現金給付は，就業や求職活動・職業訓練への参加を条件に支給されることが多くなった。ただし，当然すべての低所得者が就業可能な状態にあるわけではなく，また就業可能かどうかの判断は必ずしも容易ではないため，就業などへの参加を条件としない現金給付も必要とされている。

　現物給付が労働供給に与える影響は，現金給付とは異なると一般的に説明される。現物給付されるのが教育や医療などのように就業を促進する効果をもつもので，しかもそれらは最低限必要な一定量で供給され，就業により収入が増えても変わらない傾向があるためである（Moffit 2002）。ただし，現物給付においてもその設計次第で，就業に対して負のインセンティブをもたらすことはありうる。たとえばイギリスでは，限りある公営住宅を誰に割り当てるのが適当か論争になった際，収入が一定以上に増えた場合はすぐに退去すべきだといった案も主張された（CSJ 2013）。このような場合，入居者に就業を通じて収入

を増やさないようにするインセンティブを与え，現金給付の場合と似たような
「貧困の罠」が発生する可能性がある（Hills 2015）。

　最後に行政負担への効果について確認する。一般的に，行政費用は現金給付
より現物給付で高くなる傾向にある。すなわち，1万円の現金を支給するより，
1万円相当のモノを行政が調達し，利用者に配布するプロセスにはさまざまな
費用が追加でかかる。また，特定のモノやサービスに使用可能な金券を配布す
る場合も，その金券の作成や使用ルールの制定にかかる費用のほか，店舗やサ
ービス供給者の側に換金費用がかかる。給付対象者の選別にともなう行政費用
や，その結果として生じる捕捉率については，現金給付か現物給付かで異なる
というより，申請のプロセスや受給にともなう**スティグマ**（⇨第**4**章）の程度
により異なると考えられる（Matsaganis 2013）。

③　これからの貧困対策における給付の方法

　生活保護がそうであるように，公的扶助は，対象者を選別して必要に応じた
援助を届けることをねらいとしている。このような公的扶助の考え方は**選別主
義**と呼ばれる。これに対し，人間生活に基本的に必要となる現金，モノやサー
ビスをその社会の全員に共通に供給しようという考え方は，**普遍主義**と呼ばれ
る。

　現金給付であれ，現物給付であれ，公的扶助として支給されるのは，それに
よって入手や利用が可能となるモノやサービスが普遍的には供給されていない
からである。たとえば，義務教育の授業や教科書のように普遍的に現物給付さ
れているものは，公的扶助としての現金給付も現物給付も必要ない。ただし，
義務教育を受けるために必要な学用品や通学用品は家計から支出して購入する
ことになっているため，これについては公的扶助の対象となる。また，義務教
育以外の教育も，普遍的に供給されていない以上，公的扶助の対象となりうる。
医療を受ける際に家計負担が生じる日本では，医療は公的扶助の対象となるが，
無償で医療を受けられるイギリスでは，医療が公的扶助の対象とならない（た
だし，たとえばイングランドでは家計負担が生じる処方薬は公的扶助の対象となる）。

普遍主義的な制度が整っていれば，貧困世帯の人々を含め，すべての人々に必要なものが用意されるため，選別主義的な給付は不要，あるいは最小限とすることができる。

　普遍主義の制度に比べ，選別主義の制度には次のような欠点があると考えられる。対象者を選別するための資力調査にはスティグマがともない，時間的，人的な行政負担がかかること，またそれらにより**捕捉率**（⇨第 **7** 章）が低下すること。政治的支持基盤が弱いために給付の水準や内容が低下する可能性があること。ニーズの特定が困難なため，ニーズのある人に届かない可能性があること。所得がある水準に達すると支給対象からはずれるため，それ未満の水準にとどまろうとする「貧困の罠」が生じることなどである（Sefton 2008）。これらの欠点を回避するには，普遍主義の制度を採用することが支持される。

　給付に用いる予算に制約があることを前提としなければならない状況では（経済成長を促進するための技術的な算定に基づくだけでなく，市民の価値判断によって与えられる制約でもある），その予算の大部分を本当に必要な人のために用いられる点で選別主義は効率的であり，実際に貧困の削減効果も見込まれる。かつての研究では，選別主義的な制度を採用する国より，普遍主義的な制度を採用する国のほうが貧困を大きく削減することが指摘されていた（Korpi and Palme 1998）。しかし，1990 年代から 2000 年代の状況について分析した近年の研究では，選別主義または普遍主義の程度の違いは，再分配の大きさとほとんど無関係であることが指摘されている（Kenworthy 2011；Marx and van Rie 2014）。つまり，選別主義的なシステムを採用することそれ自体が，常に貧困削減効果を弱めるわけではない。

　こうした福祉国家研究によれば，選別主義的な給付は必ずしも回避すべきものとして論じられているわけではない。だが，前章でみたように，貧困とは金銭的・物質的な資源が欠乏しているだけでなく自尊心を傷つけられた状態であることを思い起こそう。公的扶助により資源の充足が図られたとしても，収入や財産，健康状態や稼働能力などを厳しく審査されることにより，あるいはそのやり方次第で，申請者の自尊心は傷つけられ，貧困が改善しないばかりか悪化する可能性もある。これは公的扶助の利用者にとって問題となるばかりか，貧困状態にありながら自尊心を傷つけることを恐れて申請できずにいる人々に

3　これからの貧困対策における給付の方法　● **129**

とっても問題である。また，その恐れは将来貧困に陥るリスクを抱える人々にとっても無縁ではない。資源の再分配と尊厳の回復がトレードオフの関係になりうるのである。

このトレードオフをできるかぎり小さくするには，公的扶助の利用資格の審査において，申請者の心理的な負担を軽減する方向へと改善することが求められる。たとえば，より簡易的な所得のみの審査を行うといった方法もありうる。これは財産や稼働能力などありとあらゆる手段を活用したうえでも自らの世帯では充足できない最低生活費のみを支給しようとする，現行の生活保護に根差している考え方に修正を迫るものである。しかし，現行の生活保護を利用することにともなうスティグマや申請への心理的な障壁の大きさを問題視すれば，検討の価値があるといえる。所得のようにフローだけを審査の対象とするならば，既存の所得税制度を活用した，低所得世帯が税金を支払うかわりに所得移転を受ける仕組みも考えられる。

また，選別主義的な貧困対策を行う場合でも，現金給付や現物給付のどちらがよいか，またその組み合わせ方について，利用者の生活や生活環境を改善するために何が望ましいか，利用者の意見を取り入れていく方法も考えられる。これにより利用者が，支援を受ける受け身な立場というより（そうであっても恥じることはないという理解の広がりも重要だが），自律的に生活を立て直していく立場へと移行する。これも，資源の再分配と尊厳の回復を両立させる方法の1つとなりうるだろう。分配と関係性の平等をともに促進する戦略を模索するJ. ウォルフと A. デシャリット（Wolff and De-Shalit 2007）は，その戦略の1つとして，選別主義的な資源の分配において当事者を意思決定に参加させることは，給付の方法に柔軟性と自律性を付与するという利点があり，さらに当事者のスキル開発という副産物も期待できることを指摘している。

さらに学びたい人のために┃　　　　　　　　　　　　　　**Bookguide ●**

OECD（2011）*Divided We Stand: Why Inequality Keeps Rising*, OECD Publishing（＝2014，小島克久・金子能宏訳『格差拡大の真実——二極化の要因を解き明かす』明石書店）
　OECD 加盟国の所得格差拡大の要因や税と社会保障の再分配効果に関す

る分析結果が示されており，特に第8章では現金給付と現物給付がそれぞれ
世帯所得に増加をもたらす効果について分析されている。

引用文献 | Reference ●

CSJ（Centre for Social Justice）（2013）"Signed On, Written Off: An Inquiry into Welfare Dependency in Britain," CSJ

Currie, J. and F. Gahvari（2008）"Transfers in Cash and In-Kind: Theory Meets the Data," *Journal of Economic Literature*, 46（2）: 333-83

Glennerster, H.（2009）*Understanding the Finance of Welfare: What Welfare Costs and How to Pay for It*, 2nd ed., Policy Press

Hills, J.（2015）*Good Times, Bad Times: The Welfare Myth of Them and Us*, Policy Press

池谷秀登（2017）『生活保護ハンドブック——「生活保護手帳」を読みとくために』日本加除出版

自由民主党（2012a）「重点政策 2012」（https://jimin.jp-east2.os.cloud.nifty.com/pdf/seisaku_ichiban24.pdf?_ga=2.257241611.145060230.1531192158-56943212.1531192158〔2018年5月9日アクセス〕）

自由民主党（2012b）「シリーズ『自民党の政策』」（https://www.jimin.jp/activity/colum/116298.html〔2018年5月9日アクセス〕）

Kenworthy, L.（2011）*Progress for the Poor*, Oxford University Press

Korpi, W. and J. Palme（1998）"The Paradox of Redistribution and Strategies of Equality: Welfare State Institutions, Inequality, and Poverty in the Western Countries," *American Sociological Review*, 63（5）: 661-687

Marx, I. and T. van Rie（2014）"The Policy Response to Inequality: Redistributing Income," W. Salverda et al. eds., *Changing Inequalities in Rich Countries: Analytical and Comparative Perspectives*, Oxford University Press

Matsaganis, M.（2013）"Benefits in Kind and in Cash," B. Greve ed., *The Routledge Handbook of the Welfare State*, Routledge

Moffit, R.（2002）"Welfare Programs and Labor Supply," NBER Working Paper No. 9168

OECD（2011）*Divided We Stand: Why Inequality Keeps Rising*, OECD Publishing

大阪市（2015）「生活保護における新たな取り組み」（http://www.city.osaka.lg.jp/fukushi/cmsfiles/contents/0000304/304226/20150320401.pdf〔2018年7月10日アクセス〕）

Sefton, T.（2008）"Distributive and Redistributive Policy", R. E. Goodin, M. Moran, and M. Rein eds., *The Oxford Handbook of Public Policy*, Oxford University Press

Tobin, J.（1970）"On Limiting the Domain of Inequality," *The Journal of Law and Economics*, 13（2）: 263-277

● 131

Verbist G., M. Forster, and M. Vaalavuo (2012) *The Impact of Publicly Provided Services on the Distribution of Resources: Review of New Results and Methods*, OECD Social, Employment and Migration Working Papers No. 130, OECD

Wolff, J. and A. de-Shalit (2007) *Disadvantage*, Oxford University Press

CHAPTER

第 10 章

貧困対策に必要な教育費の支援とは？

INTRODUCTION

　教育には多くの税金が投入されているが，家計も教育費を負担することになっているため，貧困世帯の子どもが十分な教育を受けられないことが懸念される。そして日本における教育費の家計負担割合は，国際的にみても特に高いことが指摘されている。近年，義務教育以外でも授業料を「無償化」する動きはみられるが，引き続き家計負担となる教育費を支援する制度は今後も必要になる。貧困が教育に与えるマイナスの影響を緩和するために必要な貧困対策は教育費の支援に限られないが，本章では生活保護やその他の制度を通じた教育費支援の状況について整理し，その役割と課題について考える。

1 貧困と教育

貧困が教育に与える影響

　貧困世帯で育つ子どもは，そうでない子どもに比べ，平均的には学力（国語と算数・数学のテスト結果）が低いという分析結果がある（たとえば卯月・末冨2015）。こうした分析結果が報告されるのは，もちろん貧困世帯に育つ子どもの能力不足や努力不足を指摘するためではない。そう読み取られる危険性がまったくないわけではないのは悩ましいが，それを心配して分析を躊躇するより，その結果を適切に読み取り，そこから対策を考える必要に迫られている。子どもの学習にとって貧困が不利な環境を生み出しているならば，その環境の改善のためにどのような支援を行ったらよいだろうか。なお，先ほど述べた分析結果からは，学力に対する貧困のネガティブな効果の有無や強弱は，都市規模や地域により異なることも示されている。そのため，貧困の学力に対する影響は，政策や環境次第で変化させられるという希望ももてる。

　子どもの学習やその成果はさまざまな要因に影響を受ける。貧困世帯の子どもの学力が相対的に低いとしても，それを低所得による影響だと断定することはできない。学力や教育達成には親の学歴や教育意識の影響があることはよく知られており，政策的介入の対象とはされない遺伝の影響もあると想定される。子どもの学力が親の学歴の影響を受けているために，親の学歴と関連のある低所得あるいは貧困に影響を受けているかのようにみえるのではないかという仮説も成り立つ。この仮説は部分的にあてはまるが，貧困と学力の相関は親の学歴の効果を取り除いたうえでも残る。そのため，日本で入手可能なデータではそれが因果的効果であるとまではいえないものの，低所得あるいは貧困が学力に対して因果的効果をもつ可能性は残されている。因果的効果についてより厳密な推計を行っている海外の研究のレビューによると，7割以上の研究で，世帯所得の増加が子どもの学力や認知的スキルを高める効果を明らかにしている（Cooper and Stewart 2013）。

世帯所得はなぜ子どもの学力に影響を与えるのだろうか。大きく分けると2つの説明があり，1つは**投資モデル**，もう1つは**家族ストレスモデル**と呼ばれる（Conger and Donnellan 2007；Cooper and Stewart 2013；Mayer 1997）。投資モデルは，子どもの教育のほか，書籍，教材や玩具，文化的な体験，住環境や近隣環境，食事などに，所得が高い世帯ほどより多く投資するため，子どもの発達や学習が促進されることを説明する。逆にいえば，低所得でそれらに十分な投資ができない場合，子どもの発達や学習に不利になってしまう。これに対して家族ストレスモデルは，低所得による生活苦，失業や離死別による収入源の喪失，借金などによって親が心理的ストレスを強く感じるために，育児や親子関係，家庭の雰囲気や学習環境にダメージを与え，結果として子どもの発達や学習にもマイナスの影響が及ぶことを説明する。

　これらの研究成果から，世帯の低所得が子どもの教育に影響を与える可能性は大いに示唆されており，世帯所得の増加を通じた貧困の削減は，子どもの学力や教育達成の向上という観点からも求められているといえる。しかし，現に貧困に苦しむ世帯の所得を増加させれば，それだけで即座に子どもの学力や教育達成の向上につながるかどうかは，第**8**章でも述べたように難しい問題である。学習を促進する支出が困難になっている状況や安定した学習環境が阻害されている状況など，貧困の帰結ととらえられる状況に向けたより直接的なアプローチにも意義がある。そのようなアプローチの1つは，教育費支援という形で使途を明確にした（後でみるように生活保護やその他の教育費支援は使途を限定するものばかりではないが）所得補助を行うことである。教育費支援の代わりとなる，あるいは教育費支援よりもさらに直接的な人的な支援までも含めた，学習環境や学習機会の提供のほうが有効となる場合も考えられる。すなわち，貧困が教育に与えるマイナスの影響を緩和するために必要な貧困対策は決して教育費の支援に限られない。しかし本章では，日本における教育費の家計負担の大きさを把握したうえで教育費支援に着目し，その役割と課題について考えていきたい。

教育費の家計負担

　日本の学校教育費に占める家計負担の割合は国際的にみても高く，幼稚園な

1　貧困と教育　● 135

どの就学前教育（幼児教育）と，大学などの高等教育で特に高くなっている
（OECD 2017）。また，義務教育として授業料や教科書代が無償となる小学校と
中学校においても学用品や通学用品などに決して小さくない家計負担があり，
授業料が無償化または軽減された高等学校（高校）においても，教科書代をは
じめ，家計負担がある。教育費の家計負担は，子どものいる多くの世帯にとっ
て頭を悩ませる問題である。こうした家計負担に対して公的な支援がなければ，
特に貧困世帯の子どもは十分に教育を受けられなくなるか，何とかやりくりし
て教育費を捻出するために過度に切り詰めた生活を送らなければならなくなる。
先ほど挙げた投資モデルと家族ストレスモデルの両方があてはまりそうな状況
である。

　近年，実際にどの程度の学校教育費が家計から支出されているか，データを
もとに把握しておこう。2016年度「子供の学習費調査」（文部科学省）による
と，児童生徒1人当たりの年間の学校教育費（公立の場合）の平均額は，小学
校では6万円，中学校では13万円である。学用品や通学用品にかかる費用な
ど，一部は世帯所得により差が出ると考えられる費用も含まれるが，大部分は
学校により指定される教材や活動にかかる費用である。学校教育費のほかに，
給食の出る学校では学校給食費を一律に支払う必要がある。給食そのものは栄
養充足や健全な食生活の助けになるが，1カ月ごとにまとまった出費となる点
では貧困世帯にとって負担に感じられる。高校については，**高等学校等就学支
援金**の新制度のもとで，高所得世帯を除き，公立の授業料に相当する金額
（2018年度は月額9900円）が就学支援金として支給される。これが反映されたう
えでも，学校教育費として公立で28万円，私立で76万円が家計から支出され
ている。

　幼稚園などの就学前教育と大学などの高等教育では，授業料を支払う必要が
あるため家計負担がさらに大きい（現在予定されている幼児教育と高等教育の「無
償化」により一部の家計負担は軽減されることが期待されるが）。同じく2016年度
「子供の学習費調査」（文部科学省）によると，幼稚園児では1人当たりの年間
の学校教育費の平均額は，公立で12万円だが，私立で32万円である。また，
2016年度「学生生活調査」（日本学生支援機構）によると，大学生1人当たりの
学費の平均額は国立大学で64万円，公立大学で66万円であり，私立大学では

136 ● CHAPTER **10** 貧困対策に必要な教育費の支援とは？

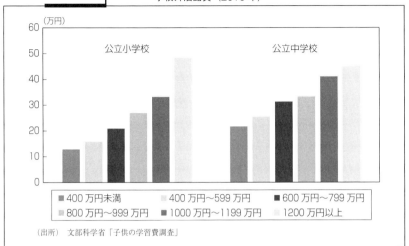

図10.1 学校段階別,世帯所得グループ別の児童生徒1人当たり学校外活動費 (2016年)

(出所) 文部科学省「子供の学習費調査」

136万円である。授業料またはその他の学校納付金(入学金など)は私立の学校で特に高いが,義務教育以外では経済的に余裕のある一部の世帯の子どもだけが私立に通っているわけではなく,私立の費用負担の大きさは多くの家庭に関わる問題となっている。

さらに,各世帯の判断で支出される学校外活動費(習いごとや学習塾の月謝を含む)の年間の平均額も,公立学校に通う小学生1人当たり22万円,中学生1人当たり30万円と高額である。しかも,世帯所得により支出額に差が出ており,世帯所得が高いほど支出が高い傾向にある(図10.1)。もちろん必ず支出しなければならない費用ではないが,これらの支出により多くの子どもが学校外で有意義な活動や学習に取り組み,貧困世帯の子どもだけがそうした機会を享受できないとすれば,**機会の不平等**が生まれる。貧困世帯の子どもにとっては孤立感や屈辱感につながる可能性もある。相対的貧困を問題とする観点でとらえれば,学校外の自由な活動や学習であっても,多くの世帯で当たり前とされているものであれば,見逃すことのできない支出である。

教育費の支援

生活保護の教育扶助と生業扶助

　生活保護では，教育費についてどのような支援が行われているだろうか。生活保護利用世帯は，義務教育就学年齢の子どもがいる場合，**教育扶助**が最低生活費の算定に計上される。教育扶助が創設されたのは，現行の生活保護法が制定された 1950 年のことである。文部省（現在の文部科学省）は 1951 年に義務教育就学奨励法案で，生活保護利用世帯よりも多くの貧困世帯の子どもを対象として，経済的支援のみならず，親の教育的無関心にも対応した就学支援を行うために，生活保護の教育扶助を厚生省（現在の厚生労働省）から移管することを目指した。しかし，厚生省の同意が得られず廃案となったという経緯がある（藤澤 2007）。教育扶助の使途は義務教育に関する教科書代，学用品費・通学用品費および実験実習見学費，学校給食費，通学のための交通費とされた。教科書代は，1964 年から段階的に実施された教科書の無償化が完全に達成されると，教育扶助の対象からは除かれた。

　生活保護における教育費の支援は，創設以来，義務教育のみを対象としていた。現行法が制定される頃には，すでに「教育扶助の範囲を義務教育に限定していることは，本法の目的が要保護世帯の自立助長にあることから考えると些か物足りない」という感覚があったという（小山 1951: 248）。しかし，中学卒業者のほとんどが高校へ進学している実態を背景に，**生業扶助**として**高等学校等就学費**が計上されるようになったのは 2005 年のことである（⇨第 **4** 章）。2009 年には，学校での課外活動や家庭内学習を支援するための「学習支援費」が，教育扶助と生業扶助（高等学校等就学費）の両方に創設された。生活保護利用世帯の子どもの進学や学習を促進することで，貧困の世代間連鎖を緩和するねらいが反映されている（厚生労働省 2009）。ただし，これを学習塾の費用にあてることは認められていない。

　現在の教育扶助は，学用品や通学用品の費用にあてるための「基準額」（小

学校で月額 2210 円，中学校で 4290 円）と，学校や教育委員会に指定された「教材代」と「学校給食費」が実費で計上される。身体的，地理的な条件により「通学のための交通費」が発生する場合，最小限度の金額が計上される。上述の「学習支援費」（小学校で月額 2630 円，中学校で月額 4450 円）も支給される。そのほか，入学時に通学鞄，制服などを購入する必要がある場合は，一時扶助として「入学準備金」が計上される（小学校入学時 4 万 600 円以内，中学校入学時 4 万 7400 円以内）。

生業扶助の高等学校等就学費は，教育扶助と同様の内容に加え（金額は異なり，基本額は月額 5450 円，学習支援費は月額 5150 円），「授業料」と「入学料及び入学考査料」が計上される。ただし，「授業料」などは公立高校における金額の範囲内となっている。公立高校に通う場合は先述の高等学校等就学支援金により授業料は不徴収となるため，高等学校等就学費の「授業料」は計上されない。私立高校に通う場合で，高等学校等就学支援金やその他の減免制度を利用した後も授業料がかかる場合に計上される。

大学などの高等教育の進学にかかる費用は，これまで生活保護の対象ではなかった。しかし，生活保護利用世帯出身者の大学などへの進学率がきわめて低い状況を改善するため，2018 年より，生活保護利用世帯の子どもが大学などに進学する場合には，入学時に一時金が支給されることになった（⇨第 **4** 章）。親から独立して住む場合には 30 万円，親との同居を続ける場合には 10 万円が支給される。

子どもがいる世帯の生活保護利用率はきわめて低く，小学校と中学校の在籍者数（2015 年度「学校基本調査」〔文部科学省〕）に対する，1 カ月平均の教育扶助受給者数（2015 年度「被保護者調査」〔厚生労働省〕）の割合は約 1% である。つまり大部分の貧困世帯の子どもが生活保護を利用していない。子どもがいる世帯の生活保護**捕捉率**を高めることは，生活扶助を通じて生活水準を向上させる観点からも重要な課題である。一方で，敷居が高く，スティグマの懸念がある資産調査を受けなくても子どもの教育費を賄える見通しが立てば，多くの貧困世帯の生活の改善につながると期待される。そのため，生活保護以外の教育費支援の制度が果たす役割にも着目する必要がある。

生活保護以外の教育費支援制度

(1) 義務教育

　義務教育就学に関する支援の代表的な制度として，1950年代に始まった**就学援助**制度がある。経済的理由により就学が困難な小学生と中学生を対象に，学用品費，通学用品費，通学費，修学旅行費，学校給食費，医療費（学校の健康診断で必要と認められた治療にかかる医療費）などを支給する制度である。生活保護には，利用できる他の制度があればまずはそれを利用するという他法優先の原則があるが，教育扶助と就学援助の関係にはそれが当てはまらない。生活保護利用世帯に義務教育就学年齢の子どもがいれば，教育扶助が計上される。ただし，教育扶助では補助の対象となっていない修学旅行費と医療費に限り，生活保護利用世帯の子どもも就学援助を受ける。

　就学援助の対象者は，**要保護者**と**準要保護者**からなり，要保護者は生活保護法に基づき福祉事務所が認定するが，準要保護者は市町村教育委員会がそれぞれ設定した認定基準により「要保護者に準ずる程度に困窮していると認める者」である。その認定基準を，たとえば給与収入や課税所得が生活保護基準額と同程度から1.5倍未満に当てはまる者とする市町村が多い。就学援助経費は，要保護者については2分の1が国庫補助となる。これに対し，準要保護者については「三位一体改革」で2005年から国庫補助が廃止され，地方交付税措置により一般財源化されたことで，市町村はその財源を就学援助に支出する義務を負わなくなった。市町村の財政力や就学援助事業の位置づけ方により，認定基準や援助費目などに市町村格差が生じることは，国庫補助が廃止されるよりだいぶ前から懸念されていたが（鳫 1972），廃止された結果，その懸念はますます大きいものとなる（鳫 2013；小川 2010）。

(2) 高校教育

　就学援助は高校就学を対象としてこなかったが，近年になって別の制度で高校就学への経済的支援も実施されるようになった。授業料の支援制度は2010年に開始され，2014年からの新制度である高等学校等就学支援金制度では，私立高校に通う場合には，世帯所得に応じて給付額の加算も行われる。そのほか，私立高校が行う**授業料減免**などの補助もあり，国は都道府県を通じてこれ

を支援している。学用品など授業料以外にかかる教育費を支援する制度も，2014年に開始されたばかりである。これにより，生活保護利用世帯と住民税非課税世帯の高校生は都道府県から**高校生等奨学給付金**を受けられるようになった。経費の3分の1が国庫補助となっている。生活保護利用世帯では生業扶助も受給するため，この給付金の給付額は非課税世帯より低く設定されている。義務教育の就学援助と同様，他法優先の原則は当てはまらない。また，非課税世帯では第2子以降の給付額に加算があり，多子世帯への配慮がみられる。

　こうした制度が開始される前に高校就学について全国一律で実施されていたのは就学資金の貸与のみであった。現在も続く，**高校奨学金事業，生活福祉資金貸付制度，母子寡婦福祉資金制度**である。高校奨学金事業は，2004年度までは日本育英会（現在の日本学生支援機構）が実施していたが，2005年度以降，都道府県に移管された。すべての都道府県で，日本学生支援機構の**貸与型奨学金**に準じた制度が実施されている。生活福祉資金貸付制度と母子寡婦福祉資金制度は，厚生労働省が所管し，低所得世帯の子どもに対して就学資金を貸与するものである。高校奨学金事業と異なり，すべて無利子であること，家計基準のみで学力基準はない点で利用しやすさもあると考えられるが，学校ではなく福祉事務所や社会福祉協議会を通じて手続きを行わなければならないため知名度が低い。また，就学にかかる費用のすべてが補助されるわけではないため，この制度の利用者の3〜4割が他にも借り入れを行っているという報告もある（鳥山 2008）。

(3) 高等教育

　大学などの高等教育を受けるための就学資金については，国公私立大学などが実施する授業料減免制度や事業に対して国の補助が行われているが，国が実施する「**奨学金**」は長らく貸与型のみであった。1944年に，学力と家計に基づく受給条件は比較的厳しいが無利子貸与の第一種奨学金が日本育英会により開始され，1984年に受給条件は比較的緩いが有利子貸与の第二種奨学金が開始された。この「奨学金」は，教材費や通学費などの狭義の教育費だけでなく，就学中の生活費にあてることもできるが，就学中に必要な費用のすべてを賄えるほどの金額ではない。また，就学資金の支援が給付ではなく貸与であることは，貧困世帯には借金を背負うという重い決断を迫るものであり，さらにそれ

が有利子であれば通常よりも多くの費用負担を求めるものである。

　2000年代には，大学を卒業しても正規雇用の仕事に就けない若者，就けたとしても返済に経済的負担を感じる若者が増加し，返還の滞納が社会問題となった。大学卒業後に無事に安定した仕事に就けるかどうかが不透明で，仕事に就いても賃金が低く返還が困難になることが予想されれば，親に助けを求められないような貧困世帯出身の若者は，「奨学金」の貸与を受けて進学することを断念する可能性がある。つまり，貸与型奨学金は就学支援としては不十分である。こうした状況を受け，貸与型奨学金制度の見直しについて議論された。まず，2012年に，卒業後に一定の収入を得るまでの間は返還が猶予される仕組みが導入された。2017年には「所得連動変換方式」と呼ばれる，マイナンバー制度と連動して卒業後の所得に応じて返還月額が変動する仕組みが導入された。ただし，これは無利子貸与の利用者のみが対象となっている。

　給付型奨学金の創設の必要性についても，かねてから指摘されてきた。ようやく2017年に給付型奨学金が新設され，2018年から本格的に展開される。しかし，白川（2017）は，給付額の不十分さ，「学力及び資質に関する要件」を推薦基準としていること，在籍高校単位で対象者の選定を行うことについて問題を指摘している。学力においてすでに不利になっている貧困世帯の子どもが，意欲があっても利用できない可能性や，各高校の裁量に基づいた評価により利用から排除されてしまう可能性が懸念されている。

(4) 就学前教育

　就学前教育についてはその重要性に対する認識が広がり，3歳児から5歳児を対象に無償化が予定されている。そのため将来的には就学前教育への支援の形は変化するかもしれないが，無償化実施前の状況について簡単にふれておこう。幼稚園就学に対する支援として，地方自治体（都道府県と市町村）が実施する**幼稚園就園奨励事業**がある。この制度により，低所得世帯への補助，世帯所得による制限のない多子世帯への補助，授業料の公立・私立間格差への対応が図られている。国はこの事業を実施する地方自治体に対して経費の原則3分の1以内を補助するための予算措置を毎年行っている。就園奨励事業には法制度上の実施義務がなく，財政状況が厳しくなれば地方自治体は事業を縮小あるいは廃止する可能性もあるため，国による補助が必要とされている。

(5) 学校外学習

　生活保護の対象となっていない学校外かつ家庭外の学習については，市町村により**学習支援**事業が行われている。これは「学習支援費」の創設と同時に実施されることになった「子どもの健全育成支援事業」の一環として進められ，2015年以降は**生活困窮者自立支援制度**の任意事業として実施されている。事業の具体的な内容は各市町村に任されているが，学習支援教室の開催や居場所づくり，家庭訪問による学習・進路相談などが現物給付として実施されることが多い。この意味では直接的な教育費支援とは異なるが，教育費が賄えないために学習機会が制約される状況の緩和につながることが期待される。

 教育費支援の課題

普遍主義的な支援と選別主義的な支援

　前節でみた教育費の支援は大きく分ければ，1つは授業料や教科書代の無償化のような普遍主義的な給付として，もう1つは家計負担の発生する部分について貧困世帯への選別主義的な給付として，どちらもまだ十分ではないが年月をかけて拡充が図られてきた。普遍主義的な給付が充実すれば，貧困に陥ったとしても，そこで十分な教育を受けられなくなるリスクは予防できる。普遍主義的な給付をどれだけ拡充するかは，政府にとってはどれだけ税収を得られるか，社会全体としてはどれだけ税による再分配を進められるか，そしてその再分配をどれだけ支持するかにもかかわるが，貧困にともなうそうしたリスクを予防できるという利点は大きい。

　他方，教育費の家計負担が大きい現状では，普遍主義的な支援の拡充について検討する間にも，現に貧困状態にある人々への選別主義的な給付が必要とされている。実際，前節で述べたようにいくつかの選別主義的な教育費支援の制度がある。しかし改善の求められる課題も多く，まず制度の対象者や給付水準が限定的であることが挙げられる。本章で詳細には踏み込んでいないが，対象者に所得制限を設ける場合にどこで線引きし，どの程度の給付を行うのが貧困

対策として効果的で，しかも公平であるかは，選別主義的な制度に常に付随する難題である。教育費の家計負担が大きい社会を維持すれば，この難題に直面し続けなければならないことになる。このほかにも挙げられる課題について，以下で2つほど考えてみよう。

よりわかりやすく，利用しやすい制度へ

　教育費の支援においては，同じような目的に対して，利用者の区分により適用可能な制度が異なる現状がある。義務教育については，厚生労働省の所管である生活保護の教育扶助と，文部科学省の所管である就学援助が，長い間2本立てで学校教育費の支援を行っている。生活保護利用世帯にとっては，教育費のために個別の申請を行わなくても教育扶助を受けられるという利便性がないわけではない。しかし，生活保護を利用しているかどうかで適用する制度を区別するより，貧困あるいは低所得であるため教育費の支援が必要な場合には誰でも共通に利用できる制度へと一元化するほうが，制度のわかりやすさや利用しやすさは高まると考えられる。現に生活保護利用世帯も修学旅行費と医療費については就学援助を利用しているため，他の費目についても就学援助に移行したとしても，利用世帯の側にそれほど大きな混乱が生じるとは考えにくい。ただし，現行の教育扶助と就学援助では国庫補助割合が異なり，就学援助では運営の市町村格差が生じやすい点については，一元化を図る場合に改善が求められる。

　高等学校等就学費は，生業扶助の技能習得費の一部に位置づけられたが，技能習得費とは「生計の維持に役立つ生業に就くために必要な技能を習得する経費」（『生活保護手帳 2017年度版』：313）である。もちろん高校教育にはそういった目的に応える役割もある。しかし，貧困世帯の子どもの高校就学を支援する理由は，それだけではない。民主主義社会に市民として参加するために必要な知識や発言力を習得するための，基本的な教育機会でもある。その位置づけを明確にするには，生業扶助よりは教育扶助として支給するほうが理に適う。しかしその論点とは別に，義務教育についてすでに指摘したように，高校教育についても生活保護利用世帯とそれ以外の貧困世帯で利用できる制度を一元化することが模索されてもよいのではないだろうか。

教育機会の不平等の縮小のために

　必要最低限を保障しようというだけでなく，貧困により機会が制約されている状況を是正しよう，つまり機会の不平等を縮小しようという考え方が，特に教育においては公的な支援の根拠となるといえる。実際，誰にでも最低限保障されるべき教育についてまず保障することが最優先とされ，義務教育の就学支援から制度化されてきた。近年では高校教育も保障されるべき教育とみなされ，就学支援の制度は整備されつつある。ところが大学などの高等教育は，過半数が進学するようになったとはいえ，現状では全員に保障されるべき教育とまではみなされていない。それでも，高等教育を受ける意欲と能力がありながら，家計で就学資金を賄えないために進学できない状況を是正することは貧困対策の目標となりうる。こうした共通理解は以前より広がってきているが，貧困対策において機会の不平等の縮小という目標はまだ十分に取り込まれていないのではないだろうか。

　教育費の家計負担能力による教育機会の不平等を縮小しようという観点では，学校教育に比べても不平等が大きくなりやすい学校外学習の機会をどこまで，どのような方法で支援するかという問題も立ち上がってくる。第②節で，生活困窮者自立支援制度の一環として学習支援事業が展開されていることを述べた。それは学習支援にとどまらず，居場所づくりなど，貧困世帯の子どもに特に必要な支援を提供できる仕組みとして意義がある。しかし，貧困世帯の子どもに，平均的な子どもと同等の選択肢を提供できるほどの規模で展開されているわけではなく，極端に選別主義的な制度となっている。選別主義的であれば，貧困というレッテルが貼られるのを恐れて利用を控えてしまう子どももいると想定される。選別主義的に行うとしても，貧困世帯の子どもが平均的な子どもと同等の学校外教育の機会をもてるよう支援するため，たとえば塾や習いごとなどに使える**金券（バウチャー）**を支給するという方法であれば，その問題は軽減されるかもしれない。他方で，貧困世帯の子どもだけでなく，その他の子どもも含めて誰もが利用できる，そして実際に利用したいと思えるような学校外教育の機会を普遍主義的に提供することも，選択肢を同等にするとともに体験の共有を促進するために検討する価値がある。

Episode● 生活保護利用世帯の子どもにとっての奨学金

　2013 年の秋，福島市に住む中学 3 年生の生徒は，建築家になる夢をもち，建築専攻科に進学することを希望していた。しかし，母子世帯で生活保護を利用しながら暮らす彼女にとって，高校進学には経済的な不安もあった。そのとき，給付型奨学金の情報を得る。応募すると，中学 3 年の 2 月に採用決定の通知を受けた。うれしくて受験勉強にも身が入り，第 1 期入試では不合格となっていた志望校に，第 2 期入試で見事合格することができた（みわ 2015b）。

　ところが 2014 年 4 月，高校に入学した直後のこと。福島市により給付型奨学金が収入認定され，その分の生活保護費を返還するよう求められた（みわ 2015a）。生活保護利用世帯は収入を申告する義務があり，それが最低生活費に充当すべき収入だと認定されれば，その分保護費は減額される。問題は，「自立の助長」に役立てるための収入は収入認定から除外されることになっているにもかかわらず，給付型奨学金が除外されなかったことである。母子は福島県に対して審査請求を申し立てたが，11 月に棄却された。そこで 12 月，今度は厚生労働省に再審査請求を行った。その結果，2015 年 8 月，厚生労働省は福島市の決定を取り消すとする裁決を出した。また 2018 年 1 月には，母子が福島市に対して損害賠償を求めていた裁判で，福島地裁は福島市の処分を違法だと認め，母子に賠償を命じた。

　給付型奨学金は収入認定されないという結論を得るまでに，生徒が高校に入学してから 1 年半もの月日が流れていた。彼女はこの 1 年半の間に，実習に必要な道具が壊れてもそのまま使い続けたり，コンテストの大会への参加を諦めたりしていた。その後，大学進学も就職も断念し，高校 3 年生の秋には通学も続けられなくなり，通信制高校へ転学した。心療内科での治療も受けたという（みわ 2018）。

　福島市のケースワーカーは，給付型奨学金を収入認定した理由の 1 つに「一般世帯との均衡」を挙げた（みわ 2017）。こうした判断の背景に，生活保護を利用せず教育費の捻出に苦労している貧困世帯が多く存在する状況があるとすれば，貧困対策が行き届かないままの「均衡」の追求は貧困対策をますます抑制するという誤りを招きやすいことを示唆する。貧困で余裕のない人々に損害を与えるような誤りが繰り返されないよう，行政手続きにおいて細心の注意が払われるべきだが，誤りがあったならば迅速な訂正を行い，損害を最小限にとどめる必要があった。生徒にとって給付型奨学金を取り上げられなけれ

ば実現できたはずのことを諦める悔しさ，同級生には無縁な苦労を自分だけが強いられるという精神的な苦しみは計り知れない。生活保護を極力切り詰めるべき「施し」だとみなすならば，同じような誤りが繰り返されかねない。貧困とはどのような問題か，どのような支援が求められているか，当事者の苦しみを含めて根本から考えながら貧困対策に臨む必要がある。

さらに学びたい人のために　　　　　　　　　Bookguide ●

① Ridge, T.（2002）*Childhood Poverty and Social Exclusion: From a Child's Perspective*, Policy Press（= 2010，中村好孝・松田洋介訳，渡辺雅男監訳『子どもの貧困と社会的排除』桜井書店）

　子どもの視点から貧困の経験やその影響を理解しようと努めたときにも，学校教育への参加やそれを可能にする経済的支援の重要性が明らかにされる。

② 鳫咲子（2013）『子どもの貧困と教育機会の不平等──就学援助・学校給食・母子家庭をめぐって』明石書店

　就学援助制度とその実態について詳しく述べられているとともに，義務教育から高校教育までの教育費支援の課題についても丁寧に検討されている。

③ 末冨芳編（2017）『子どもの貧困対策と教育支援──より良い政策・連携・協働のために』明石書店

　貧困世帯に育つ子どもへの教育費の支援に限られない，広範に展開されるべき教育支援について，研究者，実践者，当事者の視点と分析を踏まえた政策提言が論じられている。

引用文献　　　　　　　　　　　　　　　　Reference ●

Conger, R. D. and M. B. Donnellan（2007）"An Interactionist Perspective on the Socio-economic Context of Human Development," *Annual Review of Psychology*, 58: 175–199

Cooper, K. and K. Stewart（2013）*Does Money Affect Children's Outcomes?: A Systematic Review*, Joseph Rowntree Foundation

藤澤宏樹（2007）「就学援助制度の再検討（1）」『大阪経大論集』58（1）: 199–219

鳫咲子（2013）『子どもの貧困と教育機会の不平等──就学援助・学校給食・母子家庭をめぐって』明石書店

毛馬久雄（1972）「教育扶助と教育補助──義務教育無償化への第一歩として」小川利

● 147

夫・永井憲一・平原春好編『教育と福祉の権利』勁草書房

厚生労働省（2009）「学習支援費の創設及び子どもの健全育成支援事業の実施について」（社援発 0701 第 6 号）

小山進次郎（1951）『改訂増補 生活保護法の解釈と運用』全国社会福祉協議会（1975 年復刻）

Mayer, S. E.（1997）*What Money Can't Buy: Family Income and Children's Life Chances*, Harvard University Press

みわよしこ（2015a）「高 1 女子に奨学金を返還させた福島市の非情」Diamond Online（http://diamond.jp/articles/-/78909, 2018 年 2 月 28 日アクセス）

みわよしこ（2015b）「生活保護世帯の高校生は夢を持ってはいけないのか」Diamond Online（http://diamond.jp/articles/-/79717, 2018 年 2 月 28 日アクセス）

みわよしこ（2017）「生活保護の女子高生，奨学金も夢も奪われ今なお終わらぬ葛藤」Diamond Online（http://diamond.jp/articles/-/137487, 2018 年 2 月 28 日アクセス）

みわよしこ（2018）「生活保護減額の福島市に違法判決，原告母子が明かす悲壮な思い」Diamond Online（http://diamond.jp/articles/-156386, 2018 年 2 月 28 日アクセス）

OECD（2017）*Education at a Glance 2017: OECD Indicators*, OECD Publishing

小川正人（2010）『現代の教育改革と教育行政』放送大学教育振興会

『生活保護手帳 2017 年度版』中央法規出版

白川優治（2017）「貧困からの大学進学と給付型奨学金の制度的課題」末冨芳編『子どもの貧困対策と教育支援――より良い政策・連携・協働のために』明石書店

鳥山まどか（2008）「家族の教育費負担と子どもの貧困――機会の不平等をもたらす教育費システム」浅井春夫・松本伊知朗・湯澤直美編『子どもの貧困――子ども時代のしあわせ平等のために』明石書店

卯月由佳・末冨芳（2015）「子どもの貧困と学力・学習状況――相対的貧困とひとり親の影響に着目して」『国立教育政策研究所紀要』144: 125-140

CHAPTER

第 11 章

貧困対策に必要な住宅と居住の支援とは？

INTRODUCTION

　第8章で，貧困の概念によってとらえられるのが衣食住の欠乏した状態にとどまらないことは確認したが，その状態を貧困ととらえることに対してほとんど異論は出ないだろう。このように考えると，衣食住の1つである住宅の欠乏は，貧困から派生する問題というより，貧困そのものだといえる。最低限必要な住宅を確保できず，安定した居住生活を送れない人々を特に住宅困窮者と呼ぶこともある。住宅困窮者の状況の改善を図ることは，貧困対策の課題である。それでは，日本ではどのような課題があり，どのような対策がとられてきただろうか。また，よりよい対策のために，どのような考え方が求められているだろうか。

1 貧困と住宅

住宅確保と居住生活の困難

　最低限の生活に必要なものをひとくくりに衣食住と表現することは多いが，貧困対策を考えるうえで，衣食と住には区別できる部分もある。日本を含めた先進国の市場で流通しているモノとサービスを前提に考えたとき，衣類や食料は，それらを賄うのに十分な現金給付が適切な頻度で行われれば，多くの場合は，個人でやりくりして調達することもそれほど難しくない。しかし，住宅の確保についてはそう簡単ではない。

　住宅は「一生に一度の買い物」ともいわれるように，人生の長期にわたる高額支出により手に入れるものとなっている。賃貸住宅に住む場合も，毎月支払う家賃のために収入の多くが固定的な（一時的な節約の不可能な）費用として出ていく。住宅を確保するには，他の生活費に流用されない，まとまった収入や貯金が必要である。さらに，お金だけの問題ではなく，高額な支払いを安定して続けられることを銀行や家主に信用してもらうには，仕事や現住所，保証人になってくれる人の存在などが求められることも多い。必要となる書類や手続きも複雑である。つまり，住宅を手に入れるのは，衣類や食料を手に入れるのに比べ，収入の規模の面でも収入以外に必要な資源の面でも多くの人々にとって困難がともなう。貧困状態にあり，特に仕事や人間関係を失っている人々にとっては，いっそう難しくなる。

　しかも住宅を手に入れたからといって，必ずしも支障なく居住生活を送れるわけではない。まず，所有していない住宅であっても，不当な立ち退きを迫られることなく安心して住み続けられる保障が必要である。さらに，住宅は日常生活の拠点となる場所だが，場所を確保できたとしても，そこで寝起きし，食事をとり，身体や身辺を清潔に保つような基本的な生活の実践が自力では困難なため，支援が必要となる場合もある。先ほどは衣食と住の違いに着目したが，生活を総体として理解するならば，それらは切り離せるものではない。衣類や

150 ● CHAPTER 11　貧困対策に必要な住宅と居住の支援とは？

食料の調達にも，現金をやりくりするスキル，買い物に出かけるだけの健康や
アクセスなどの面で課題を抱える場合には，現金給付以外の支援が必要である。
こうした支援は，居住生活の継続のために必要な支援の一部に位置づけられる。
人々の抱える課題により，介護や育児などのケアに関する支援や，地域コミュ
ニティでの孤立を防ぐための支援などが**居住支援**として求められる場合もある。

　このように住宅に関する貧困対策として，住宅確保のための支援と居住生活
の継続のための支援が必要とされる。これらに加えて，現状より適切な住宅や
施設へと転居することが求められる状況になれば，転居のための支援も必要と
される（岩永 2019）。2000 年代以降に住宅問題として認識され，展開される対
策には，こうした支援の観点が含まれるようになりつつある。しかし，従来の
日本の住宅政策ではこの観点が弱く，住宅に関する貧困対策はたしかに存在し
てきたが，**住宅困窮者**の住宅確保と居住生活に対して十分な支援が行われてき
たとはいいがたい。

日本の住宅政策とその結果

　日本の住宅政策は経済成長を促すための経済政策として推進される側面が強
く，誰にでも基本的な居住を保障しようという社会政策としてはほとんど実施
されてこなかった（武川 1996）。「日本の福祉国家が住宅システムの運営におい
て重視するのは，個人としての人間の社会権の尊重ではなく，その集団として
の社会の統合である」（平山 2009：243）という指摘もある。住宅政策において，
多様な個人の境遇に対処しようという方針はみられなかった。正規雇用の仕事
に就き，結婚して家族形成を行うとともに住宅を購入するという生き方に高い
価値が置かれ，また経済政策もそうした生き方をする人々の住宅取得を支援す
ることで，**持家社会**が形成されてきた（平山 2009）。

　戦後の住宅政策は，**住宅金融公庫法**（1950 年），**公営住宅法**（1951 年），**日本住
宅公団法**（1955 年）を「3 本柱」として進められたが，なかでも住宅金融公庫
法による中間所得世帯への長期・固定・低金利の住宅ローンの融資に政府の支
援が集中した。また，**公営住宅**の建設は低所得世帯を対象に**残余的**に（他の方
法では充足できない人々に限定して）行われてきた（平山 2009）。こうした背景の
もと，図 11.1 に示すように，持家の取得率は高所得世帯ほど高く，低所得世

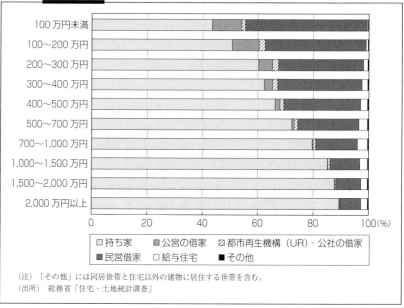

CHART 図 11.1 世帯所得グループ別の住宅の所有・賃貸状況（2013 年）

（注）「その他」には同居世帯と住宅以外の建物に居住する世帯を含む。
（出所）総務省「住宅・土地統計調査」

帯ほど低いという傾向が生じている。持家以外に住む世帯のほとんどは民営借家に住み，公営の借家（公営住宅）に住む世帯は低所得世帯に偏るとともに，その割合は非常に低いという状況も生じている。図11.2 は，日本における公営住宅の割合が他の OECD 加盟国と比べても低いことを示す。

　世帯所得や雇用上の地位において比較的恵まれた人々が政府や企業の支援を受けて持家を取得しやすいことに加え，持家を取得すると生涯にわたり貧困のリスクを回避しやすいという利点もある。持家を取得した場合，ローンの返済は数十年にわたることが多く，完済できないリスクへの不安もともなうが，年金受給開始前に完済できれば，住宅費の心配をすることなく老後を過ごせる。築年数の長い家屋には資産価値のないことが多いが，土地を所有していれば資産を保有することにもなる。老後に収入が不足したら，この資産を担保に生活資金を借りる**リバースモーゲージ**という仕組みを利用できる可能性もある。これを利用した場合，借りたお金は死後に持家を売却して一括返済することになる。他方，政府や企業から持家取得のための支援が得られず賃貸住宅に住み続けることになった場合，年金を受給するようになっても家賃の支払いを続けな

CHART 図 11.2 住宅総戸数に占める公営住宅戸数の割合（2015 年または最新年）

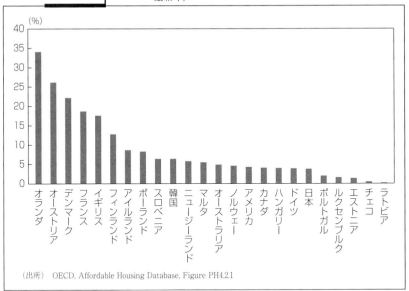

（出所）OECD, Affordable Housing Database, Figure PH4.2.1

ければならず，生活費の不安がともなう。さらに，低所得者が賃貸住宅の利用者の中心となれば，家賃の引き上げを避けるため住宅の質の改善への投資は抑制されやすく，居住生活の質にもマイナスの影響が出る。

住宅に関する貧困対策

　日本でも，残余的ではあるが，住宅に関する貧困対策は行われてきた。生活保護では**住宅扶助**と**保護施設**が設けられ，社会福祉法で規定された**無料低額宿泊所**もある。公営住宅も存在する。1990 年代以降，新自由主義（ネオリベラリズム）の影響下で，政府は「住宅供給・消費の市場化」（平山 2009：243）を推進するとともに，市場では住宅を確保できない人々に対するセーフティネットの構築に取り組むようになった。しかし，市場による供給を主流化しようというねらいのもと，住宅のセーフティネットは依然として残余的である（平山 2009）。生活保護とそれ以外の住宅に関する貧困対策について取り上げ，その課題をみていくことにしよう。

生活保護の住宅扶助

　生活保護の住宅扶助は，「住居」と「補修その他住宅の維持のために必要なもの」を対象とした**現金給付**で，具体的には賃貸住宅に住む場合に支給される「家賃・間代・地代等」と，持家に住む場合に支給される「住宅維持費」がある。生活保護を利用するには資産を活用しても最低生活費を充足できないことが前提となり，持家の売却も指導されるが，住宅ローンを完済しており，かつ処分価値の低い持家であれば，そこに住み続けたまま生活保護を利用することが認められることもある。住宅扶助は旧法では生活扶助にひとくくりにされていたが，1950 年の現行法で独立した扶助として創設された。

　「家賃・間代・地代等」の基準額の月額は，1 級地および 2 級地で 1 万 3000 円，3 級地で 8000 円である（⇨第 1 章）。しかし多くの場合，最低限度の住宅でも家賃はこの基準額を超える。そこで，都道府県，指定都市または中核市ごとに厚生労働大臣が別に定める額が限度額として設定されている。たとえば，東京都の 1 級地および 2 級地では，単身世帯の限度額は 5 万 3700 円，2 人から 6 人の世帯で 6 万 9800 円とされている。そのほか，車椅子使用のため通常より広い住宅が必要な場合，高齢者で現在の住宅からの転居が困難な場合などで，厚生労働大臣が定める上述の限度額の範囲内での賃貸が不可能な場合は，**特別基準額**が認定される。特別基準額は，上述の単身世帯の限度額に単身世帯の場合は 1.3，2 人世帯の場合は 1.4 といった乗数をかけた額である（『生活保護手帳 2017 年度版』: 298-301）。

　「住宅維持費」の基準額は年額 12 万円である。畳，建具，水道設備，配電設備などの修理や家屋の補修が必要な場合に支給される。基準額の範囲内で修理や補修などが困難な場合で，やむをえない事情がある場合は，基準額に 1.5 を乗じた範囲内の特別基準額が認められる（『生活保護手帳 2017 年度版』: 305）。賃貸住宅に住む場合は，修理や補修などの費用は家主が負担するものとされ，住宅維持費は支給されない。

　「家賃・間代・地代等」の基準額については，「健康で文化的な生活水準を維持する」（生活保護法第 3 条）ための住宅の家賃を保障するものかどうかが議論となる。基準額の低さとその引き上げの困難さは，旧法時代から一貫して課題

となっていた。戦後の住宅不足で，住宅扶助基準額の範囲内で住宅を借りるのが困難になる世帯が増加するなかでとられた対応策は，住宅扶助の特別基準を頻繁に，しかも簡素な手続きで運用することだった。そのきっかけは，1957年から1961年にかけて，第二種公営住宅（公営住宅のなかでもより所得の低い世帯を対象としたもの）の家賃については特別基準額が認定されたものとして実費が支給されるようになったことである。ここに住宅扶助で住宅費の実費を保障しようという**実費主義**の原則が現れた（岩永 2014）。

　実費主義のもとでは，実際の家賃が住宅扶助基準額を下回る場合は，その家賃の実費しか最低生活費として算定されないことを意味する。生活扶助では基準額がそのまま最低生活費として算定され，算定根拠どおりに使用しないからといって問題になるわけではないが，この点で住宅扶助は生活扶助と異なる（嶋田 2018）。他方，最低限の水準とみなされる住宅に住んでいたとしても，その家賃が住宅扶助基準額を上回った場合，上回った分が実費として保障されるわけではない。そのため，特別基準額が認定されたうえでも住宅扶助で家賃の実費を賄いきれない世帯も存在する。いくつかの資料に基づき，その数は1割程度と推定されている（岩永 2014）。実費を賄えない場合には，他の扶助費の流用，勤労控除（労働収入のうち収入認定から除外される部分）や無申告の収入の利用，滞納などで無理にやりくりしているようである（岩永 2014）。いずれのやりくり方法も望ましくないが，他の扶助費を流用すれば，住宅以外の部分で最低限の生活を達成できず，生活保護の目的にとっても矛盾をはらむことになる。そのため住宅費の実費主義の原則において，住宅扶助基準額が上限として設定されることの妥当性も問われている（嶋田 2018）。

　生活保護法は保護施設も規定している。生活保護は居宅（自宅）で利用することを基本とするが，それが不可能で，かつ生活保護利用者が希望した場合に，救護施設，更生施設，医療保護施設，授産施設，宿所提供施設からなる保護施設（生活保護法第38条）に入所させることができる。

　生活保護は現住所がないと申請できないという誤解もあるようである。誤解というより，実際に福祉事務所は，ホームレスの人々に対してそのように説明して申請を諦めさせることも多かった（稲葉 2009）。また，生活保護の利用を認定したとしても，ホームレスだった人々に自宅での生活は困難だと判断し，

本人の希望とは無関係に保護施設に入所させることもある。しかし，これらは
いずれも不適切な対応である。現住所がなくても生活保護を利用し，**一時扶助**
を受けて賃貸アパートへの入居を開始した後，住宅扶助により家賃の支払いを
続けることは可能である（稲葉 2009）。

生活保護以外の貧困対策

（1）無料低額宿泊所

　無料低額宿泊所は，社会福祉法に規定される第二種社会福祉事業の1つに位
置づけられ，「生計困難者のために，無料又は低額な料金で，簡易住宅を貸し
付け，又は宿泊所その他の施設を利用させる事業」（第2条第3項第8号）であ
る。厚生労働省が2015年に行った調査の結果によれば，入所者約1万6000人
のうちの約9割が生活保護利用者である。生活保護費から月額利用料（宿泊費
や食費など）を引いた額は，537施設のうち約6割の施設で2万円以上3万円
未満であり，2万円未満の施設も2割近くある。なかには悪質な事業もあり，
劣悪な施設や食事を提供しながら生活保護費を搾取する「貧困ビジネス」とし
て報道された事例もある。こうした報道を通じて，聞きなじみはなかったとし
ても，無料低額宿泊所の存在を知った人もいるのではないだろうか。たしかに
悪質な事業は排除されるべきだが，支援つきの居住場所として必要とされてい
るのも現状である（岩永 2019；山田 2016）。

　この状況に対応し，2018年の社会福祉法の改正と生活保護法の改正による
新たな動きがある。改正後の社会福祉法で，無料低額宿泊所は「社会福祉住居
施設」と定義され，事前届出制の導入，最低基準の創設，改善命令の創設とい
った規制強化が行われることになった。改正後の生活保護法では，基準を満た
す無料低額宿泊所が「日常生活支援住居施設」と位置づけられる。そのうえで，
単独での居住が困難な生活保護利用者がそうした施設に入居した場合，福祉事
務所が日常生活支援に関する業務を施設の事業者に委託し，委託費用を支払う
仕組みが創設されることになった（厚生労働省 2018）。

　無料低額宿泊所の利用は増加・長期化傾向にあり，その理由の一部はホーム
レスをはじめとした住宅困窮者が増えていることにあるが，市町村にとって生
活保護利用者に無料低額宿泊所を利用させるメリットがあることも関係してい

るという分析がある（山田 2016）。すなわち，生活保護利用者を住宅よりも無料低額宿泊所に住まわせるほうが，ケースワーカーの支援業務の負担が軽くなることと，市町村の財政負担が軽くなることが指摘されている。都道府県によっては，無料低額宿泊所入所者の生活保護費の 4 分の 1 を，市町村ではなく都道府県が負担することになっているためである。こうした現状により，必要以上に無料低額宿泊所の利用が促されているとすれば，適正な数のケースワーカーを確保し，生活保護費の国庫負担割合を高めることで改善の余地がある。

(2) 公営住宅

前節で述べた住宅政策の「3 本柱」のうち，1951 年から低所得世帯への住宅供給を担ってきたのが，国土交通省（創設時は建設省）の所管する公営住宅である。当初は建設費や修繕費などに基づく**原価主義**により家賃が決定され，専有面積の違いにより一種と二種が区別された。二種のほうが面積は狭く，家賃も低く設定された。そのため二種のほうがより所得の低い世帯を対象としたが，それでも家賃は最も所得の低い世帯の負担能力を超えていた。公営住宅は持家取得がかなわない低所得世帯を対象にするとはいえ，当初は家賃負担能力のない世帯まで対象にすることを意図したものではなかった（大本 1991）。

一方，戸数の限られた公営住宅を低所得世帯に限定して割り当てるため，**入居収入基準**の収入超過者には明け渡しが求められるようになり，また入居収入基準そのものの引き下げも行われてきた。1996 年に公営住宅法は改正され，**応能応益家賃制度**が導入された。すなわち，入居者の家賃負担能力（収入）と，個々の住宅から得られる便益を反映して家賃が決定されるようになった。これにより，一種と二種の区別は廃止された。

住宅扶助の特別基準額で公営住宅の家賃を賄えるようになり，また入居収入基準の引き下げや応能応益家賃制度の導入が行われたことで，公営住宅には貧困世帯を含めた低所得世帯が集住する傾向が強まった。これはこれでコミュニティ形成に課題を生み出している。しかし，低所得であれば誰でも公営住宅の入居資格が与えられたわけでもなかった。単に低所得であるだけでなく，政府が救済することについて広く合意を得やすい高齢者，障害者，母子世帯に入居資格が限定された。このような「カテゴリー」によって住宅困窮者を特定しようという政策の動きは，後でみる 1990 年代以降の住宅セーフティネットの形

Episode● 公営住宅の明け渡しは防げなかったか？

　2014年9月，千葉県銚子市の県営住宅で中学生の娘が母親に絞殺されるという事件が起きた。母子世帯の母親と娘だった。家賃滞納を理由に県営住宅の明け渡しが強制執行される日，母親は娘を学校に送り出してから自分だけ死のうと考えていた。ところが娘はたまたま学校を休むことになり（母親の体調を心配したためだとも伝えられる），母親は娘と無理心中を図ろうとした。娘を殺めて呆然としている母親が，明け渡しのために訪れた執行官に発見される。

　この事件はテレビや新聞で大きく報道された。自由法曹団などの呼びかけで結成された「千葉県銚子市・県営住宅追い出し母子心中事件調査団」が，この事件の背景や原因と再発防止策についてまとめている（井上ほか編 2016）。それによると，まず1つ目の問題は，この世帯の収入状況では家賃減免制度を利用できたはずなのに利用されていなかったことである。この制度の利用には入居者からの申告が必要とされるが，滞納の実態を踏まえれば，県から積極的に申告を促すべきであった。千葉県では減免制度についてウェブサイトへの掲載や通知の裏面への記載はあったが，周知が不十分であり，家賃の徴収員も減免制度について周知する役割は担っていなかった。実際，減免制度の利用率は低かった。この事件を受け，国土交通省は2014年11月，「公営住宅の滞納家賃の徴収における留意事項等について」という通知を出し，「所得が著しく低額又は病気等により著しく多額の支出を要する等により，家賃負担が著しく過大となり，やむをえず家賃を支払えない状況にある者に対しては，家賃減免の適用等の負担軽減措置を講じること」などを各都道府県に求めている。

　2つ目の問題は，銚子市はこの世帯の経済的困窮状況を把握するきっかけがあり，生活保護申請を促すこともできたはずなのに，それがなされていなかったことである。母親は，国民健康保険料を滞納し短期被保険者証を発行してもらうため，市の保険年金課を訪れた。その際，生活困窮を心配した保険年金課の職員から，生活保護の窓口である社会福祉課に行くように勧められた。そして母親は実際に社会福祉課に行くが，社会福祉課は，母親は生活保護制度の概要について尋ねにきただけで，申請の意思は示さなかったと判断する。しかし，生活困窮の状況を十分に聴取せず，申請を諦めさせた可能性も高い。刑事裁判で明らかにされたこの世帯の収入状況によれば，おそらく生活保護を利用できたという。生活保護を利用していれば県営住宅の家賃は住宅扶助で支払えるため，滞納による明け渡しを迫られることもなかったはずである。

成においても進展している（平山 2009）。住宅セーフティネットの中核とされる公営住宅の対象者には先述した従来のカテゴリーに加え，被災者，DV 被害者，ホームレス，犯罪被害者，子育て世帯が含まれるようになったが，「低所得である以外に特徴をもたない人たちが公営住宅に入居できる可能性は低下した」（平山 2009：253）という。

(3) 住宅セーフティネット

2006 年に制定された**住生活基本法**が掲げる「良質な住宅の供給」「良好な居住環境の形成」「居住の安定の確保」などの基本理念にのっとり，2007 年に**住宅セーフティネット法**（住宅確保要配慮者に対する賃貸住宅の供給の促進に関する法律）が制定された。この法律は低所得者，被災者，高齢者，子どもを養育する者などの**住宅確保要配慮者**に対し，賃貸住宅への円滑な入居を支援することを目的としている。先ほど述べたように，公営住宅は住宅セーフティネットの中核とされるが供給過少であるため，民間賃貸住宅の活用を図ろうとする点にも特徴がある。民間賃貸住宅の家主は，家賃滞納や孤独死，事故などを懸念して住宅確保要配慮者の入居を拒むことも少なくないため，入居を拒まない賃貸住宅の情報提供や入居促進，住宅のバリアフリー改修など居住環境整備にかかる費用の補助や税制優遇などの仕組みが導入された。

2017 年の**改正住宅セーフティネット法**のもとで民間賃貸住宅の役割はますます強調され，特に今後増加の見込まれる空き家を活用し，住宅確保要配慮者の入居を拒否しない賃貸住宅の**登録制度**が創設された。登録住宅への入居支援を有効に機能させるため，都道府県が**居住支援法人**を指定して家賃債務保証，住宅相談，見守りなどの生活支援を行う仕組みや，生活保護の住宅扶助を福祉事務所が家主に**代理納付**する仕組みも開始された。しかし，家賃を下げるために国と地方自治体が家主に補助する**家賃低廉化**の仕組みは条文に書き込まれず，予算措置にとどまったことが残された課題とみなされている。家主に登録手数料を求める地方自治体が多く，現時点では登録住宅数が非常に少ないことも報道されている（『朝日新聞』2018 年 5 月 6 日）。

(4) 生活困窮者自立支援制度

2008 年の金融危機の影響で製造業を中心に，派遣労働者を含む非正規雇用者の大量解雇や雇い止めが起き，その結果，住居を失う人々が現れた。翌年の

2009 年，離職とともに住居を失った，あるいは失う恐れのある人々を主な対象に，住宅手当緊急特別措置事業が開始された。これにより，常用雇用に向けた求職活動を行うことを条件に，6 カ月を限度として，生活保護の住宅扶助特別基準に準拠した住宅手当が支給されることとなった。金融危機の影響への対応として実施された住宅手当緊急特別措置事業は，後に住宅支援給付事業となり，2015 年に開始された**生活困窮者自立支援制度**（⇨第 **14** 章）において**住居確保給付金**として必須事業に位置づけられた。この制度では任意事業として，住居のない生活困窮者への一時的な居住場所や衣食の提供などの**一時生活支援事業**も行われている。

(5) ホームレス対策

最後になったが，深刻な住宅困窮者であるホームレスの人々に関する対策についてもみておく。1990 年代にホームレス問題が社会的な注目を集めたことを背景に，2002 年に**ホームレス自立支援法**（ホームレスの自立の支援等に関する特別措置法）（⇨第 **7** 章）が制定された。時限立法であるが，現時点で 2027 年まで延長が決定している。この法律でのホームレスの定義は狭く，「都市公園，河川，道路，駅舎その他の施設を故なく起居の場所とし，日常生活を営んでいる者」（第 2 条）であり，いわゆる路上生活者や野宿者を指すにすぎない。ネットカフェ，簡易宿所（ドヤ，カプセルホテルなどを含む），友人宅などを転々としながら寝泊まりする「屋根はあるが，家がない状態」（稲葉 2009：18）の人々が含まれていないという限界がある。しかし，この法律によりホームレスの自立支援やホームレス問題の解消を目的とした国と地方自治体の責務が明確にされ，ホームレス総合相談推進事業や緊急一時宿泊事業などのさまざまなホームレス対策事業が実施されてきたという成果がある。

生活困窮者自立支援制度の開始後は，その制度の一時生活支援事業や就労準備支援事業にホームレス対策事業が受け継がれている。しかし，これらは地方自治体の任意事業であるため実施が不徹底になることが懸念される。また，適正なホームレス対策を実行するには，ホームレスの実態の全国調査を義務づけ，その実態把握に基づきアクションプログラムを策定するというホームレス自立支援法の枠組みが可欠だと考えられることから，この法律の継続が求められている（ホームレス支援全国ネットワーク政策検討作業チーム 2017）。

3 今後の政策課題を考える

　住宅に関する貧困対策の課題について大きく整理すると，誰を対象に，どのような住宅や支援を提供すべきかについての目標設定の不十分さが浮かび上がる。一般的に政府には，予算と人員の制約や納税者の支持を意識し，現状で達成可能な目標の設定に終始する傾向があると考えられるが，住宅についてもこの傾向がみてとれる。しかし貧困対策に求められるのは，早い段階で達成可能性にとらわれるより，まずは問題の全体像を把握し，貧困の解決によって実現したい目的に則して目標を設定することである。そして次に，その目標の実現に向けて現状の制約を取り除く努力をすることである。設定した目標を短時間で達成することが難しい場合，政府は厳しい批判にさらされるかもしれないが，それでも長期的に達成すべき目標を見失わないことが重要である。このような視点から，住宅困窮者の全体像の把握に関する課題と，保障されるべき居住の水準の設定に関する課題について考えてみたい。

┃住宅困窮者の全体像

　近年の住宅セーフティネットの構築の取り組みにおいて，第②節でも触れたように，政策の対象とすべき住宅困窮者の全体像をとらえようというよりも，特定の「カテゴリー」にあてはまる人々を住宅困窮者と定義し，政策の対象を限定する傾向が指摘されている。低所得者も住宅困窮者に挙げられてはいるが，「救済に値する」，あるいは緊急性が高いとみなされたカテゴリーに当てはまらない低所得者は，救済の対象から閉め出されているのが現状である（平山2009）。その結果，たとえば低賃金労働に従事する若年の単身者には，住宅に困窮していても利用できる支援がほとんど用意されていない。こうした人々への支援の拡充を検討するには，住宅困窮者の全体像を把握することから再出発する必要がある。同様の趣旨は「ハウジングプア問題の全体像の把握」（稲葉2009：200）という提言にも表れている。

　民間賃貸住宅の活用などの動きはあるものの，住宅セーフティネットの中核

とされる公営住宅は供給過少で，さらに生活保護と生活困窮者自立支援制度のように利用条件の厳しいもの以外には公的な住宅手当が存在しない。住宅に関する貧困対策として利用できる手段はきわめて限定的である。しかし，住宅困窮者の全体像を把握することから再出発するならば，利用できる手段の拡充がどうしても必要なことが明確になる。住宅困窮者の属性や境遇の多様性を考慮するならば，その手段として，公営住宅のほか都市再生機構（UR）と地方住宅供給公社（公社）の住宅を含む公的賃貸住宅の拡充，家賃低廉化を含めた民間賃貸住宅の活用，住宅手当の導入など，さまざまなものが検討されるべきだろう。

保障されるべき居住

住宅困窮者の全体像を把握する際に，そもそも最低限保障されるべき住宅や居住生活の水準とはどのようなものかについて一定の共通理解が必要となる。住宅困窮者を把握するため代理指標が用いられることもあるが，直接的にはそうした水準を満たす住宅の確保と居住生活の実現が妨げられている人々のことだといえる。その水準は，政策的にどのような住宅を確保し，どのような居住生活を支援するかを検討するうえでも参照されるべきものとなるだろう。それは憲法第25条で保障された「健康で文化的な最低限度の生活を営む権利」に見合った住宅や居住生活ということになるが，これでは抽象度が高い。より具体的に定義するには，第1章でみた生活保護基準の策定のように複数の案があると考えられるが，専門家の専門知に基づく判断と市民の価値判断の両方が取り入れられることに意義があるだろう。

そうした水準として参照に値するものの1つは，日本も批准している国連の「経済的，社会的及び文化的権利に関する国際規約（社会権規約）」で挙げられている「適切な居住」の条件である（表11.1）。各国の政府には，これらの条件を満たした居住をすべての住民に対して保障するための努力義務が課せられている。しかし，日本では現在のところ，「適切な居住」の権利に関して求められる居住水準を定めた法律は存在しない（阪東 2018）。

市民の価値判断を取り入れるという点では，MIS（Minimum Income Standard）（⇨第1章 Episode）を算定する際に，最低限必要な住宅についても市民

CHART	表 11.1 「経済的，社会的及び文化的権利に関する国際規約（社会権規約）」における「適切な居住」の条件

(a) 居住権の法的保護 (legal security of tenure)：
どのような所有形態でも，安定した居住を保証する（たとえば強制立ち退きから守られる）一定の法的保護があること

(b) サービス・資源・設備・社会基盤の利用可能性 (availability of services, materials, facilities and infrastructure)：
健康，安全，快適で，栄養の満たされた生活に不可欠な資源，設備，サービス（たとえば飲料水，生活用水，エネルギー，暖房，灯り，炊事設備，排水設備，ごみ処理）を持続的に利用可能であること

(c) 価格の適切性 (affordability)：
住宅関連費用が，他の生活費を圧迫せず，負担可能な水準に設定されていること

(d) 居住可能性 (habitability)：
十分な広さがあり，風雨や暑さ寒さから保護してくれる，居住に適した住宅であること

(e) 利用可能性 (accessibility)：
不利な境遇にある人々（高齢者，子ども，障害者，長期療養者，被災者など）が，持続的かつ適切に，また一定の優先的な配慮のもとで住宅を利用可能であること

(f) 立地 (location)：
雇用，医療，学校，保育所などの社会施設にアクセス可能な場所に位置していること

(g) 文化的な適切性 (cultural adequacy)：
文化的アイデンティティと多様性を表現可能な方法や資材により住宅が建設されていること

（出所） CESCR General Comment No 4: The Right to Adequate Housing (Art 11 (1) of the Covenant) (1991), 筆者抄訳

のグループで議論した。その結果，日本の稼働年齢の単身者に最低限必要と合意された住宅は集合住宅の 1R（ワンルーム）であった。これに対し，イギリスで同様の設定と方法で最低必要と合意された住宅は集合住宅の 1LDK であった。イギリスではダイニングと寝室を分けることが必須とされたが，日本ではそのような意見が出なかった。結果的に最低限必要だと市民により合意された日本の住宅の水準は，イギリスのそれより低いものとなった（卯月 2012）。市民の価値判断は，これまで実際に住んできた住宅や与えられてきた選択肢に影響を受けている。

　この例から，住宅困窮者の住宅や居住生活の改善には，住宅困窮者以外の人々に実際にどれだけの住宅や居住生活が保障されてきたかが問われることにも留意が必要である。よりよい住宅と居住生活を手に入れるには，その権利の確立に向けて市民の主体的な運動が必要であると指摘される（早川 1997）。現

3 今後の政策課題を考える ● 163

代の日本で，市民が現状に制約されずに保障されるべき居住について構想するには，国際的な水準に関する情報も含め，専門家による専門知に基づく選択肢の提示も重要となっている。

さらに学びたい人のために　　　　　　　　　　　　　　　　　　**Bookguide** ●

① 岩田正美（2000）『ホームレス／現代社会／福祉国家――「生きていく場所」をめぐって』明石書店

　本章は住宅の問題を扱いながらもホームレスについて十分な紙幅を割けなかったが，ホームレスが生まれる構造と対策の展望についてはこちらを参照してほしい。

② 大本圭野・戒能通厚編（1996）『講座現代居住1 歴史と思想――基本的人権としての「居住の権利」の確立を』東京大学出版会

　居住という概念は抽象的で難しく感じられるかもしれないが，住宅政策やその問題を考えるうえで欠かせない概念である。このことをさまざまな角度から理解するための一冊。

③ 平山洋介（2009）『住宅政策のどこが問題か――〈持家社会〉の次を展望する』光文社

　住宅困窮者への対策が残余化された背景にある，戦後日本の住宅政策の大きな流れと問題について理解するのに役立つ。

引用文献　　　　　　　　　　　　　　　　　　　　　　　　　**Reference** ●

阪東美智子（2018）「住居と貧困」駒村康平編『貧困』ミネルヴァ書房

早川和男（1997）『居住福祉』岩波書店

平山洋介（2009）『住宅政策のどこが問題か――〈持家社会〉の次を展望する』光文社

ホームレス支援全国ネットワーク政策検討作業チーム（2017）「なぜこれからもホームレス自立支援法が必要か――ホームレス自立支援法の政策効果を持続させるために〔第2版〕」大阪市立大学都市研究プラザ

稲葉剛（2009）『ハウジングプア――「住まいの貧困」と向きあう』山吹書店

井上英夫・山口一秀・荒井新二編（2016）『なぜ母親は娘を手にかけたのか――居住貧困と銚子市母子心中事件』旬報社

岩永理恵（2014）「生活保護制度における住宅扶助の歴史的検討」『大原社会問題研究所雑誌』674：51-64

164 ● CHAPTER **11** 貧困対策に必要な住宅と居住の支援とは？

岩永理恵（2019）「変動する住宅政策・生活困窮者対策における住宅支援」『社会福祉』58

厚生労働省（2018）「生活保護関係全国係長会議資料（平成 30 年 9 月 4 日）」（https://www.mhlw.go.jp/content/12201000/000349414.pdf〔2018 年 10 月 29 日アクセス〕）

大本圭野（1991）『「証言」日本の住宅政策』日本評論社

『生活保護手帳 2017 年度版』中央法規出版

嶋田佳広（2018）『住宅扶助と最低生活保障――住宅保障法理の展開とドイツ・ハルツ改革』法律文化社

武川正吾（1996）「社会政策としての住宅政策」大本圭野・戒能通厚編『講座現代居住 1 歴史と思想――基本的人権としての「居住の権利」の確立を』東京大学出版会

卯月由佳（2012）「ミニマム・インカム・スタンダードの日英比較――MIS 法による最低生活費とその含意」『社会政策』4（1）: 85-96

山田壮志郎（2016）『無料低額宿泊所の研究――貧困ビジネスから社会福祉事業へ』明石書店

CHAPTER

第 12 章

貧困対策に必要な医療と介護の支援とは？

INTRODUCTION

　病気や不健康は貧困に陥る大きな要因である。そして貧困に陥っていたら，病気や要介護状態であっても医療費や介護費が支払えず，必要な医療や介護を受けられないのではないかという不安にもかられる。医療費には多くの公費が投入されているが，より多くの財源は医療保険であり，保険料の支払いが求められるからである。さらに病院の窓口では，一部の自己負担も必要である。介護費についても介護保険が導入されており，同じく保険料の支払いと一部の自己負担が求められる。こうした制度のもと，生活保護やその他の貧困対策では，医療と介護についてどのような支援が行われているだろうか。また，現状の課題を克服するには，今後どのような支援や考え方が必要だろうか。

1 社会保険による医療と介護

　日本では，**医療保険**と**介護保険**によって医療と介護の必要を満たす仕組みが整備されている。これらは雇用保険や年金と同様に**社会保険**とよばれる仕組みであり，加入義務のある被保険者が支払う保険料によって支えられ，被保険者は病気，失業，高齢などの理由で必要が生じたときに現金給付や現物給付を受けられる。医療保険と介護保険では，保険料以外に税金や利用者の自己負担も財源の一部になっている。まず，日本の医療保険と介護保険の制度について概観しながら，医療費や介護費に関する家計負担の状況と，それが貧困世帯にもたらす影響について把握することから始めよう。

┃ 医療保険と滞納・未加入問題 ┃

　1961年に**国民皆保険体制**が成立し，すべての国民は何らかの医療保険に加入することとなった。何らかのというのも，皆保険体制を構成する医療保険には何種類かあるからである。大きく分ければ，会社員，公務員，船員などとその扶養家族を対象とする**職域保険**（**被用者保険**ともよばれる）と，住民を対象とする**地域保険**がある。より具体的には図12.1に示すとおりである。地域保険の国民健康保険のうち，**（市町村）国民健康保険**（以下，国民健康保険というときはこれを指す）は，他の医療保険に加入していない人を対象としており，いわば「皆保険体制の最後のセーフティネット」（土田 2012：320）である。**後期高齢者医療制度**は75歳以上の人および障害認定を受けた65歳以上75歳未満の人を対象としている。75歳になると国民健康保険や被用者保険の加入資格を失い，後期高齢者医療制度の被保険者へと移行する。医療保険で診療を受ける際には，患者は医療費の一部（原則3割，未就学児と70歳以上は2割または1割）を自己負担し，自己負担額には**高額療養費制度**による上限がある。

　国民健康保険料の支払いが困難になった世帯に対する保険料の軽減制度や減免制度はあるが（⇨第❷節），無職者や非正規雇用者が被保険者の多くを占める国民健康保険において，近年は保険料収納率の低下が問題となっている（土田 2012）。国民健康保険料を滞納するとどうなるか。督促状が発行され，延滞

168 ● CHAPTER **12** 貧困対策に必要な医療と介護の支援とは？

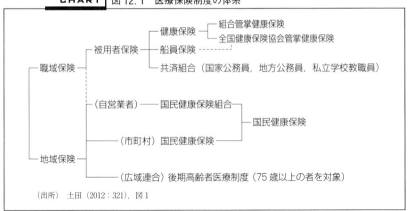
図12.1 医療保険制度の体系

金が請求される場合があり，滞納期間が6カ月以上になると有効期限の短い**短期被保険者証**が発行される。とはいえ，この場合はまだ保険給付を受けられる。しかし，1年以上の滞納になると，特別な事情がないかぎり短期被保険者証の返納を求められ，代わりに**被保険者資格証明書**が発行される。この資格証明書で病院を受診した際には，窓口で医療費を全額自己負担し，事後申請により保険給付分が返還される。1年6カ月以上の滞納になると，高額療養費制度の適用は受けられなくなり，それでも滞納が続くと財産差し押さえ処分を受けることがある。

国民健康保険料の負担の大きさは，貧困による医療保険未加入者も生み出している。2016年度には，生活保護利用開始者の20%は利用開始前に医療保険に未加入だった。その割合は30歳から64歳までの稼働年齢層で24%から26%と特に高くなっている（表12.1）。

介護保険と滞納

介護保険制度は，高齢者の社会的入院の抑制や家族の介護負担の軽減などを目的として2000年に成立した。40歳から介護保険料を納めるが，介護を必要とする理由に関係なく介護保険を利用できるのは65歳以上の人（第1号被保険者）であり，40歳以上65歳未満の場合は特定疾病に該当する人（第2号被保険者）のみが利用できる。介護保険サービスのうち，介護サービスの給付には要介護認定が，介護予防サービスの給付には要支援認定がそれぞれ必要である。

CHART

表 12.1　生活保護利用開始者の利用開始前の医療保険加入状況別の割合（%）（2016 年度，1 カ月平均）

	医療保険加入			後期高齢者医療	医療保険未加入	その他	総数（人）
	国民健康保険	被用者保険					
		被保険者	被扶養者				
総　数	53	3	4	9	20	11	100　(20782)
19 歳以下	62	1	15	—	13	10	100　(2786)
20～29	56	5	7	—	21	11	100　(1199)
30～39	56	5	4	—	24	11	100　(1857)
40～49	55	5	2	—	26	12	100　(2916)
50～59	57	4	1	—	26	11	100　(3177)
60～64	60	3	1	—	25	11	100　(1884)
65～69	64	1	2	2	21	11	100　(2363)
70 歳以上	33	0	1	42	14	10	100　(4600)

（出所）厚生労働省「被保護者調査」をもとに筆者作成

　居宅介護（予防）サービスを利用するには，事前に介護（予防）計画（ケアプラン）を作成する必要があり，自分で作成するのが難しい場合は，介護支援専門員（ケアマネジャー）に作成を依頼し，その計画に沿った介護（予防）サービスを受ける。利用者は介護費の1割を自己負担し，自己負担額には**高額介護サービス費制度**による上限がある。

　介護保険料についても，国民健康保険料の場合と同様に，生活が苦しくて滞納してしまうことがある。介護保険料を滞納すると督促状が発行され，延滞金が請求される場合があるが，すぐに保険給付が受けられなくなるわけではない。しかし，滞納期間が1年以上となった場合にはその期間の長さに応じて保険給付の制限を受けることになる。1年以上1年6カ月未満の滞納の場合，介護費はいったん全額自己負担し，滞納した保険料の支払いが完了した際，介護費の領収書等を提出することで保険給付分が返還される。1年6カ月以上2年未満の滞納の場合，介護費を全額自己負担するとともに，返還されるはずの保険給付分が未納分の介護保険料に充当される場合がある。2年以上の滞納の場合は時効となり，介護保険料の未納が確定する。そして一定期間は自己負担額が1割から3割に引き上げられ，高額介護サービス費制度の適用を受けられなくなるというペナルティが課される。

医療と介護の支援

　国民健康保険と介護保険では，貧困により保険料を支払えなくなると，制裁を受けたり，実質的に利用から排除されたりすることになる。こうした問題をできるかぎり防止し，救済を図るため，どのような制度的対応が行われているだろうか。生活保護による医療と介護の支援には，**医療扶助**と，介護保険制度が導入されたのと同時に新設された**介護扶助**がある。まずは医療扶助と介護扶助の仕組みを理解し，特に生活保護費全体の約半分を占めることで注目される医療扶助についてはその課題も明らかにしよう。続いて，生活保護以外の支援として，**無料低額診療事業**，国民健康保険料と介護保険料・介護費の負担軽減，**公費医療**について整理する。

生活保護の医療扶助

　医療扶助の給付内容は「診察」「薬剤又は治療材料」「医学的処置，手術及びその他の治療並びに施術」「居宅における療養上の管理及びその療養に伴う世話その他の看護」「病院又は診療所への入院及びその療養に伴う世話その他の看護」「移送」であり（生活保護法第 15 条），「移送」以外は厚生労働省が指定した**指定医療機関**により原則として現物給付される。指定医療機関は国民健康保険と同等の診療を行い，同等の診療報酬を得る。また，都道府県が指定したあん摩マッサージ指圧師，はり師，きゅう師，柔道整復師による施術の給付も認められる。

　医療扶助費は生活保護費全体の約半分を占める（⇨表 2.2）。そのため，生活保護利用者が増加し，生活保護費の財政負担が問題とされるとき，医療扶助費の削減が模索されることになる。医療扶助費が高額になる理由はいくつかあるが，第 1 に生活保護の利用を開始する主な理由が世帯主や世帯員の病気であり，生活保護利用世帯の多くは現に医療を必要としていることが挙げられる。生活保護の利用を開始した主な理由として，2016 年度は「傷病」と「急迫保護で医療扶助単給」の合計が 27％ を占め，近年増加してきた「貯金等の減少・喪失」の 36％ に続いて 2 番目に高い（⇨表 4.1）。2013 年度までは「傷病」と

「急迫保護で医療扶助単給」の合計が最も高い割合を占めていた（厚生労働省「被保護者調査」，2011年度以前は「福祉行政報告例」）。

急迫保護とは，病気などで急迫した状態にある人に対し，本人からの生活保護申請を待たずに福祉事務所の判断で必要な保護を行うことである。また，**医療扶助単給**とは，生活保護の各扶助のうち医療扶助のみを利用することである。急迫保護の場合に限らず，医療費支出が発生する前は収入が生活保護基準を上回っていた世帯でも，医療費支出が発生することで生活保護の利用資格が認められ，医療扶助単給になることがある。

第2に，生活保護利用者は国民健康保険および後期高齢者医療保険の被保険者から除外されており（国民健康保険法第6条第9号，高齢者の医療の確保に関する法律第51条第1号），被用者保険加入者（表12.1によればその割合は少ない）以外の生活保護利用者の医療費は，全額が医療扶助として支出されることである。被用者保険加入者の場合は，自己負担分のみが医療扶助で賄われる。1961年に国民皆保険制度が成立した当初は，保護開始後3カ月間は生活保護利用者も国民健康保険の対象となっていた。しかし，1963年の国民健康保険法改正で，医療費事務の煩雑さや地方自治体の国民健康保険財政の負担への配慮から，生活保護利用者を除外することになった（島崎 2011；森川 2014）。

そのほか，医療費の自己負担が発生しない生活保護利用者は必要以上の医療を受け，また医療機関も必要以上の医療を施しているのではないかという批判があり，実際に頻回受診，長期入院，短期頻回転院（入院期間が短期であるほど診療報酬点数の加算が大きいために起きる）などの実態が指摘されている（総務省 2014）。しかし，医療扶助適正化の取り組みのもとで進められる医療扶助診療報酬明細書（レセプト）の点検結果によれば，過誤であるとされた医療費はせいぜい1%程度である（阿部 2013）。そのため，「過剰医療」が医療扶助費を増加させる理由になっているとはいいがたい。それでも，生活保護費の財政負担を軽減しようという動きのなかで，医療扶助適正化は重要な課題とされ，先に挙げた頻回受診の適正化のほか，**後発医薬品（ジェネリック医薬品）**の使用促進，生活保護利用者の健康管理支援などが図られている（厚生労働省 2017）。

後発医薬品の使用促進については，2014年の生活保護法改正により，医師が後発医薬品の使用が可能と判断した場合は原則として後発医薬品を使用する

ことが努力義務として明文化された。さらに2018年の法改正では，「原則として，後発医薬品によりその給付を行うものとすること」（生活保護法第34条第3項）とされ，使用促進がいっそう強化されている。後発医薬品の使用促進に向けた取り組みは生活保護利用者以外を対象としても展開されている。しかし，生活保護利用者のみを対象として原則化することに対し，「差別感」「社会的公平性」「国民の信頼や連帯感」（『毎日新聞』2018年5月29日）などの観点で問題提起も行われている。健康管理支援についても生活保護利用者のみを対象とした介入には同様の問題が考えられる。さらに，生活習慣病を主なターゲットとしている点では，医療保険利用者に比べて生活保護利用者で圧倒的に多いのが「精神・行動の障害」を理由とする入院であるという実態とずれていることも，疑問視されている（みわ2017）。

　医療扶助適正化では不必要な医療の削減が強調されるが，生活保護利用者が必要な医療を受けて病状を悪化させないことも，長期的な健康の維持・向上にとっては重要である。しかし，医療扶助を受けるための手続きが煩雑なため，生活保護利用者がむしろ受診を控える可能性も懸念される。医療扶助を受けるには，すでに生活保護を利用している場合でも，福祉事務所への届出，指定医療機関が記入する要否意見書の提出，福祉事務所による要否の検討を経て**医療券**等（医療券，調剤券，治療材料券，施術券）の発行を受け，それを指定医療機関に提出して医療を受けるというように，いくつもの手続きを踏むことが運営要領に定められている。こうした原則のもと，実際には柔軟な運用が行われている場合もある。たとえば，夜間・休日など福祉事務所の閉庁時に急病になった場合は，医療券等の代わりに生活保護受給証や緊急受診証など，あらかじめ発行される別の証明書を指定医療機関に持参すれば診療を受けられるよう措置している自治体がある。また，生活保護利用者の利便性に配慮し，緊急時以外でも福祉事務所に立ち寄ることを求めず，福祉事務所から指定医療機関に医療券等を直接送付する措置をとっている自治体もある（嶋貫2001）。

┃ 生活保護の介護扶助

　介護扶助の給付内容は，「居宅介護」「福祉用具」「住宅改修」「施設介護」「介護予防」「介護予防福祉用具」「介護予防住宅改修」「介護予防・日常生活支

援」「移送」であり（生活保護法第15条の2），「福祉用具」「住宅改修」「移送」
以外のいわゆる介護（予防）サービスは，厚生労働省または都道府県が指定し
た**指定介護機関**により原則として現物給付される。指定介護機関は介護保険と
同等の介護サービスを提供し，同等の介護報酬を得る。医療扶助が医療券等の
発行を通じて行われるように，介護扶助は**介護券**の発行により行われる。福祉
事務所は介護扶助の申請を受けて給付を決定すると，指定介護機関に介護券を
送付する。「福祉用具」の購入と「住宅改修」にかかる費用は，介護保険法に
規定される限度額の範囲内で現金給付され，「住宅改修」については必要に応
じて特別基準が認められることがある。

　生活保護利用者が国民健康保険から除外されたのとは異なり，介護保険の第
1号被保険者（65歳以上）と第2号被保険者（40歳以上65歳未満の医療保険加入
者）は，生活保護を利用する場合も介護保険の被保険者にとどまる。この場合，
介護保険料は生活扶助に加算され，介護保険給付の1割の自己負担分が介護扶
助で賄われる。40歳以上65歳未満の生活保護利用者で医療保険に未加入の場
合は（国民健康保険の適用除外となった結果，医療保険未加入者になることが多い），
介護保険の被保険者とはならないため，介護費の全額が介護扶助により賄われ
る。

　居宅介護サービスと地域密着型サービス（住み慣れた地域で生活するための介護
サービス）には，「身体への侵襲等を伴い利用に一定の歯止めがかかりやすい医
療サービスとは異なり，介護サービスは，生活に密接に関連し利用に歯止めが
利きにくいこと，また，同じ要介護度であっても利用者のニーズが多様である
こと等の特性がある」（厚生労働省 2014）という理由から，**区分支給限度基準額**
（限度額）が設定されている。この限度額では十分なサービスが受けられない場
合，介護保険の被保険者は自己負担で「上乗せサービス」を利用することも可
能であるが，介護扶助では限度額を超えた介護サービスの利用は認められてい
ない。

生活保護以外の支援

(1) 無料低額診療事業

　無料低額診療事業とは，社会福祉法に規定された「生計困難者のために，無

料又は低額な料金で診療を行う事業」（第2条第3項第9号）である。医療保険の保険料や医療費の自己負担額を支払えない人々の医療保障は，生活保護の医療扶助で対応することになっているが，生活保護の利用にはさまざまな障壁があるため，実際には医療保険と生活保護のいずれも利用できていない人々がいる。無料低額診療事業は，そうした人々にとっての最終的な医療保障の手段であり，低所得者のほか，ホームレス，DV被害者，人身取引被害者，不法滞在者を含む外国人などの生活困難者を対象としている（吉永・京都保健会編 2015）。これらの対象者は医療上のみならず，生活上の問題を抱えていることが多いため，この事業を実施する医療機関には**医療ソーシャルワーカー**を配置することが必須となっている（厚生労働省 2001）。

　無料低額診療事業は重要な役割を果たしているにもかかわらず，医療費の減免基準は各医療機関に委ねられ，また医療機関は減免額に対して財政から直接補助を受けることなく，税制面で優遇措置を受けるのみである。そのためこの事業は広がりにくく，利用者にとっても長期にわたり安定的に利用できる制度とはなっていない（吉永・京都保健会編 2015）。無料低額診療事業を実施している医療機関数は，2016年度で全国に 664 あるが（「2017年度無料低額診療事業等に係る実施状況の報告」〔厚生労働省〕），これは全医療機関数の 0.4% にすぎない。

　一部の地方自治体では，事業の改善に向けた動きもみられる。無料低額診療事業では，薬代も無料または低額の対象となるが，院外処方の場合は対象外とされている。近年は院外処方が主流となってきたため，この事業を利用しても薬代を支払えず，治療に支障が出る状況が多く発生するということである。この問題を解決するため，全国の 7 自治体で無料低額診療事業調剤処方費用助成事業が始まり，利用者は実質的に無料で薬を受け取れることになった。こうした動きが全国で展開することが期待されている（日本医療ソーシャルワーク研究会編 2017）。

(2) 国民健康保険料の負担軽減と滞納世帯の救済

　国民健康保険料は，市町村ごとに世帯全員の前年所得の額に応じて段階的に高くなるよう設定されているため，低所得世帯が納める保険料は低くなる。ただし，世帯員数に応じた負担を求める市町村では，低所得世帯でも世帯員数が多い場合に，世帯所得に対する保険料の負担割合は高くなりやすい。国民健康

保険料の負担軽減を図る制度には，国の法律による軽減制度と，市町村の条例による減免制度がある。軽減制度については申請の必要はなく，市町村が前年所得に基づいて7割，5割，2割のいずれかの減額割合を適用する。減免制度については，具体的には市町村により異なるが，災害，非自発的な離職（解雇，倒産など），その他の理由により支払いが困難になったとき被保険者が申請を行い，収入や資産の調査を経て，保険料の減額または免除を受けられる。

　第1節で，国民健康保険料の滞納が1年以上になった世帯は被保険者資格証明書が発行され，窓口で医療費を全額自己負担しなければならなくなることを述べた。この結果，こうした世帯の子どもは病気になっても病院に行けないという問題が生じることになり，2008年には「無保険の子」としてメディアでも大きく取り上げられた。この問題への対応として，中学生以下の子どもには2009年から，さらに高校生には2010年から，親が保険料を滞納している場合でも短期被保険者証を継続して発行することとし，子どもの無保険状態の解消が図られた。

(3) 介護保険料・介護費の負担軽減

　介護保険料も，市町村ごとに世帯所得の額に応じて段階的に設定されている。それでも支払いが困難になったときのために，介護保険料の減免・軽減制度がある。介護保険第1号被保険者（65歳以上）は，災害，非自発的な離職，その他の理由により収入や預貯金が基準を下回る場合，市町村の条例により介護保険料の減免を受けられる。介護保険第2号被保険者（40歳以上65歳未満）は，前年所得が基準額を下回る場合に，国民健康保険法施行令により介護保険料が軽減される。

　介護保険料や介護サービス利用の際の自己負担分を支払うと生活保護が必要になる場合，より低い所得段階にあるとみなされ，**境界層**該当者として扱われる。これにより，介護保険料や自己負担額において，より低い基準が適用される。生活保護の申請を行ったが利用が認められなかった世帯や，生活保護の利用資格を喪失した世帯も利用できる制度である。しかし，この制度はあまり知られておらず，利用者が少ない（日本医療ソーシャルワーク研究会編 2017）。

　介護保険施設に入所（短期入所）する際，食費・居住費（滞在費）については自己負担となる。しかし，市町村民税非課税世帯または生活保護利用世帯など

176 ● CHAPTER **12**　貧困対策に必要な医療と介護の支援とは？

の低所得者や，預貯金等が一定額を超えていない人は，**介護保険負担限度額認定**を受けることで，この費用が段階的に減額される。

(4) 公費医療

　医療保険と並ぶ，日本の医療保障のもう1つの柱が公費医療である。公費医療とは，「国や地方自治体の費用（公費）負担により提供される医療で，主に福祉と公衆衛生の観点から拡充」（社会保険研究所 2017：7）されてきたものである。生活保護の医療扶助も公費医療の1つに位置づけられ，そのほかに「障害児・障害者への支援（適切な医療等の提供と経済的な支援）」「児童福祉の向上，母子保健の充実」「疾病対策（難病などの医療の向上と患者への経済的な支援）」「戦争に関連した国家補償や，公害などの健康被害の救済」を目的としたものがある（社会保険研究所 2017）。特に貧困世帯を対象に救済や支援を行うことが意図されているわけではないが，病気や障害，それにともなう高額な医療費負担により貧困に陥るリスクの高い世帯に向けて，貧困の緩和や予防を促す効果があると考えられる。

3　今後の政策課題を考える

「制度の谷間」の解消に向けて

　貧困状態にある人々が費用を心配することなく，必要なときに医療や介護を受けられることを目的とした対策は，前節でみたとおりいくつか行われている。しかし，実際には国民皆保険体制のもとでも，医療保険未加入で，にもかかわらず生活保護の医療扶助も利用していない人々が存在する。無料低額診療事業は，こうした人々への医療保障という重要な役割を果たす可能性をもつが（そして現に利用している人々にとってはその役割が果たされているが），事業の知名度が低く，財政的な措置が不十分で実施規模が小さいため，その可能性が十分に発揮されていない現状もある。今後，貧困対策の拡充により実質的な医療保障を追求するにあたり，「制度の谷間」の解消を図るという視点が重要になっている。

　そのためには，医療保険の枠組みのなかで保険料の低減や保険料滞納に対す

る制裁措置の緩和などを行い，医療保険からの排除を防止するか，生活保護を
より利用しやすい制度へと改善するか，または両者をつなぐ中間的な制度とし
ての無料低額診療事業を充実させるかといった，いくつかの選択肢が考えられ
る。ただし，無料低額診療事業には，医療ソーシャルワーカーの助言で他の支
援制度につながれるという強みがあるとはいえ，それだけで生活費を含めた包
括的な貧困対策を行えるわけではない。医療保障からの漏れを徹底的に防ぎ，
広い意味での貧困対策につなげるには，どれか1つを選択するよりそれぞれの
改善を図り，無料低額診療事業の入口と出口を確保することが有効だと考えら
れている（吉永・京都保健会編 2015）。

健康格差へのアプローチ

貧困対策として医療と介護の支援を考える際，重要なのは利用者が必要な医
療や介護を確実に受けられるかどうかである。しかし，生活保護費の，特に医
療扶助費の高さをめぐる議論をみてもわかるように，そのための費用が財政負
担に重くのしかかることばかりが強調される傾向もある。貧困世帯において医
療をより多く必要とする現状があるかぎり，財政負担は重くならざるをえない
ことを考えれば，医療費の削減にとって必要なのは，健康の維持・向上によっ
て，医療の必要そのものを減らしていくことだろう。もちろん人間の健康は財
政負担軽減の手段ではなく，それ自体として価値のあるものだが，健康の維
持・向上を通じて医療費も削減されるのであれば，それは望ましい。

近年，**健康格差**が社会問題として注目されている。健康格差とは単に人々の
健康状態が不平等であること（健康な人とそうではない人が存在すること）を意味
するのではなく，社会経済的な不平等や貧困が健康状態の不平等をもたらして
いる状況を意味する（近藤 2005）。しかもこうした健康状態の不平等のうち，
政策などの合理的な手段により回避できるはずの不平等を放置することは正義
に反するといった見方もある（Marmot 2015 = 2017）。貧困と病気に関連がある
ことはすでにみたが，貧困は高齢者の要介護状態の発生とも関連がある（齋藤
2018）。健康格差は成人や高齢者だけでなく子どもにもみられ，そして子ども
の頃の健康状態は長期にわたる影響を及ぼす（藤原 2017）。健康格差への取り
組みは，貧困状態にある人々の健康状態を改善するための戦略として注目に値

Episode● イギリスにおける健康格差とその背景

「イラクで平均寿命は 67 歳。グラスゴー中心街から数分の地区で 54 歳」（*The Guardian*, 2006/1/21，筆者訳）。10 年以上前になるが，こんな見出しで始まるイギリスの新聞記事は，スコットランド最大の都市グラスゴーの一地区，カールトンの男性の平均寿命がわずか 54 歳であり，イギリスで最も短いことを報じた。しかも，経済制裁，戦争や紛争，自爆テロや暴動の続くイラクの男性の平均寿命を引き合いに出し，それよりも短いことで驚かせた。

もっともカールトンの平均寿命の解釈には注意も必要である。54 歳という数字は 1998 年から 2002 年の間の死亡者統計に基づくが，この地区の人口は約 2500 人と少なく，誤差が大きい。また，薬物中毒，アルコール中毒，ホームレス，精神疾患などの問題を抱えた人々の暮らす簡易宿泊所が集まっていたため，若年での薬物関連死亡と自殺が通常より高い頻度で発生したことも関連している。その後，状況は大きく改善し，2008 年から 2012 年の統計によればカールトンと近隣地区を合わせた男性の平均寿命は，グラスゴー全体のそれよりは短いが，68 歳まで延びている（Whyte 2015）。

しかし，冷静にデータをみたとしても，イギリスでは居住地による健康格差や寿命格差の問題として，スコットランド，特にグラスゴーで早期死亡率と罹患率の高いことが注目されている。この背景に地域住民の貧困があることはよく知られているが，貧困率や社会経済的な特徴において類似するリバプールやマンチェスターに比べても，グラスゴーの平均寿命は短い。研究者たちは，この貧困では説明しきれない健康格差の要因の解明にも取り組んできた。

グラスゴーでは，比較対象となる都市に比べ，過密住宅の蔓延，ニュータウン政策による若年者や技能労働者の流出，大規模なスラム・クリアランスや高層住宅の建設などにより，20 世紀半ばから長年にわたり地域住民の生活やコミュニティがダメージを受けていた。また地方政府は，所得の不平等の拡大や貧困の増加を招いた 1980 年代の経済政策から住民を保護するための，住民の社会参加や絆の形成を促す対策も十分にとらなかった。そして住民は失意や無力感を抱き，自ら逆境を打開できるという感覚をもてず，健康状態を悪化させたのではないかと考えられている。貧困によって説明しきれない健康格差が生じているというより，所得や雇用の統計に基づく貧困指標が，複雑で多元的な，グラスゴーの住民が経験した貧困のリアルな実態をとらえきれていなかった可能性もあると指摘されている（Walsh et al. 2016）。

する。

　健康格差の緩和にとって，**ポピュレーション・アプローチ**が重要であること
が提言されている（近藤 2017）。健康上のリスクを抱えた人をスクリーニング
して介入する**ハイリスク・アプローチ**に対し，ポピュレーション・アプローチ
とは対象を限定せず，「人々が健康によい行動をとりやすい支援的な環境に変
えること」（近藤 2017：190）で集団に望ましい影響を与える方法である。第2
節でみたように，生活保護利用者の健康状態の改善は，すでに政府も目標の1
つに掲げているが，その手段として取り入れられようとしているのは生活保護
利用者のみをターゲットとした健康管理支援である。このことの妥当性は生活
保護利用者の自尊心や自己決定権への配慮から問われる余地があるが，その有
効性についてもポピュレーション・アプローチの観点から慎重に検討すること
が求められているのではないだろうか。

さらに学びたい人のために ┃　　　　　　　　　　　　　　　　　Bookguide ●

① 　島崎謙治（2011）『日本の医療──制度と政策』東京大学出版会
　　貧困世帯を対象とした医療費支援について考える際にも必要な，日本の医
　療制度（特に医療保険制度）の全体に関する知識を得るための1冊である。
② 　吉永純・京都保健会編（2015）『いのちをつなぐ無料低額診療事業』
　　クリエイツかもがわ
　　医療費の支払いに苦労する人々がソーシャルワーカーの支援をきっかけに，
　無料低額診療事業を利用し，医療上および生活上の困難を解決していく具体
　的な事例が紹介されている。
③ 　近藤克則（2005）『健康格差社会──何が心と健康を蝕むのか』医学
　　書院
　　社会経済的な要因が健康の悪化を招き，それが健康格差につながる実態に
　ついての分析は，貧困が病気や不健康をもたらすメカニズムを緩和するため
　の政策を考えるうえで，多くの示唆がある。

引用文献 ┃　　　　　　　　　　　　　　　　　　　　　Reference ●

阿部彩（2013）「生活保護への四つの批判──研究からの反論」埋橋孝文編『生活保護』

180 ● CHAPTER **12** 　貧困対策に必要な医療と介護の支援とは？

ミネルヴァ書房

藤原武男（2017）「子どもの健康支援と貧困」末冨芳編『子どもの貧困対策と教育支援
　　——より良い政策・連携・協働のために』明石書店

近藤克則（2005）『健康格差社会——何が心と健康を蝕むのか』医学書院

近藤克則（2017）『健康格差社会への処方箋』医学書院

厚生労働省（2001）「社会福祉法第2条第3項に規定する生計困難者のために無料又は低
　　額な料金で診療を行う事業について」（社援発第1276号）

厚生労働省（2014）「区分支給限度基準額について（社会保障審議会介護給付費分科会第
　　103回〔平成26年6月25日〕資料1）」（https://www.mhlw.go.jp/file/05-Shingikai-
　　12601000-Seisakutoukatsukan-Sanjikanshitsu_Shakaihoshoutantou/0000049257.pdf
　　〔2018年9月28日アクセス〕）

厚生労働省（2017）「生活保護行政に関する平成29年度の取組方針（社会・援護局関係主
　　管課長会議〔平成29年3月2日〕資料2）」（https://www.mhlw.go.jp/file/05-Shingikai-
　　12201000-Shakaiengokyokushougaihokenfukushibu-Kikakuka/0000153240.pdf〔2018年8
　　月31日アクセス〕）

Marmot, M.（2015）*The Health Gap: The Challenge of an Unequal World*, Bloomsbury
　　（＝2017, 栗林寛幸監訳・野田浩夫訳者代表『健康格差——不平等な社会への挑戦』日
　　本評論社）

みわよしこ（2017）「メタボの生活保護受給者を狙い撃ち？厚労省『健康指導』の真意」
　　Diamond Online（https://diamond.jp/articles/-/124815〔2018年8月31日アクセス〕）

森川清（2014）『改正生活保護法——新版・権利としての生活保護法』あけび書房

日本医療ソーシャルワーク研究会編（2017）『医療福祉総合ガイドブック2017年度版』医
　　学書院

齋藤香里（2018）「介護と貧困」駒村康平編『貧困』ミネルヴァ書房

嶋貫真人（2001）「生活保護における医療扶助の問題点——現状と改革へ向けての提言」
　　『社会福祉研究』81: 86-91

島崎謙治（2011）『日本の医療——制度と政策』東京大学出版会

総務省（2014）『生活保護に関する実態調査 経過報告書』

社会保険研究所（2017）『公費医療・難病医療ガイド 平成29年4月版』社会保険研究所

土田武史（2012）「国民皆保険体制の構造と課題——国民健康保険の視点から」『早稲田商
　　学』431. 317-341

Walsh, D., G. McCartney, C. Collins, M. Taulbut and G. D. Batty（2016）*History, Politics
　　and Vulnerability: Explaining Excess Mortality in Scotland and Glasgow*, Glasgow Cen-
　　tre for Population Health

Whyte, B.（2015）"Life Expectancy in Calton: No Longer 54," Glasgow Centre for Popu-
　　lation Health（https://www.gcph.co.uk/latest/news/555_life_expectancy_in_calton-no_
　　longer_54〔2018年5月6日アクセス〕）

吉永純・京都保健会編（2015）『いのちをつなぐ無料低額診療事業』クリエイツかもがわ

CHAPTER 第13章

生活保護の権利は私たちと無関係なのか？

生活保護の権利と不服申立制度

INTRODUCTION

　第7章でもみたように、生活保護は国民の権利となったが、実際には、生活保護バッシングにみられるように、生活保護の利用者を怠惰だとして批判する人も多い。また、それを反映して、一部の行政職員やケースワーカーも生活保護を恩恵的なものとしてみる向きがある。それは生活保護が利用できず生じた餓死事件や、生活保護に関する審査請求や裁判、ケースワーカーへの意識調査などをみると理解できる。
　そこで、あらためて生活保護はなぜ権利として位置づけられるのか、考えてみる必要がある。また、権利とするためにとられている審査請求や裁判などの不服申立制度について理解していく必要もあるだろう。

Episode● 中嶋訴訟と高校進学

いま子どもの貧困が大きな問題として取り上げられ，子ども食堂や学習支援等が取り組まれるようになってきた。同時に，低所得世帯の大学進学のために，給付型奨学金が創設された。

生活保護利用世帯の子どもの小学校，中学校の義務教育は教育扶助として保障されているが，16歳になると基本的には稼働年齢に達しているとして働くことが求められる。現在は高校の進学費用も生活保護から給付されるが，2004年度までは高校の学費は自身で工面しなければならなかった。そのため，生活保護利用世帯では，その学費を奨学金やアルバイト等で確保したり，保護費から少しずつ貯めて捻出しなければならなかった。その状況を打開したのが生活保護の不服申立であった。

生活保護を利用していた中嶋さんは，子どもの高校進学のため，生活保護費を節約して，月3000円の保険料の学資保険に加入した。しかし，この学資保険から高校進学する際に支給された約45万円を福祉事務所は収入認定し，6カ月にわたって生活保護費約9万円分を減額したのである。

生活費を切りつめ大変な思いをして貯めた子どもの進学費用をなかったことにされ，中嶋さんは憤りを覚え，審査請求をしたが，却下され，1991年に提訴した（中嶋訴訟）。第1審で原告は敗訴，第2審で勝訴し，2004年に最高裁は原告勝訴の判決を下した。最高裁は，「一度支給された保護費の使途は原則として自由である」ため，学資保険を収入認定した福祉事務所の処分は違法としたのである。

これを受けて，2005年度に，厚生労働省は生活保護利用世帯に50万円以下の学資保険を認めるよう実施要領を改定し，また，高校進学のための費用である「高等学校等就学費」を創設した。ただし，これは「教育扶助」ではなく，働くための扶助である「生業扶助」に置かれた。つまり，生活保護利用世帯の子どもの高校教育は，憲法第26条にいう教育を受ける権利としてではなく，あくまで仕事を得るための職業訓練として位置づけられたのである。このような位置づけの問題があるが，生活保護利用世帯の子どもも高校進学が可能になったことは大きな

『朝日新聞』2004年3月16日夕刊

184 ● CHAPTER **13** 生活保護の権利は私たちと無関係なのか？

成果であった。

　生活保護の裁判は，単にその生活保護利用世帯の利益のみならず，最低限度の生活を底上げし，生活保障の内実を豊かにしていく可能性のあるものである。

1　生活保護の権利はどう確立したか

新生活保護法で保護請求権・不服申立制度ができるまで

　近代日本の貧困救済は 1874 年の恤救規則から始まったが，これは法律でもなく，権利性はなかった。1929 年に成立した救護法では，それを利用すると選挙権を失うなどの制裁がともなった。1946 年 9 月に旧生活保護法が成立したが，勤労を怠る者，素行不良な者等には保護をしない欠格条項があり，保護の申請権や不服申立制度もなかった（⇨第 **7** 章）。

　しかし，旧生活保護法が成立した直後の 1946 年 11 月に日本国憲法が公布された。憲法第 25 条第 1 項に「すべて国民は，健康で文化的な最低限度の生活を営む権利を有する」と規定された。その後，1949 年 2 月に愛知県知事から厚生省に「生活保護法により保護を請求する権利があるか」という「疑義照会」があり，これを契機に 1949 年 5 月に生活保護法施行規則改正で不服申立制度が確立し，1949 年 9 月の社会保障制度審議会の「生活保護制度の改善強化に関する件」で保護請求権の導入が提案され，1950 年 5 月に新生活保護法が成立した（小山 1951；菅沼 2005）。

　新生活保護法第 2 条で「すべて国民は，この法律の定める要件を満たす限り，この法律による保護を，無差別平等に受けることができる」と受給権が明記された。そして，保護を求める権利として「**保護請求権**」（第 7 条），その権利を確保するための手段としての**不服申立制度**（第 64 条）が規定された。当時の厚生省社会局保護課長の小山（1951）は，保護請求権だけでは「実体的な内容を伴わない表現上の権利に過ぎない」「法律上の争訟手段たる『不服の申立』によって……実定法上も明確に『権利』と称し得ることができる」という。こう

1　生活保護の権利はどう確立したか　　● 185

して生活保護が憲法で規定された生存権保障を実現するための制度になった。当時の小山のもとで実務を担った厚生官僚である高橋（1981）によって「新法制定の直接の動機となったのは，不服申立制度の導入である」といわれるゆえんである。

┃ 憲法第 25 条第 1 項の生存権はなぜ規定されたのか ┃

憲法第 25 条第 1 項の**生存権**はどのように規定されたのか。この生存権規定は，よくいわれるように敗戦後の状況下で占領軍（GHQ）に押し付けられたものではない。1946 年 2 月に提示された GHQ 憲法草案は「第 24 条 あらゆる生活範囲に於いて法律は社会的福祉，自由，正義及び民主主義の向上発展の為に立案せられるべし」とされていたが，1946 年 6 月の憲法制定審議の国会のなかで，社会党の森戸辰男議員が「国民は生存権を有す。」という条文を追加するよう発案したのである。

それには，大きく 2 つの背景がある。第 1 に，第 2 次世界大戦によって日本だけでも 310 万人，世界で数千万人もの人が亡くなった。各地の戦闘の犠牲のみならず，空襲や原爆の犠牲者，戦争に反対し治安維持法違反等で逮捕され殺害された人もいる。菅沼（2005）は「戦争体験なしに戦後の日本人の生存権意識を理解することはできない」という。戦争の記憶が鮮明な戦後直後にあって，生存権は国民の願いであった。

そのことは日本国憲法の前文に表れている。「われらは，全世界の国民が，ひとしく恐怖と欠乏から免かれ，平和のうちに生存する権利を有することを確認する」。「恐怖」とは戦争や暴力など，「欠乏」は貧困を意味し，それらに対して**平和的生存権**，つまり憲法第 9 条（平和）と第 25 条（生存権）が位置づけられるのである（二宮 2005）。

第 2 に，戦前から日本でもすでに生存権の研究は進んでいた。世界で初めて生存権を規定した 1919 年のドイツ・ワイマール共和国憲法について牧野（1928）等が紹介したことをはじめ，**ナショナル・ミニマム**を提起したイギリスの**ウェッブ夫妻**の『産業民主制論』を高野岩三郎が 1923 年に翻訳し（Webb 1897=1969），広く知られていた。その高野は 1945 年 12 月の憲法研究会の民間による憲法草案のなかで「国民は健康にして文化的水準の生活を営む権利を有

す」という条文を提案していた。生存権は，戦後になって突然生まれたのではなく，戦前・戦中からの法学，経済学の研究成果でもある。

生存権はどのように確立したのか？

そもそも生存権はどのように確立したのか。憲法には人権の成立について次のように書かれている。憲法第 97 条「この憲法が日本国民に保障する基本的人権は，人類の多年にわたる自由獲得の努力の成果であつて，これらの権利は，過去幾多の試錬に堪へ，現在及び将来の国民に対し，侵すことのできない永久の権利として信託されたものである」。では，人類の多年にわたる自由獲得の努力の成果とは何だろうか。それは人権が否定されてきた世界のなかで，人権を求めて闘ってきた歴史である。たとえば，1789 年の絶対主義王政に反発するバスチーユ牢獄襲撃を経てフランス革命が起こり，そのなかで「フランス人権宣言」が採択された。その第 1 条（自由・権利の平等）には，「人は，自由，かつ，権利において平等なものとして生まれ，生存する」とある。こうした社会の転換期に，自由や生存についての人権が確認されてきた。

戦前の日本に目をやると，人権は制限され，国が国民を守るのではなく，国民が身命を賭して国を守るよう強いられた。その反省から戦後日本の憲法では国家が国民を守る，そのための人権が重要な柱を構成することになった。生存権を含む人権は，こうした人類の過酷な歴史のなかで，徐々に獲得し，確立してきたものなのである。

さて，この歴史のなかで，生存権には大きく 2 つの種類があるといわれている。第 1 に，**自由権的生存権**である。不当逮捕や処刑，高い課税等によって国民の生存が危ぶまれる状態になるような国家の介入を阻止する権利である。第 2 に，**社会権的生存権**であり，国民が貧困や病気等で生存が危ぶまれるときに，国家による介入，つまり，現金給付や食糧や医療等の現物給付等によって国民の生存を確保する権利である（芦部 2007）。国家は国民に高い税・年貢，労役等を課して資金や権力を得ていた長い歴史がある。それが国民の生存権を守る存在になるには，国家そのものが変化しなければならない。その装置が主権在民であり，民主主義である。日本国憲法は，国家の主権が国民にあり，国家は国民のために存在するとした。それを体現するのが参政権である。政治への参

加を通して，国民が国家をコントロールすることができるようになり，国家の介入が可能となったのである。

ところで，日本国憲法第12条には「この憲法が国民に保障する自由及び権利は，国民の不断の努力によって，これを保持しなければならない」とある。『権利のための闘争』を記した法学者の R. von. イェーリングによれば（Jhering 1872=1978)，憲法や法律で規定された権利が確保できない人を放置していたら，その人の権利が守られないだけでなく，権利は空文となり，それはその権利を規定した憲法や法律も否定することになってしまう。それは国家を否定することにもなり，国家の信頼を揺るがすものである。国民の生存権をどう守るのか。その1つの手段が不服申立制度であり，審査請求や裁判なのである。

生活保護の不服申立制度の仕組み

不服申立制度の3つの手段

生活保護法で権利を確保する手段として，不服申立制度が設けられた。不服申立てについては，大きく3つの手段がある（木下・尾藤 2006）。第1に，**審査請求**であり，生活保護の廃止や停止などの処分を行った福祉事務所の上級官庁（都道府県や厚生労働省）に対して，その行政処分が正当なものであるかを審査するように求めるものである。第2に，審査請求の裁決が納得のいくものではなかった場合，**行政訴訟**として裁判を提訴することができる。ただし，生活保護では**審査請求前置主義**がとられているため，原則，審査請求を経ないで裁判を提訴することができない。第3に，生活保護法の枠組み内で想定されたものではないが，ケースワーカーなどがもし生活保護利用者に対して暴力や暴言，差別をした場合，そのような行為は行政処分を超えたものであり，審査請求を経ないで，**国家賠償請求訴訟**を申し立てることもできる。

審査請求の意義

なぜ審査請求前置主義がとられているのか。行政不服審査法第1条はその目的を次のように規定している。「この法律は，行政庁の違法又は不当な処分そ

の他公権力の行使に当たる行為に関し，国民が簡易迅速かつ公正な手続の下で広く行政庁に対する不服申立てをすることができるための制度を定めることにより，国民の権利利益の救済を図るとともに，行政の適正な運営を確保することを目的とする」。ポイントは「簡易迅速な手続」である。

もし審査請求がなければ，行政処分に不服があったとき，すぐに裁判をしなければならない。しかし，裁判をするためには，法律の専門知識が不可欠であり，弁護士を雇うなど費用もかかる。生活保護利用者にはそれはなかなか難しい。また，裁判は提訴してから判決がでるまでに何カ月，何年もかかる場合がある。生活保護の目的を実現するためには，数カ月の遅れも許されない。もちろん，行政側も法律の専門家を雇い裁判に対応しなければならず，大きな出費をもたらす。そのため，裁判の前に，行政側にその処分の正当性を確認してもらうことが優先される。

┃ 審査請求のプロセス ┃

生活保護法では，不服申立制度は生活保護法第11章の第64条から第69条に規定されている。審査請求は，その処分を知った翌日から3カ月以内に行う。**審査庁**（都道府県知事，厚生労働大臣）は50日，または第三者機関（行政不服審査会等）に諮問する場合には70日以内に**裁決**を出さなければならない。もし裁決が出されなかった場合，当該請求を棄却したものとみなすことができる。その裁決に不服がある場合は，厚生労働大臣に**再審査請求**をすることができる。そして，審査請求の裁決の後に裁判に提訴することができる。

では，具体的にどのように審査請求は行われるのか。たとえば，市町村が処分庁であった場合の審査請求の手続きの流れは次のとおりである（図13.1）。第1に，請求人の氏名や住所，審査請求の趣旨・理由等を記載した書面を，審査庁となる都道府県知事に提出する。第2に，都道府県の審査庁の審理は，処分に関与した行政職員を除いて選任される**審理員**が審理を行う。原則として第三者機関である**行政不服審査会**等によるチェックも行われる。第3に，審査庁から処分庁に請求に対する事実確認が行われ，処分庁・福祉事務所から**弁明書**が提出される。それに対して，請求人は反論書を提出することができる。また，請求人は必要な書類の提出や福祉事務所の書類（ケース記録等）の閲覧を求め

2　生活保護の不服申立制度の仕組み　● 189

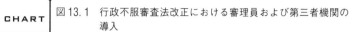

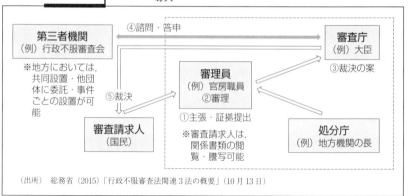

(出所) 総務省 (2015)「行政不服審査法関連3法の概要」(10月13日)

ることができる。事件が複雑な場合等で，争点の整理や審理手続きの計画が困難な場合は，必要に応じて，審理手続きの申立てに関する意見聴取を行うことができる。**口頭意見陳述**をする場合，処分庁の出席が義務とされ，審査請求人に質問権がある。第4に，都道府県知事は請求があった日から50日以内に，第三者機関（行政不服審査会等）に諮問する場合は70日以内に裁決を出さなければならない。

3 生活保護の裁判事例

生活保護に関して，実際にどのような裁判が行われてきたのか。生活保護の裁判として初めての事例となった朝日訴訟を取り上げたうえで，その後の代表的な裁判について紹介しておきたい（井上ほか編 2017）（⇨第 **7** 章）。

| 生活保護の初めての裁判＝朝日訴訟 |

生活保護利用者が保障内容に疑義を覚え提訴した初めての裁判が**朝日訴訟**である。朝日茂さんは結核療養所で月600円の生活扶助（日用品費と医療扶助）を受給していたが，1956年に福祉事務所は原告の兄に月1500円の仕送りをさせた。すると，福祉事務所は600円分の生活扶助を打ち切り，仕送り額から600円を朝日さんに残したうえで，900円を医療費の自己負担分として徴収した。つまり朝日さんは1500円の仕送りを得たが，福祉事務所は1500円分の保護費

を打ち切ったのであった。朝日さんはその処分は憲法第25条に反すると1957年に提訴した。

1960年の第1審判決では，「最低限度の生活水準は，決して予算の有無によって決定されるものではなく，むしろこれを指導支配すべきものである」として原告勝訴となった。しかし，1963年の第2審判決では，「生活扶助基準をさらに引上げるということになれば，納税を通じて一般国民の負担に当然大きな影響を及ぼすことは否定できない……このような場合に生活扶助のため一般国民がどの程度の負担をするのが相当かということは容易に決められない問題である」として，裁判所は厚生大臣（当時）の判断に一任し，原告は敗訴した。1967年の最高裁では，1964年に朝日さんが亡くなったために，生活保護は一身専属の権利のため，裁判は終了すると宣言し，原告敗訴が確定した。加えて，「念のため」として，「憲法25条1項は……すべての国民が健康で文化的な最低限度の生活を営み得るように国政を運営すべきことを国の責務として宣言したにとどまり，直接個々の国民に具体的権利を賦与したものではない……何が健康で文化的な最低限度の生活であるかの認定判断は，厚生大臣の合目的的な裁量に委されて」いるとした。

すなわち，憲法が規定する生存権は国の理想を述べたのであって，それが保障されていなくても国には責任はないということである。このような考え方を「**プログラム規定説**」という。ここでプログラムというのは「単なるお題目」という意味である。さすがにこれでは憲法を軽視しすぎとされ，その後の法学者の見解は次の2つに集約される。1つは，「**抽象的権利説**」で，憲法第25条は国民に具体的な権利を与えたものではないが，それを具体化する法律（生活保護法等）ができて初めて生存権を問うことができるという考え方である。もう1つは，「**具体的権利説**」で，生存権を具体化する立法がないときでも，憲法を基に国の（生存権を保障する制度をつくらないという）不作為の違憲性を確認する訴訟を提起することができるとする考え方である。

現在では抽象的権利説が通説とされているが，これでは思想信条の自由，学問の自由，法の下の平等など，それ以外の国民の権利も同様に扱われてしまう。そもそも，人が生きてこそ思想信条や学問の自由，法の下の平等を主張できるのであって，これらの権利も生存が確保されていなければ無意味である。その

意味で，生存権は人権のなかでも最も重要なものの1つである。

　なお，朝日訴訟では最高裁で原告敗訴となったが，朝日訴訟は国民的な運動としても取り組まれたため，実質的には保護基準は少しずつ引き上げられた。また，この裁判を通じて，憲法第25条や生存権が周知されるようになり，国民の権利意識を高める結果になった。

朝日訴訟に続く生活保護の裁判

　朝日訴訟に引き続き，制度のあり方を問う裁判が起こされてきた。どのような裁判が行われてきたのか，先の中嶋訴訟以外のいくつかを簡潔にみておきたい（井上ほか編 2017）。なお，裁判の名称は弁護側による通称である。

　①加藤訴訟……将来の介護費用のために保護費を切り詰めて預貯金を蓄えていたところ，福祉事務所はその一部を葬儀費用に充てるよう制限する「指導指示」をし，さらに残りは収入認定し，保護費を減額した。加藤さんはこの減額処分の取り消しと指導指示の無効を求めて提訴した。1993年の第1審判決で加藤さんの主張は認められた（第1審で確定）。

　②高訴訟……障害等級1級の障害をもつ高さんの母は，親亡き後のために生活保護費を切り詰めて心身障害者扶養共済の保険料を支払っていた。母が亡くなり共済から年金月2万円が支払われると，福祉事務所はそれを収入認定し，保護費を減額した。高さんはこの減額処分の取り消しを求めて提訴した。1999年の第1審，2000年の第2審，2003年の最高裁とも原告勝訴となった。高訴訟は，生活保護利用者が初めて最高裁で勝訴した裁判となった。

　③新宿七夕訴訟……路上生活をしていたAさんは，3度も生活保護の申請をしたが，福祉事務所はホームレス対策の自立支援センターを利用するよう生活保護の申請をすべて却下した。Aさんは保護却下の取り消しなどを求めて提訴した。2011年の第1審判決で福祉事務所の申請却下を取り消し，保護の義務づけ請求も認められた（第2審で確定）。

　④岸和田訴訟……中卒で車の運転免許のないBさんは求職活動をしても仕事が得られなかった。そのため，5回も生活保護の申請をするも，働けるはずだとして却下された。2013年の第1審で申請権の侵害があることが認められ，原告勝訴となった（第1審で確定）。

⑤**老齢加算・母子加算廃止取り消し裁判**……2004年から2006年にかけて70歳以上の高齢者を対象にした老齢加算（1級地で月額1万7930円）の廃止，2005年から2007年にかけて母子加算（1級地で月額2万3260円）の廃止がなされた。これに対して憲法第25条と生活保護法第56条の不利益変更の禁止に反するとして，全国各地で提訴された。老齢加算については，各地の裁判で原告敗訴となったが，母子加算は政治決着で2009年12月に復活した。

⑥**生活保護基準引き下げ違憲訴訟**……2013年には生活扶助基準そのものの引き下げが行われた。しかし，これでは，健康で文化的な最低限度の生活ができない，また，不適切な統計処理を行った物価下落を根拠に厚生労働省が保護基準を引き下げたと全国各地で提訴された。この裁判は現在審理が進められている。

4 アメリカの不服申立制度の仕組み

アメリカの不服申立制度の仕組み

　日本の制度のあり方を考えるための比較として，ここではアメリカの公的扶助の不服申立についてみておきたい（木下 2017）。アメリカでは合衆国憲法に生存権規定はなく，ニューヨーク州憲法など一部の州を除いて生存権や福祉給付を受ける権利が明記されていない。

　一方，「ゴールドバーグ vs. ケリー訴訟」における1970年の連邦最高裁判決のなかで，憲法の**デュープロセス条項**，いわゆる手続的権利として，福祉給付の打ち切り前に，審査請求の「**ヒアリング（聴聞）**」の機会を設けること，また，裁決が出るまでの福祉給付が保障されることになった。その後，生活保護の停・廃止等に関わって利用者からの申し立てにより「ヒアリング」が義務づけられた。

ロサンゼルスの審査請求の例

　カリフォルニア州ロサンゼルス郡の例をみてみよう。第1に，ヒアリングはその処分を知った日から90日以内に申請しなければならない。日本と異なり，

4 アメリカの不服申立制度の仕組み　●　193

書面を事務所に直接出すだけでなく，電話やインターネット，郵便等でも申請を受け付けている。第2に，実際の処分（公的扶助の停・廃止等）の日の10日前までに申請をすると「**給付延長**」がなされ，裁決が出るまでこれまでどおりの給付が行われる。これは日本にはない仕組みである。

第3に，アメリカの場合，「ヒアリング」という言葉に表れているように，裁判官にあたる**行政審判官**（Administrative Law Judge）が生活保護利用者本人や代理人等と，処分をした福祉事務所の代表者の双方から意見を聞き，その後に裁決を出す。つまり，利用者は自分の主張を直接，行政審判官に聞いてもらうことができる。しかも，行政審判官は弁護士資格が必要であり，法律の専門家である。日本では，審査請求の審理を行う職員は法律の専門家でなければならないというような規定はなく，一般職員であることがほとんどである。

▎低所得者への法的支援 ▎

アメリカの公的扶助のヒアリングを研究しているレンズ（Lens 2009）によれば，友人や支援者がいることがヒアリングの申請を促しているという。ヒアリングをするには，行政処分の問題点が理解できなければならず，行政と対峙するためそれなりの勇気が必要である。ヒアリングをサポートしてくれる人がいてこそ，ヒアリングの申請が可能となる。

アメリカには，低所得者向けのいわゆる法律扶助の仕組みがある（木下2018）。1974年に連邦法で創設されたNPOの**法的支援法人**（Legal Services Corporation）があり，ここが低所得者向けに活動している全国の法的支援団体に対して，3億5200万ドル（2017年度）の資金を配分し，全米で法的支援を展開している。この助成を受けた公的扶助の支援件数は，たとえば，2016年度には，貧困家庭一時扶助（TANF）で6567件，補足的栄養支援（SNAP）で1万6495件等となっている。

ただし，全米の法的支援法人の助成対象となっている法的支援団体は一部でしかなく，また，それらの法的支援団体の収入をみても，法的支援法人の助成金は全体の4割以下でしかない。多くの法的支援法人はその他の公的資金，民間寄付等いくつもの公私の資金を得て支援をしている。たとえば，ニューヨーク州の2016年度のヒアリングの件数は，貧困家庭一時扶助（TANF）のプログ

ラムである「家族扶助」で6万9989件，補足的栄養支援（SNAP）で3万2995件にも及ぶ。日本の年間の生活保護の審査請求件数は1000件程度といわれているので（吉永2011），それと比してかなり多い。

　ニューヨーク市の公的扶助の停・廃止の通知をみると，ヒアリングの説明として A4で1枚，ヒアリングを申請するにあたっての法的支援を受けるための団体の紹介（団体名や連絡先等）を紹介した文書が1枚つけられている。このような詳しい説明は日本では受けることはできないので，アメリカのほうがヒアリング（審査請求）の権利行使が容易であるといえる。

　以上のように，貧困大国といわれるアメリカでは公的扶助の不服申立ては，法律の専門家によって対応されており，日本と比べてより実効性があることがわかる。また，アメリカでは，日本にはない「給付延長」の仕組みがあり，裁決が出るまで公的扶助の利用者の生活も一定程度確保される。さらに，こうした不服申立てを申請する支援も，日本に比べて手厚い。これらの点はアメリカの仕組みから日本が学ばなければならないことである。

⑤　生活保護の権利を保障するということ

　生活保護での不服申立てによって権利を保障しようということにはどのような意味があるのか。木下・尾藤（2006：231-234）は，生活保護の不服申立ての意義を次のようにまとめている。第1に，違法な処分による被害の回復である。たとえば，生活保護を不当に廃止された人の生活保護の給付を確保する。第2に，違法な処分の再発防止である。不当な処分を指摘することで，類似の処分の再発を防止する。第3に，生活保護制度の改善である。朝日訴訟，中嶋訴訟（⇨Episode参照）等にみられるように，その後の制度改善につながる可能性がある。第4に，良心的なケースワーカーに対する励ましである。貧困者の権利保障のため，柔軟な制度の運用に尽力するワーカーもいる。不服申立てを通してそうしたワーカーの後押しをすることができる。第5に，こうした取り組みを通して生活保護のセーフティネットとしての機能を充実させることである。訴訟を提起することによって，生活保護の問題点を改善し，国民の生活保障のために生活保護がしっかりと機能できるようになる。第6に，生活保護制度の

内容を充実させることによって，社会保障制度の底上げをし，社会保障全体の充実を図ることである。たとえば，よく知られているように，最低賃金の引き上げの目安に生活保護制度は活用されてきた。また，低所得世帯の子どもの義務教育のために就学援助が行われているが，これも生活保護基準が利用の目安とされている。生活保護制度が改善されれば，生活保護制度以外の制度も充実することになる。以上のように，生活保護の不服申立て，権利保障は，1人の権利侵害された人の保障に取り組むのみならず，制度やその運用の改善をすることを通して，多くの人の権利保障の確保につながるのである。

　逆にいえば，生活保護制度が後退すると，それに合わせて，他の制度の利用要件も厳しくなり，社会保障全般が後退することになる。生活保護制度の正当な権利を確保し，また，社会保障全般の底上げをしていくためにも，生活保護制度の不服申立ては重要な仕組みである。そして，生活保護の権利は，生活保護の利用者だけのものではなく，広く私たちの生活に関わっており，私たち自身の権利であるといえる。

さらに学びたい人のために　　　　　　　　　　　　　　　　**Bookguide** ●

① 　二宮厚美（2005）『憲法 25 条＋ 9 条の新福祉国家』かもがわ出版

　憲法第 25 条の成立の経緯や人権のあり方についてみたうえで，そこから権利保障のための社会保障や社会福祉制度のあり方，平等やジェンダーの考え方などについてわかりやすく解説している。

② 　吉永純（2011）『生活保護の争点──審査請求，行政運用，制度改革をめぐって』高菅出版

　ほとんど公になってこなかった全国の生活保護の審査請求の裁決を収集・分析し，また，その裁決の内容について整理・検討し，初めて生活保護の審査請求の全体像を明らかにしたものである。

③ 　井上英夫ほか編（2017）『社会保障レボリューション──いのちの砦・社会保障裁判』高菅出版

　生活保護を中心に，これまでの社会保障に関する裁判について，関わった弁護士や研究者，運動家などの立場から，その社会保障に対する熱い思いも含めて紹介した貴重なテキストである。

引 用 文 献　　　　　　　　　　　　　　　　　　　　Reference ●

朝日茂〔朝日訴訟記念事業実行委員会編〕(2004)『人間裁判——朝日茂の手記』大月書店
芦部信喜〔高橋和之補訂〕(2007)『憲法〔第 4 版〕』岩波書店
井上英夫ほか編 (2017)『社会保障レボリューション——いのちの砦・社会保障裁判』高菅出版
Jhering, R. von (1872) Der Kampf ums Recht, Mang (＝1978, 小林孝輔・広沢民生訳『権利のための闘争』日本評論社)
木下武徳 (2017)「アメリカにおける公的扶助の行政不服審査——日本との比較の視点から」『國學院経済学』65 (3・4)：391-412
木下武徳 (2018)「アメリカにおける法的支援と公的扶助——法的支援法人と Legal Services NYC」『立教大学コミュニティ福祉学部紀要』20：59-75.
木下秀雄・尾藤廣喜 (2006)「争訟は生活保護行政を変える」尾藤廣喜・松崎喜良・吉永純編『これが生活保護だ——福祉最前線からの検証〔改訂新版〕』高菅出版
小山進次郎 (1951)『生活保護法の解釈と運用〔改訂増補〕』全国社会福祉協議会
Lens, V. (2009) "Seeking Justice: Citizens' Use of Fair Hearings to Correct Errors in Public Welfare Bureaucracies," *Journal of Public Administration Research and Theory*, 19 (4): 817-837.
牧野英一 (1928)『法律と生存権』有斐閣
二宮厚美 (2005)『憲法 25 条＋9 条の新福祉国家』かもがわ出版
菅沼隆 (2005)『被占領期社会福祉分析』ミネルヴァ書房
高橋三男 (1981)「小山さんと新法制定の二つの動機」厚生省社会局保護課編『生活保護三十年史』社会福祉調査会
吉永純 (2011)『生活保護の争点——審査請求，行政運用，制度改革をめぐって』高菅出版
Webb, S. and B. Webb (1897) Industrial Democracy, Longmans, Green, and Co. (＝1969, 高野岩三郎監訳『産業民主制論』法制大学出版局)

※本稿は JSPS 科研費 (課題番号 15K03942) の助成を受けた研究成果の一部である。

CHAPTER

第 14 章

生活困窮者自立支援制度は貧困対策をどう変えるか？

INTRODUCTION

　2015年4月に生活困窮者自立支援法が施行された。それまで，パートなどの非正規労働者や長期失業者らにとっては，「第1のセーフティネット」である雇用保険等の社会保険が十分機能せず，「最後のセーフティネット」である生活保護制度が頼みの綱という状況があった。自立支援制度はそれに対し，相談支援や就労支援などを行うことで，最低限度の生活水準以下になる前，つまり，生活保護を利用する前に，対策がとられることになった。本章では，自立支援制度の事業や実施状況をみたうえで，自立支援制度と生活保護制度との関わりを検討し，貧困対策がどのように変化していこうとしているのかを素描してみたい。

Episode● 生活困窮者支援の難しさ

　全国各地でさまざまな生活困窮者支援が行われており，一部の先進的な自治体はその報告書を作成している。ここでは，「平成29年度小樽市生活困窮者自立支援事業実績報告書」のなかから支援事例の1つを紹介しよう。

　20代の女性Aさんは母親，弟，母親のパートナーと同居していた。中学生のときからうつ病で不登校になり精神科を受診した。通信制高校を卒業したが，就労はアルバイトを2週間しただけでひきこもり状態だった。

　生活困窮者自立支援法に基づく自立相談支援事業所「たるさぽ」（小樽市生活支援センター）が関わり精神障害者手帳3級を取得し，自立支援医療も利用できるようになった。自立支援制度の就労準備支援事業で就労体験に参加し，その体験先で週3回のアルバイトが決定した。

　以前から母親のパートナーの暴言等による精神的ストレスがあり，ひとり暮らしを希望していたが，生活能力や金銭的問題，母親の反対などで，ひとり暮らしはできないでいた。その後，母親が経営する飲食店の経営悪化から，Aさんへの金銭要求がエスカレートした。給料が支払われるたびに1～2万円の単位で要求があり，やむなく渡し，さらに母親と母親のパートナーからカードローン2社より総額30万円の借入れを無理矢理契約させられ，全額母親が搾取した。そのことでAさんの精神的ストレスが悪化し，ひとり暮らしのための支援をすることになった。

　すぐに本人とアパートを探し，賃貸契約の費用は自立支援医療の返還金を活用した。入居にあたっては，「たるさぽ」に保管してあった家電製品を提供した。また，就労収入のみでは生活が困難であったため，障害年金を申請したが，就労経験があったため，受給できなかった。そこで，「たるさぽ」が本人と生活保護申請にも同行し，生活保護の利用を含めた自立支援となったという。

　さて，この事例からもわかるように，貧困問題の背景として，子どものときからの不登校や精神的な問題などを抱えている人もいる。その結果，卒業後の就労が難しくなる可能性も高い。一方，家族が本人にサポートするというより，問題を深刻化させている場合もある。

　Aさんの場合，障害者手帳を取得し，自立支援医療を利用したが，障害年金は利用できなかった。そこで，相談員は生活保護の利用やその後のひとり暮らしをサポートした。自立支援制度は生活保護の手前で支援をするというが，実際には生活保護につなげるケースもある。自立支援制度ができて，生活保護

の役割が減ったと単純には結論づけられないのである。

1 生活困窮者自立支援制度とは

本節では，**生活困窮者自立支援制度**（以下「自立支援制度」とする）ができた背景をみたうえで，自立支援制度の内容と実施状況についてみておきたい。

自立支援制度創設の背景

生活困窮者自立支援制度が創設された背景として，第1に指摘できるのは貧困問題への関心の広がりである。2008年末の「年越し派遣村」（⇨第**7**章）などは現代日本の生活困窮者の存在を目にみえるものにした。

パート，アルバイト，契約社員等の非正規労働者の労働者に占める割合は，1984年の15.3% から2017年の37.3% まで増加している。非正規労働者は，低賃金になりやすく，また解雇されやすく，雇用保険，厚生年金等に加入することが難しい。特に，世帯主が非正規労働者であれば，貧困のリスクは高くなりやすい。働けど貧困状態にあるワーキングプアの人が増加しているのである。

相対的貧困率は1985年の12.0% から2015年に15.7% まで増加している。特に，母子世帯等の子どもがいる現役世代で大人が1人の世帯では2015年に50.8% と2人に1人は貧困になっている（厚生労働省 2017a）。2000年代に入ってからは，ホームレス問題，餓死，多重債務，自殺，孤独死，派遣切りなど貧困に関わる社会問題が指摘されるようになった。

第2に，貧困問題の広がりのなかで，生活困窮者の支援活動が活発になったことである。**年越し派遣村**等の民間の取り組みを受けて，内閣府で取り組まれた生活と就労の**ワンストップサービス**や，**パーソナル・サポート・サービス**の取り組みや，北海道釧路市の中間的就労等の**自立支援プログラム**，埼玉県の貧困にある子どもの学習支援事業であるアスポート事業，大阪府豊中市の**コミュニティソーシャルワーカー**，滋賀県野洲市市民生活相談課の総合相談支援，福岡県のグリーンコープ生協による家計相談支援などの先駆的な自治体の取り組み

1　生活困窮者自立支援制度とは　● 201

が実施されてきた。このような取り組みに後押しされて，生活困窮者自立支援制度のモデルができあがってきた。

第3に，1990年代以降の生活保護利用世帯の増加がある。生活保護利用世帯は1992年の58万世帯から2017年2月の163万世帯へと右肩上がりで増加している（厚生労働省 2017c）。ただし，生活保護は要件が厳しくなかなか利用できないし，たとえば年金を受けているから，働いているから，自分が生活保護を利用できると思っていない人も多い。そのため，仕事を失ったり，病気になったりしてからやっと生活保護の利用に至ることが多いのである。

しかし，生活保護を利用するまでに病気や社会的孤立などの深刻な問題を抱えるようになってしまうと，その後，就労に結びつきにくい。そこで，生活保護の手前の段階で，生活問題が大きくならないうちに，就労支援や生活支援が必要だと考えられるようになったのである。

厚生労働省社会保障審議会の**生活困窮者の生活支援の在り方に関する特別部会**の報告書（厚生労働省 2013）が2013年1月に公表され，生活困窮者自立支援制度の創設と生活保護の引き締め策が提案された。2013年12月に**生活困窮者自立支援法**および生活保護法改正法が成立し，自立支援制度は，2015年4月から実施された。附則に施行3年後の検討規定があり，2018年6月に改正法が成立した。

生活困窮者自立支援制度の内容

(1) 自立支援制度の概要

自立支援制度は「生活保護に至る前の段階の自立支援策の強化を図るため，生活困窮者に対し，自立相談支援事業の実施，住居確保給付金の支給その他の支援を行う」ことを目的としている。雇用保険や年金などの社会保険である「第1のセーフティネット」で生活保障されない人が増えてきている一方で，それらの人々にとって「最後のセーフティネット」である生活保護以外に役立つような支援策がほとんどなかった。そこで，第2のセーフティネットとして自立支援制度を配置し，セーフティネットの層を厚くすることにしたのである。

生活困窮者自立支援法第3条によれば，「この法律において『生活困窮者』とは，就労の状況，心身の状況，地域社会との関係性その他の事情により，現

に経済的に困窮し，最低限度の生活を維持することができなくなるおそれのある者をいう」とされている。厚生労働省は例示として，長期失業者やホームレス，税金や保険料等の滞納者，多重債務者等を示している。

なお，自立支援制度は生活保護でいう優先すべき他法他施策にあたらないとされている。最低限度の生活を下回っている人に自立支援制度を利用するようにいって，生活保護を拒否することはできないことに注意されたい。

(2) 自立支援制度の事業

自立支援制度には，福祉事務所を設置する自治体，つまり都道府県と主に市において，必ず実施しなければならない「必須事業」として「自立相談支援事業」と「住居確保給付金」がある。さらに実施するかどうかは自治体で判断することができる「任意事業」として「就労準備支援事業」「一時生活支援事業」「家計改善支援事業」（2018年9月までは「家計相談支援事業」），「子どもの学習支援事業」（2019年4月からは「子どもの学習・生活支援事業」）等の事業がある。

自立相談支援事業は，生活困窮者の相談にのり，就労その他の自立に関する相談支援，事業利用のためのプラン作成などを実施する。自立相談支援事業は生活困窮者自立支援制度の窓口であり，就労支援やその他の事業の利用や他の制度の支援に結びつけるための中心的な役割を果たしている。**住居確保給付金**は，離職により住宅を失った生活困窮者等に対し家賃相当の資金を原則3カ月の有期で支給するものである。以上の2つの事業は，必須事業であり，国庫負担金は4分の3と高めになっている。

就労準備支援事業は，就労に必要な訓練を日常生活自立，社会生活自立段階から1年間と期限を決めて実施するものである。**一時生活支援事業**は，住居のない生活困窮者に対して一定期間宿泊場所や衣食の提供等を行うものである。就労準備支援事業と一時生活支援事業の国庫負担は3分の2となっている。**家計改善支援事業**は，家計相談や家計管理に関する指導，貸付の斡旋等を行うものである。**学習支援事業**は，生活困窮世帯の子どもへの学習支援や居場所の提供を行うものである。家計改善支援事業と学習支援事業の国庫負担は基本的には2分の1である。なお，そのほか，企業などの事業者が一定の基準を満たして生活困窮者の就労訓練を行う**就労訓練事業**（中間的就労）がある。

CHART　表 14.1　自立支援制度の実施状況（2017 年 4 月 1 日現在）および利用件数等

	事業名	2017 年度実施自治体数（直営の割合）	実施率（％）	利用件数（2015 年度または 2016 年度）
必須	自立相談支援事業	902（36.6％）	100	新規相談件数 198,224 件（2016.4 ～ 2017.2）
	居宅確保給付金	902	100	新規支給決定件数 6,613 件（2015 年度）
任意	就労準備支援事業	393　（6.4％）	44	利用件数 2,575 件（2016.4 ～ 2017.2）
	家計相談支援事業	362（11.9％）	40	利用件数 6,831 件（2016.4 ～ 2017.2）
	一時生活支援事業	256（43.4％）	28	利用件数 15,704 件（2016.4 ～ 2017.2）
	学習支援事業	504（22.4％）	56	利用者数（実人数）20,421 人（2015 年度）

（注）　「直営」は「直営のみ」の自治体の割合であり，「直営＋委託」と委託を部分的にでもしている自治体は含まれない。なお，直営＋委託の割合は，自立相談支援事業と学習支援事業で 10％ ほどであるのを除き，その他の事業では各 1 ～ 5％ 程度である。
（出所）　厚生労働省（2017b；2017c）より作成

自立支援制度の実施状況

　自立支援事業は法施行後まだ 3 年程度しか経過していないが，次のような実施状況である。2017 年 4 月 1 日現在の状況を厚生労働省（2017b）の調査結果（表 14.1）からみてみよう。自立相談支援事業は，必須事業のためすべての自治体が実施しているが，直営の割合は 36.6％ であった。残りの 63.4％ は民間に委託されている。つまり，社会福祉協議会や NPO，企業などの民間団体に資金を提供して仕事を任せているのである。2016 年 4 月から 2017 年 2 月までの新規相談件数は 19 万 8224 件であった。そのうち，具体的な支援のための「支援プラン」を作成したのは 5 万 9947 件（新規相談の 30.2％）であり，またそのうち就労支援の対象者は 2 万 8841 件（支援プランの 48.1％）であった。（支援プラン作成の有無は関係なく）相談支援を経ての就労者数は 2 万 2834 件，就労収入が増えた者は 6407 件であった。住居確保給付金もすべての自治体で実施されており，2015 年度の新規支給決定件数は 6613 件であった。

　一方，任意事業についてみると，就労準備支援事業の実施率は 44％ と半数以下である。その実施の直営の割合は 6.4％ と，ほとんどが民間委託されている。2016 年 4 月から 2017 年 2 月までの利用件数は 2575 件であった。家計相談支援事業の実施割合は 40％ であり，そのうち直営の割合は 11.9％ であった。2016 年 4 月から 2017 年 2 月までの利用件数は 6831 件であった。一時生活支

援事業の実施状況は28%であり，その直営の割合は43.4%，2016年4月から2017年2月までの利用件数は1万5704件であった。学習支援事業の実施率は56%であり，そのうち直営の割合は22.4%，2015年度の利用者数（実人数）は2万421人であった。

また，都道府県別の任意事業の4事業の自治体の実施状況をみると，熊本県内では4事業がすべて実施されている。次いで，京都府内77%，大阪府内76%，東京都・沖縄県内で67%と続いた。実施率の最も低い自治体は長崎県内17%，宮崎県内・奈良県内18%などとなっている。このように任意事業については，自治体間で取り組みに大きな差がある。

生活困窮者自立支援制度と生活保護

自立支援制度が創設・実施されて，生活保護にはどのような影響があったのか。自立支援制度の創設時の議論では，日本弁護士連合会（2013）が指摘したように，本来であれば生活保護を利用する必要がある人に利用させないために自立支援制度を設けるのではないか，つまり，生活保護を利用する権利が侵害されるのではないかとの懸念があった。原則論としては，最低限度の生活を下回った人は生活保護，最低限度の生活を上回っている人は自立支援制度を利用することになる。

しかし，実際には，生活保護と自立支援制度の利用者は元来重なる部分もあり，一体的に運営したほうが効率的であると考えられる面もある。また，いわゆる生活保護のボーダーライン層のいる生活困窮者の多くは，少しの生活状況の変化で利用する制度が変わる可能性もある。そのため，相互の連携も必要になる。そこで，どのように自立支援制度と生活保護の連携がとられているのかを考えてみたい。

| 一体的な運用の促進 |

(1) 制度設計時からの予算体系

2015年4月からの生活困窮者自立支援法施行にともない，予算体系全体が再構築された（厚生労働省 2015a）。2014年度の「住まい対策基金」（285億円），

「セーフティ補助金」(150億円) が再編され，「生活困窮者自立支援法を中心とした新たな予算体系」(500億円) が創設された。その主な柱は，第1に「生活困窮者自立相談支援事業費等負担金」(必須事業：218億円) であり，自立相談支援事業，住宅確保給付金の予算に加えて，生活保護利用者の就労支援「被保護者就労支援事業」等の予算も加えられた。

第2に，「生活困窮者就労準備支援事業費等補助金」(任意事業：183億円) で，就労準備支援事業，家計相談支援事業，一時生活支援事業，子どもの学習支援事業の予算に加えて，生活保護利用者への「被保護者就労準備支援事業」の予算も加えられた。

このように制度設計時から自立支援制度の予算枠組みのなかに，生活保護の就労支援が組み込まれた。これは両制度の一体的運用を促進するための措置である。

(2) 就労支援と学習支援

就労支援と学習支援を例に，実際の支援体制の重なりをみてみよう。2017年度に自立支援制度の自立相談支援事業と生活保護の**被保護者就労支援事業**の「一体的実施」をしている自治体は全体の54.7% であった。「一体的実施」とは，両事業を同一法人に委託している，または，いずれも直営で実施していることをいう。同様に，自立支援制度の就労準備支援事業と生活保護の被保護者就労準備支援事業との一体的実施をしている自治体は，58.8% であった (厚生労働省 2017b)。

「一体的実施」の根拠はどのような点にあるのだろうか。1つは，両事業内容がほぼ同じであることである。厚生労働省 (2015b) は，「日常生活自立や社会生活自立段階から1年などの期間をかけて一般就労を目指す者は，生活保護受給者の中にも存在し，むしろ，そのほうが多いとも考えられる。このため，自治体において，就労準備支援事業を実施する場合には，**被保護者就労準備支援事業**も併せて実施し，両者を一体的に運用することが基本である」という。もう1つは，両方の制度を兼務した職員が担い，利用する生活困窮者の継続的支援を行うことでより効率的な支援を行うことにある。厚生労働省 (2015c) は，次のように通知している。「新法 (生活困窮者自立支援法：引用者) と法 (生活保護法：引用者) の事業について，同一の事業者が受託する場合，自立相談支援

機関における支援の途中で生活保護受給に至った場合であっても，同一の支援員が引き続き対応することができ，一貫したより効果的な支援を行うことができると考えられる」。

　自立支援制度の就労支援と生活保護の就労支援は，同じような状況の人に対して就労支援を行うので，それらを一体的に実施することで，一定の利用人数を確保すると同時に，専門職員の人材やノウハウも得やすく，就労先の開発やネットワークの形成などを行い，生活困窮者の制度間移動も効率的・効果的に実施できるよう期待されるのである。

　一方，子どもの学習支援事業は生活保護利用世帯の子どもを中心に展開されている。生活保護利用世帯の子どもは将来最低限度の生活を維持できなくなるリスクが高いことから，子どもの学習支援事業の主な対象とされている。さいたまユースサポートネット（2017）が2016年度に行った調査によれば，学習支援事業の対象世帯として，「生活保護世帯」を挙げている自治体の割合が最も多く87.9％であった。他方，生活困窮世帯の目安となっている「就学援助利用世帯」は37.7％，ひとり親世帯（児童扶養手当全額支給世帯）は24.9％，「児童扶養手当受給世帯」は18.5％，「市町村民税非課税世帯」は16.2％でしかなかった。生活保護世帯のみを対象にしている自治体も2割弱あった。ただし，「特に世帯要件はない」としている自治体も10.6％あることは注目したい。

運営主体レベルでの一体的運用

(1) 生活保護担当の位置

　また，自立支援制度と生活保護は運営主体レベルでも一体的に運用が行われている傾向にある。自立支援制度の自立相談支援事業の運営方法について福祉事務所（生活保護担当）との関係からみた2017年度の調査によると，①「福祉事務所（生活保護担当）が自立相談支援事業も直営で担っている」自治体が36.1％，②「福祉事務所（生活保護担当）が生活困窮者自立支援法の所管課であり，自立相談支援事業は委託により実施」している自治体が48.4％，③「福祉事務所（生活保護担当）は生活困窮者自立支援法の施行には直接関係していない」自治体は15.5％であった（厚生労働省2017d）。つまり，約85％の自治体では，自立相談支援事業は直営または委託によって生活保護担当課がその運営

責任を担っていたのである。

(2) 一体的運用と分離的運用，民間委託のメリット・デメリット

　生活保護と自立支援制度を一体的に運用している多くの自治体，たとえば，北海道函館市では，生活保護の窓口のなかに自立支援制度の窓口を設けている。生活保護と自立支援制度の窓口が同じところにあることで，生活困窮者が自立支援制度の窓口に来て，最低限度の生活以下の水準であることがわかった場合，そのまま生活保護の申請に移行することができる。逆に，生活保護の申請に来た人が生活保護の要件に合わない場合，自立支援制度の説明や利用手続きに容易に移行することができる。しかし，知り合いや近所の人に見られると恥ずかしいからと生活保護の窓口に行きたくない人や生活保護で「嫌な経験」をしたことがある人にとっては，自立支援制度の相談に行くハードルは高くなってしまうという問題がある。

　一方，自立支援制度と生活保護の担当が異なる場合，その窓口も別々に離れたところに設けられていることが多いようである。たとえば，北海道苫小牧市では，自立支援制度の実施にあたって，福祉部に「総合福祉課」を創設し，市役所1階に「福祉総合相談」窓口を設置し，自立支援制度を含めさまざまな生活相談が受けられる仕組みをつくった。生活保護は市役所の2階にある福祉部生活支援室が担っており，窓口も離れている。この場合は，上記のような両制度の窓口の行き来や情報のやり取りはしにくくなる。しかし，生活保護の窓口に行きたくない人にとっては，自立支援制度の窓口なら相談に行きやすい。また，生活保護の窓口から離れているために，以前に自立支援制度の利用者であった生活保護利用者も（ケースワーカーへの不満等の）相談がしやすい。

　さらに，自立相談支援事業を民間委託していても役所内に相談窓口がある場合がある一方，役所外の委託先の民間団体の施設内に窓口がある場合もある。たとえ民間委託をしていても，役所内に窓口があれば北海道函館市の一体的運用のように機能しうるし，役所の外にあれば，北海道苫小牧市の分離的運用のように機能しうる。ただ，役所外の自立支援制度の窓口に来て，生活保護を利用したほうがよいとなった場合，その民間団体から役所まで移動しなければならなくなる。もしかなり距離がある場合，移動に困難のある生活困窮者にとって，その移動自体が身体的，金銭的，時間的なロスを生み出す可能性がある。

個別支援レベルでの連携

(1) 支援レベルでの連携の方針

自立支援制度と生活保護は、支援体制と運営主体レベルで連携が図られていることがみえてきた。では、具体的な支援のなかで、どのようにこの両制度と連携がとられているのだろうか。厚生労働省（2015c）は**生活困窮者自立支援制度と生活保護制度の連携について**という通知を発し、次のように述べている。

「新法（生活困窮者自立支援法：引用者）の運用に当たっては、必要な者には確実に保護を実施するという生活保護制度の基本的な考え方に基づき、生活保護が必要であると判断される場合には、福祉事務所と連携を図りながら適切に生活保護につなぐことが必要である。一方、生活保護から脱却した者等が必要に応じて新法に基づく事業を利用することも考えられるため、本人への継続的な支援という観点も踏まえ、生活困窮者自立支援制度と生活保護制度とを連続的に機能させていくことが重要である。」

そして連携が必要な例として次のような者を挙げている。第1に、「自立相談支援機関から福祉事務所につなぐ者」として、①要保護者であると見込まれる者、②支援途中で要保護状態となった者がある。第2に、「福祉事務所から自立相談支援機関につなぐ者」として、①現に経済的に困窮し、要保護状態になるおそれのある者、②保護の申請をしたが、要件を満たさずに却下となった者、③保護を脱却し引き続き自立相談支援機関の支援を希望する者または支援が必要と考えられる者である。

(2) 自立支援制度から生活保護へ

では、実際に自立支援制度から、生活保護につながるケースはどれくらいあるのだろうか。厚生労働省（2016）によれば、2016年5月の新規相談件数1万9009件のうち、①自立相談支援事業における「継続的支援（プラン作成予定を含む）」になった件数が4431件、②「他機関へのつなぎ」になった件数は5278件であった。その②「他機関へのつなぎ」のうち、「福祉事務所（生活保護担当部署）」が2164件（新規相談件数の11.4％）、「社協（小口貸付・権利擁護等）」が

645 件 (3.4%), 「小口貸付」が 521 件 (2.7%), 「ハローワーク」が 462 件 (2.4%) と続いた。つまり, 新規相談件数の 11.4% が生活保護につながっていた。地域によってその割合も異なるであろう。たとえば, 2017 年度の小樽市の相談終結者 208 件のうち, 生活保護利用は 54 件 (26.0%) を占めた (小樽市生活サポートセンター「たるさぽ」2018)。

また, 厚生労働省 (2017d) によれば, 福祉事務所 (生活保護担当) が直接自立支援事業を実施している自治体以外の自治体において, 生活保護へのつながりの頻度をみると, ①「日常的に」つながっている自治体が 70.5%, ②「まれに」つながっている自治体が 29.5%, ③つながって「いない」自治体が 2.4% であった。

さらに, 他機関につながず, 「継続支援」になった利用者の経済状況をみると, ①「本人の必要に応じた生活が送れる経済状況」にある人は 33.8% しかなく, ②「借金や債務があり, 本人の必要に応じた生活が送れる経済状況にない」が 36.2%, ③「家計管理がうまくいかず, 本人の必要に応じた生活が送れる経済状況にない」が 29.7% と, 「本人の必要に応じた生活が送れる経済状況にない」人が 7 割におよんでいる (厚生労働省 2016)。

このような状況を反映して, 支援プラン期間内に生活保護の利用につながる人もいる。2015 年 4 月～12 月の 119 自治体の相談内容を分析した, みずほ情報総研 (2016) によれば, 支援決定 (初回プラン) ケースの支援期間における経済状況の変化として, 「就労開始 (一般就労)」が 34.4%, 「生活保護適用」が 18.8%, 「就職活動開始」14.4% と続いた。つまり, 支援プランを策定した人の 2 割ほどが生活保護の利用につながったのである。

以上のように, 自立支援制度の自立相談支援窓口に相談に来た人のうち 11% が生活保護の窓口につながっている。ただし, 生活保護の利用に至っていない自立支援制度の利用者が生活保護水準を上回る生活をしているとはかならずしもいえない状況にある。

(3) 自立支援制度と生活保護の線引き

実は, 自立支援制度と生活保護のどこで支援の線引きをするのかはかなり曖昧である。たとえば, 自立相談支援事業の窓口に来た生活困窮者が生活保護を必要とすることが判明した場合, 自立相談支援事業の相談支援員がどこまで連

携のための支援を行うかに関しては次のような5段階がある。

　第1段階：生活保護の窓口に行くように来談者に助言する。
　第2段階：来談者の面談記録を生活保護の窓口に送付する。
　第3段階：生活保護の窓口まで同行し，申請を支援する。
　第4段階：生活保護の申請後から受給開始まで支援をする。
　第5段階：生活保護の受給開始後も支援をする。

　第3段階までは先の厚生労働省通知にも記載されている。ただ，生活困窮者が生活保護の申請をしたとしても，たとえば，住むところがない，借金・住宅ローンを抱えている場合など，生活保護の支給を拒否される可能性がある。この場合の居宅確保や多重債務の整理等の支援は，本来，生活保護の担当ケースワーカーがするべきであると考えられる。しかし，このような支援がなされる例は実際にはあまりないようである。また，申請後，生活保護費の支給がなされるまでの2週間（実際には1ヵ月かかることも多い）の食料の確保や滞納で止められた電気を復旧するための一時金が必要な場合がある。そのような援助をする福祉事務所もあれば，まったくしない福祉事務所もある。しない場合には，直接相談にのった相談支援員が対応せざるをえない場合もある。

　さらには，生活保護の申請をした後，制度の線引きを明確にするために連絡やフォローアップが一切禁止されている自立相談支援事業所もあれば，元利用者のフォローアップとして相談にのっている事業所もある。たとえば，滋賀県野洲市では，生活困窮者支援として2016年度に65人の生活保護利用者に対して支援を行ったという（野洲市市民部市民生活相談課 2017）。自立支援制度と生活保護で，どのような支援上の役割分担や連携が必要であるのか，今後さらに検討の余地があるだろう。

生活困窮者のための多様な支援と広がり

　自立支援制度は，生活困窮者支援といっても，最低限度の生活ができている人を想定しており，住居確保給付金を除いて，来談者に対して現金給付や食料

の支援などをすることは想定されていない。しかし、実際には、自立相談支援事業の窓口には最低限度の生活ができない人も相談に来る。そのなかには何日も食事をしていないなど緊急的な支援が必要な人もいる。みずほ情報総研 (2017) の調査によれば、新規相談受付件数のうち 20.5% に緊急支援の必要があった。また、住居確保給付金の申し込みをした割合は緊急支援の必要がある人のうち 3.7%、一時生活支援事業では 6.9% でしかなかった。各自治体では、緊急支援や食料支援などが必要な人々に対して、どのように対応しているのだろうか。

社協の取り組み

　緊急支援において社会福祉協議会（社協）が果たす役割は小さくない。2016 年に人口 10 万人以上の自治体の社協を対象にした北海道総合研究調査会 (2017) の調査によれば、生活福祉資金貸付事業以外の独自の生活困窮者支援に対する取り組みを「実施している」が 72.0% であり、その内訳は「緊急時の食料提供」が 71.7%、「独自の資金貸付・給付（小口資金・善意銀行など）」が 65.9%、「衣料品など食料品以外の物資の提供」が 16.4% であった（複数回答）。このように、社協の支援は①食料の提供、②食料以外の物資の提供、③独自貸付・給付の 3 つに分類できる。以下、富士見市と小樽市の事例から具体的にみてみよう。

埼玉県富士見市の多様な支援

　埼玉県富士見市は埼玉県南東部にある首都圏のベッドタウンで人口 11 万人ほどの自治体である。自立支援制度の自立相談支援事業は富士見市社会福祉協議会に委託をして「生活サポートセンター☆ふじみ」として実施されている。その 2016 年度の新規相談は 270 人（実人数）であった。それらの人々に対する現金や現物の支援としては、次の 5 つがある。第 1 に、住居確保給付金決定が 5 件であった。第 2 に、**生活福祉資金**が 7 件（実人数）あった。これは国の制度で埼玉県社会福祉協議会が運営している低所得者向け貸付金（**緊急小口資金**）である。緊急的かつ一時的に生計維持が困難になった場合、無利子で連帯保証人なしで少額（10 万円以内）の貸付ができる。第 3 に、**フードバンク**が 302 件

212 ● CHAPTER **14** 生活困窮者自立支援制度は貧困対策をどう変えるか？

（延べ件数）であった。一般家庭や団体，企業等からの食材の寄付を受け，それを緊急支援として提供する。社会福祉協議会という強みを生かして，地域の住民組織（地区社協）からお米をもらったり，フードバンク埼玉などから食材の提供も受けている。第4に，「福祉資金」（富士見市社協事業）が283件（実人数）あった。一時的な収入欠如により生活が不安定になった人に対して，つなぎ資金として5万円を限度に貸付する。第5に，「彩の国あんしんセーフティネット事業」が2件あった。これは埼玉県社会福祉協議会が事務局となって，埼玉県内の社会福祉法人が出資し，社会貢献活動として緊急時の経済的援助（現物給付）を行う。これは2004年から大阪府社会福祉協議会が事務局となって実施している**社会貢献事業**（生活困窮者レスキュー事業）の埼玉県版である。なお，大阪府の社会貢献事業は2017年度に685世帯に対して4896万円分の現物支援をしており，民間の生活困窮者支援としてはかなり影響力がある。埼玉県でも同様の取り組みを通して食料等の必要な買い物やライフラインの対応を行っている（富士見市社協資料および大阪府社協資料より）。

▎北海道小樽市の多様な支援 ▎

北海道小樽市は札幌市に隣接した，天然漁港に恵まれた観光業が盛んな12万人ほどの自治体である。自立支援制度の自立相談支援事業について，「小樽市生活サポートセンター『たるさぽ』」という名称で事業が実施されている（小樽市生活サポートセンター「たるさぽ」2018）（⇨Episode）。市役所から離れた公営住宅のなかに事務所が設置されている。なお，自立相談支援事業所については，主任相談員は小樽市の直営であるが，相談支援員は社会福祉協議会，就労支援員はキャリアバンク株式会社に委託され，同じ事務所の一室に机を並べて運営されている。その2017年度の相談対応をみると，新規相談（実人数）が221件であり，居宅確保給付金を除いた緊急時の具体的な支援をみてみると，次の4つが挙げられる。

第1に，緊急小口資金（生活福祉資金）である（埼玉県富士見市の例を参照）。2017年度には12件で109万円の貸付が行われた。第2に，食料等支給が行われており，2017年度には延べ68名に対して，「アルファ米」「布団」「電化製品」（冷蔵庫，レンジ，テレビ，炊飯器），「その他」として，スーツ，乾麺，調理

器具，衣類等が支給された。第3に，「生活困窮者自立支援資金貸付」（小樽市社協事業）である。これは小樽市住民で自立相談支援事業による支援を受けている世帯で所定期間内に償還が可能と認められる者を対象に，個々の状況に応じ，必要額を算定したうえで貸付を行う。貸付上限額は10万円で，連帯保証人が必要である。ただし，3万円以下の貸付の場合は連帯保証人は不要である。2017年度では23件で60万8000円分の貸付が行われた。第4に，「生活困窮者物資支援事業」（小樽市社協事業）である。これは自立相談支援事業または小樽市社会福祉協議会の貸付相談において，緊急または一時的に生活物資の提供が必要と認められる世帯を対象とし，年1回5000円相当の物資を提供する。2017年度には25件で食料，ガソリン，灯油，日用品等が提供された。なお，「生活困窮者自立支援資金貸付」と「生活困窮者物資支援事業」は，自立支援制度の実施に合わせて小樽市で開始された取り組みである。

┃ 制度を補完する民間の取り組み ┃

このように物質的な援助がほとんどない自立支援制度を実施するにあたり，富士見市や小樽市のように独自の支援事業を追加して生活困窮者の支援に取り組んできている自治体や民間団体もある。本来であれば，自立相談支援事業において現金給付ができればよいが，現状の制度にそれはない。また，国の緊急小口資金（生活福祉資金）が容易に利用できればよいが，実際には審査に1週間から2週間ほどかかっており，本当の緊急時には使えない。そのため，自立相談支援事業所，特に社協では，目の前の生活困窮者のために，食料支援や貸付，物資提供等に取り組んできている。近年急速に広まっているフードバンクや子ども食堂のような食料支援は生活困窮者の緊急支援としては重要である。他方で，このような取り組みのない自治体や社協もあり，民間の取り組みも考慮すると，生活困窮者支援における地域格差もさらに大きな課題である。今後，自立支援制度のさらなる充実はもちろん，民間の取り組みにも期待したい。

さらに学びたい人のために ┃   Ｂｏｏｋｇｕｉｄｅ ●

① 岡部卓編（2015）『生活困窮者自立支援ハンドブック』中央法規出版
　　貧困問題の現状，生活困窮者自立支援制度の創設の背景やその基本的な仕

組み，事業の内容，支援のプロセスや関係機関との連携など，自立支援制度を理解するための最適な入門書である。

② 社会的包摂サポートセンター監修，朝比奈ミカ・日置真世編（2016）『ここで差がつく生活困窮者の相談支援——経験を学びに変える「5つの問いかけ」』中央法規出版

生活困窮者の生活問題は複雑であり，その分多様な支援のありようがある。そのときに，支援者が陥りがちなミスや勘違い等と，編者である相談支援のプロの視点を，事例を通して学ぶことができる。

③ 五石敬路・岩間伸之・西岡正次・有田朗編（2017）『生活困窮者支援で社会を変える』法律文化社

自立支援制度が開始されて以降，自立相談支援や就労支援等が全国各地でどのように実践されているのか，先進的な自治体や団体の取り組み事例を通して，その成果や生じた問題点等を詳しく分析している。

引用文献　　Reference ●

北海道総合研究調査会（2017）『生活困窮者自立支援制度との連携を踏まえた生活福祉資金貸付制度の実態と今後のあり方に関する調査研究——報告書』北海道総合研究調査会

木下武徳・佐橋克彦・伊藤新一郎・大友駿・高橋修一・高田鮎奈（2015）「北海道における生活困窮者自立支援制度の現状と課題——2015年度の実態調査から」『北海道の福祉』21：23-53

厚生労働省（2015a）「生活困窮者自立支援制度全国担当者会議 資料」1月26日

厚生労働省（2015b）「就労準備支援事業の手引き」『生活困窮者自立支援制度に関する手引きの策定について』（社援地発0306第1号）。

厚生労働省（2015c）「生活困窮者自立支援制度と生活保護制度の連携について」（社援地発第0327第1号）

厚生労働省（2016）「生活困窮者自立支援法の施行状況」『第1回生活困窮者自立支援のあり方等に関する論点整理のための検討会 資料』10月6日

厚生労働省（2017a）「平成28年 国民生活基礎調査の概況」

厚生労働省（2017b）「平成29年度 生活困窮者自立支援制度の実施状況調査集計結果」

厚生労働省（2017c）「第1回社会保障審議会『生活困窮者自立支援及び生活保護部会』資料」5月11日

厚生労働省（2017d）「自立相談支援のあり方について」（「第2回社会保障審議会生活困窮者自立支援及び生活保護部会 資料」6月8日より）

みずほ情報総研（2016）『生活困窮者自立支援制度の自立相談支援機関における支援実績，

対象者像等に関する調査研究事業 報告書』みずほ情報総研

みずほ情報総研（2017）『生活困窮者自立支援制度の自立相談支援機関における支援実績の分析による支援手法向上に向けた調査研究事業 報告書』みずほ情報総研

日本弁護士連合会（2013）「生活困窮者自立支援法案に対する意見書」

大阪府社会福祉協議会編（2013）『社会福祉法人だからできた 誰も制度の谷間に落とさない福祉——経済的援助と総合生活相談で行う社会貢献事業』ミネルヴァ書房

小樽市生活サポートセンター「たるさぽ」（2018）『平成29年度 小樽市生活困窮者自立支援事業 実績報告書』8月

さいたまユースサポートネット（2017）『平成28年度 子どもの学習支援事業の効果的な異分野連携と事業の効果検証に関する調査研究事業報告書』

野洲市市民部市民生活相談課（2017）『平成28年度 野洲市生活困窮者支援事業 実績報告書』

索　引

● あ 行

アウトカム指標　111
朝日訴訟　94, 190-192
アメリカの公的扶助　193, 194
イェーリング，R. von　188
一時生活支援事業　123, 160, 203, 204, 206, 212
一時扶助　156
医療券　173
医療ソーシャルワーカー　175, 178
医療扶助　7, 50, 76, 81, 86, 120, 171, 172, 175, 177
医療扶助単給　172
医療扶助適正化　172, 173
医療保険　168, 175
医療保険未加入者　169
医療保護法　91
インプット指標　111
ヴァン・デン・ボッシュ，K.　106
ウェッブ夫妻　91, 186
ウォルフ，J.　130
MIS（minimum income standard）　14, 162
エンゲル方式　7, 95
応能応益家賃制度　157
大部屋主義　69
オンブズマン　67, 71

● か 行

外国人　19
介護券　174
介護扶助　7, 76, 120, 171, 173, 174
介護保険　11, 168, 169, 174
介護保険負担限度額認定　177

介護保険料　170, 176
格差縮小方式　7, 95
学習支援　141, 145
学習支援事業　123, 203, 205-207
学習支援費　138, 139
家計改善支援事業　123, 203, 204, 206
家族ストレスモデル　135, 136
学校教育費　136, 144
稼働収入　41
加藤訴訟　192
稼働能力　22, 50, 56, 95
監　査　60, 66, 97
機会の不平等　137, 145
基準財政収入額　78
基準財政需要額　78
岸和田訴訟　192
技能習得費　144
基本的人権　187
救護法　90, 91, 185
急迫保護　172
救貧政策（制度）　90, 92
給付延長　193, 194
給付型奨学金　142, 146, 184
教育費支援　135
教育扶助　7, 56, 120, 138-140, 144, 184
境界層　176
行政審判官　194
行政訴訟　188
行政不服審査会　189, 190
居住支援　151
居住支援法人　159
緊急小口資金　212, 213
緊急支援　212
金券（バウチャー）　120, 145
金銭的・物質的資源　104-107, 116

217

勤労控除　9, 24, 34, 41, 156
具体的権利説　191
区分支給限度基準額　174
軍事救護法　90
軍事扶助法　91
ケアプラン　170
ケアマネジャー　170
ケイパビリティ　106, 116
ケイパビリティ・アプローチ　105
ケースワーカー　40, 60, 63-66, 87, 211
ケースワーカーの裁量性　72, 70
ケースワーカーの専門性　68
ケースワーカーの標準数　63
欠格条項　18, 91, 185
原価主義　157
現金給付　120-125, 127, 128, 130, 150, 154, 168, 214
健康格差　178, 179
健康の不平等　117
現物給付　120, 121, 123-128, 130, 168, 174
憲法第 25 条　19, 82, 92, 93, 162, 185, 186, 191
権利救済　71
公営住宅　123, 151-153, 157, 158, 162
高額介護サービス費　170
高額療養費制度　168, 169
後期高齢者医療制度　168, 172
高校奨学金事業　141
高校生等奨学給付金　141
公的扶助　13, 85, 104
　　アメリカの――　193, 194
　　海外の――　86
公的扶助義務主義　91
口頭意見陳述　190
高等学校等就学支援金　136, 140
高等学校等就学費　56, 138, 139, 144, 184
後発医薬品（ジェネリック医薬品）　172, 173
公費医療　171, 177
高齢者世帯　25, 50, 54

国民皆保険体制　168, 172, 177
国民健康保険　168, 169, 171, 172, 175
国家賠償請求訴訟　188
国庫負担割合　97
国庫補助負担金　81, 82
子ども食堂　214
子どもの貧困　5, 11, 110, 184
子供の貧困対策に関する大綱　111, 112
小部屋主義　69
コミュニティソーシャルワーカー　201
小山進次郎　18, 185

● さ 行

裁　決　189
再審査請求　189
最低生活費　6-8, 15, 27, 32, 34, 66, 94, 104, 154, 156
最低賃金　11
査察指導員　63, 64
三位一体改革　81, 83, 140
残余的　151, 153
GHQ　18, 92, 186
自己決定権　124
資　産　35
資産調査　→ミーンズテスト
自治事務　60
実費主義　156
指定医療機関　171, 173
指定介護機関　174
シティズンシップ　100
指導監査　66
児童手当　82, 123
児童扶養手当　82, 123
社会貢献事業　213
社会資源　71
社会生活自立　22
社会福祉協議会　212, 214
社会福祉士　64
社会福祉事業法　60, 93
社会福祉主事　63, 64, 93

社会福祉住居施設　156
社会福祉法　63, 156, 174
社会保険　168
社会保障給付費　76
社会保障審議会生活保護基準部会　12
就学援助　11, 123, 140, 141, 144, 196
就学支援　145
就業インセンティブ　127
住居確保給付金　123, 160, 203, 204, 212
住生活基本法　159
住宅確保要配慮者　159
住宅金融公庫法　151
住宅困窮者　151, 156, 157, 161, 162
住宅政策　151
住宅セーフティネット　153, 157, 159, 161
住宅セーフティネット法　159
　改正——　159
住宅手当緊急特別措置事業　160
住宅扶助　7, 9, 76, 81, 83, 120, 153, 154, 156, 157, 159
就労訓練事業　203
就労支援　23, 84, 99
就労準備支援事業　123, 160, 203, 204, 206
授業料減免　140
恤救規則　90, 185
出産扶助　7, 120
準要保護者　140
障害者世帯　25, 51
奨学金　141
傷病者世帯　25, 51
職域保険（被用者保険）　168
所得再分配　106-108, 112, 126
所得の不平等　117
ジョブ型雇用　69
処分価値　36
自　立　22, 23, 121
自立支援医療　200
自立支援プログラム　23, 99, 201
自立相談支援事業　123, 200, 203, 204, 212
資力調査　→ミーンズテスト

審査請求　71, 95, 100, 189
審査請求前置主義　188
審査庁　189
新自由主義　153
新宿七夕訴訟　192
審理員　189
水準均衡方式　7, 96, 97
菅沼隆　186
SCAPIN-775　92
スティグマ　47, 48, 50, 87, 128, 129
ストリート・レベルの官僚制　70
スーパーバイザー　63
生活困窮者緊急生活援護要綱　92
生活困窮者自立支援制度　123, 141, 159, 160, 201
生活困窮者自立支援制度と生活保護制度の連携について　209
生活困窮者自立支援法　100, 202, 205
生活困窮者の生活支援の在り方に関する特別部会　202
生活福祉資金貸付制度　141, 212, 213
生活扶助　7, 76, 81, 83, 120, 121, 174
生活扶助義務　44
生活保護関係法令通知集　6
生活保護基準引き下げ違憲訴訟　193
生活保護受給者等就労支援事業　23
生活保護受給者等就労自立促進事業　23
生活保護制度の在り方に関する専門委員会　12, 22, 97, 99
生活保護手帳　6, 21, 34, 35, 47
生活保護手帳別冊問答集　6
生活保護の費用負担　76
生活保護費の適正化　83
生活保護法　6, 11, 19, 21, 22, 32, 37, 47, 66, 121, 125, 156, 171, 174, 189
　改正——　38, 40, 202
　旧——　18, 44, 92, 185
　新——　18, 44, 60, 93, 100, 185
　2013 年の——改正　45
生活保持義務　44

索　引　● 219

生業扶助　7, 120, 138, 144, 184
精神保健福祉士　64
生存権　19, 82, 92, 93, 100, 186, 187, 193
　　社会権的——　187
　　自由権的——　187
世　帯　49
世帯単位の原則　55
世帯分離　49, 50, 55, 56
積極的労働市場政策　127
絶対的貧困　3, 4, 5, 104
絶対的扶養義務者　44
セン, A.　105, 106
選別主義　128-130, 143, 144
専門職　68
専門職倫理　71
専門性　65, 66, 69, 71
相互依存的な選好　126
葬祭扶助　7, 120
相対的剝奪　3
相対的貧困　3, 4, 104, 105, 110, 137
相対的貧困率　99, 107-111, 201
相対的扶養義務者　44
相談援助（ケースワーク）　120
測　定　105
その他の世帯　26
尊　重　104

● た　行

第二種公営住宅　156
貸与型奨学金　141, 142
代理納付　159
タウンゼント, P.　3
高訴訟　192
高野岩三郎　186
高橋三男　186
短期被保険者証　169
単身世帯　50
地域保険　168
地方交付税　78, 80, 81, 140
地方住宅供給公社（公社）　162

地方分権　81
抽象的権利説　191
賃貸住宅の登録制度　159
「適正化」対策　93, 95
適切な居住　162, 163
デシャリット, A.　130
デュープロセス条項　193
等価可処分所得　107, 108
等価尺度　108
投資モデル　135, 136
特殊平等主義　126
特別基準　21, 154, 156, 157
都市再生機構（UR）　162

● な　行

中島訴訟　184
ナショナル・ミニマム　3, 10, 82, 91, 186
ニーズ　114, 121
日常生活支援住居施設　156
日常生活自立　22
日本国憲法　125, 185-188
日本住宅公団法　151
入居収入基準　157
年　金　27, 87

● は　行

ハイリスク・アプローチ　180
派遣村　99, 201
パーソナル・サポート・サービス　100, 201
パターナリズム　125
林訴訟　98
反論書　189
ヒアリング（聴聞）　193-195
備荒儲蓄法　90
非正規雇用　159
非正規労働者　201
必要即応の原則　19
被保険者資格証明書　169
被保護者就労支援事業　206

123号通知　96, 97
貧困家庭一時扶助（TANF）　194
貧困ギャップ　111
貧困線　2, 3, 107
貧困動態　111
貧困の概念　15, 104, 105, 107
貧困の帰結　113, 116
貧困の世代間連鎖　114, 116, 138
貧困の測定　105
貧困の定義　104, 107
貧困の要因　114
貧困の罠　24, 126–129
貧困ビジネス　156
貧困率　107, 108
福祉依存　115
「福祉から就労」支援事業　23
福祉三法　61
福祉事務所　23, 34, 37, 39, 40, 45, 60, 61, 63,
　　93, 95, 98, 207, 210
福祉職採用　65
福祉六法　61
ブース，C.　2
不正受給　40, 41, 47, 95
フードバンク　212
不服申立制度　93, 185, 188
普遍主義　128, 129, 143
扶養義務　44–50, 55
扶養能力の調査　44
フランス人権宣言　187
プログラム規定説　191
平和的生存権　186
弁明書　189
保　育　123
法定受託事務　60, 66, 76
法的支援法人　194
方面委員　91
暴力団員　28
保護基準　6–8, 10–12, 15, 93, 100
保護基準の見直し　83
保護基準引き下げ　10, 12, 85

保護施設　153, 156
保護請求権　96
保護の開始理由　50
保護の請求権　19, 37, 39, 93, 185
保護の廃止理由　51
保護の補足性　22, 24, 32, 51
保護の要件　22
保護率　95, 98
母子加算　10, 19, 81
母子寡婦福祉資金制度　141
母子世帯　5, 25, 41, 51, 201
母子保護法　91
補足的栄養支援（SNAP）　86, 194
捕捉率　95, 129, 139
ポピュレーション・アプローチ　180
ホームレス　98, 156, 160
ホームレスの自立の支援等に関する特別措置
　　法（ホームレス自立支援法）　98, 160

● ま　行

牧野英一　186
マーケット・バスケット方式　6, 14, 93, 95
マーシャル，T. H.　100
水際作戦　38, 39, 79
ミーンズテスト（資産調査，資力調査）
　　32, 48, 96, 129, 139
民生委員　93
民　法　44, 46, 47
無差別平等（原理）　18, 19, 21, 28, 92, 93
無保険　176
無料低額宿泊所　153, 156, 157
無料低額診療事業　171, 174, 175, 177, 178
メンバーシップ型雇用　69
持家社会　151
森戸辰男　92, 186

● や　行

家賃低廉化　159
山田篤裕　109
要式行為　38

幼稚園就園奨励事業　142
要否判定　21, 32, 34
要保護者　140

● ら 行

ライフサイクル　3
ラウントリー, B. S.　2, 3
濫　給　40, 94
リスター, R.　104, 106
リバースモーゲージ　152
リプスキー, M.　70

利用価値　36
レンズ, V.　194
漏　給　40, 95, 97
老齢加算　10, 81, 99
老齢加算・母子加算廃止取り消し裁判
　193

● わ 行

ワーキングプア　201
ワンストップサービス　201

生活保護と貧困対策——その可能性と未来を拓く
Public Assistance and Strategies to Confront Poverty: Possibilities and the Future

2018 年 12 月 25 日　初版第 1 刷発行
2022 年 7 月 20 日　初版第 3 刷発行

著　者	岩永 理恵 卯月 由佳 木下 武徳
発行者	江草 貞治
発行所	株式会社 有斐閣

郵便番号 101-0051
東京都千代田区神田神保町 2-17
http://www.yuhikaku.co.jp/

印刷・株式会社理想社／製本・大口製本印刷株式会社
© 2018, Rie Iwanaga, Yuka Uzuki, Takenori Kinoshita. Printed in Japan
落丁・乱丁本はお取替えいたします。

★定価はカバーに表示してあります。
ISBN 978-4-641-15061-4

[JCOPY] 本書の無断複写（コピー）は，著作権法上での例外を除き，禁じられています。複写される場合は，そのつど事前に，(一社)出版者著作権管理機構（電話03-5244-5088, FAX03-5244-5089, e-mail:info@jcopy.or.jp）の許諾を得てください。